STARK

Deutsch

Thüringen

2013–2016

STARK

© 2016 Stark Verlagsgesellschaft mbH & Co. KG
22. neu bearbeitete und ergänzte Auflage
www.stark-verlag.de

Das Werk und alle seine Bestandteile sind urheberrechtlich geschützt. Jede vollständige oder teilweise Vervielfältigung, Verbreitung und Veröffentlichung bedarf der ausdrücklichen Genehmigung des Verlages.

Inhalt

Vorwort
Werk- und Personenverzeichnis

Hinweise und Tipps zur schriftlichen Abiturprüfung

1 Grundlagen 1
2 Inhalte der Prüfung 1
3 Aufgabenarten 2
4 Anforderungsbereiche und Operatoren 6
5 Tipps 9

Hinweise und Tipps zur mündlichen Abiturprüfung

1 Allgemeines 11
2 Prüfungsteil I: eigenständiger Vortrag 12
3 Prüfungsteil II: das Prüfungsgespräch 13

Abiturprüfungsaufgaben 2013 (Auswahl)

Aufgabe 2: Textgebundene Erörterung
    Tomasz Kurianowicz: Der Menschheit Ende ist die Geburt der Natur .. 2013-1
Aufgabe 3: Interpretation eines epischen Textes
    Annette von Droste-Hülshoff: Die Judenbuche.
    Ein Sittengemälde aus dem gebirgichten Westfalen 2013-9
Aufgabe 4: Interpretation eines dramatischen Textes
    Johann Wolfgang von Goethe: Faust. Der Tragödie zweiter Teil 2013-16
Aufgabe 5: Interpretation eines lyrischen Textes
    Franz Grillparzer: Entsagung 2013-23

Abiturprüfungsaufgaben 2014

Aufgabe 1: Materialgestützte Erörterung
    Johann W. von Goethe: „[...], der Mensch ist dem Menschen das
    Interessanteste, und sollte ihn vielleicht ganz allein interessieren." 2014-1
Aufgabe 2: Textgebundene Erörterung
    Hans Magnus Enzensberger: Vom Terror der Reklame 2014-10
Aufgabe 3: Interpretation eines epischen Textes
    Eibe Meiners: Die Musiker 2014-17
Aufgabe 4: Interpretation eines dramatischen Textes
    Gerhard Polt/Hanns Christian Müller: Mai Ling 2014-25
Aufgabe 5: Interpretation eines lyrischen Textes
    Novalis: Kenne dich selbst 2014-32

Abiturprüfungsaufgaben 2015

Aufgabe 1:	Materialgestützte Erörterung	
	Gerechtigkeit und Gleichheit	2015-1
Aufgabe 2:	Textgebundene Erörterung	
	Rainer Kunze: Jahrhundertvergehen	2015-10
Aufgabe 3:	Interpretation eines epischen Textes	
	Wolfgang Koeppen: Ein Heizer wird toll	2015-18
Aufgabe 4:	Interpretation eines dramatischen Textes	
	Georg Büchner: Woyzeck	2015-24
Aufgabe 5:	Interpretation eines lyrischen Textes	
	Rainer Maria Rilke: Ich fürchte mich so vor der Menschen Wort	2015-32

Abiturprüfungsaufgaben 2016

Aufgabe 1:	Materialgestützte Erörterung	
	Ohne Märchen wird niemand groß – Die Welt des Wirklichen und des Unwirklichen	2016-1
Aufgabe 2:	Textgebundene Erörterung	
	Iris Radisch: Der ganz normale Nulltext	2016-8
Aufgabe 3:	Interpretation eines epischen Textes	
	Wolfgang Borchert: Vielleicht hat sie ein rosa Hemd	2016-16
Aufgabe 4:	Interpretation eines dramatischen Textes	
	Johann Wolfgang von Goethe: Faust. Der Tragödie zweiter Teil	2016-22
Aufgabe 5:	Interpretation eines lyrischen Textes	
	Hermann Hesse: Odysseus	2016-29

Jeweils zu Beginn des neuen Schuljahres erscheinen die neuen Ausgaben der Abiturprüfungsaufgaben mit Lösungen.

Autoren:

Lösungen 2013: Roy Dieckmann (Aufgaben 2 und 5), Ulrike Blechschmidt (Aufgabe 3), Birgit Raida (Aufgabe 4)
Lösungen 2014: Silke Wagner (Aufgabe 1), Petra Treppschuh (Aufgabe 2), Ulrike Blechschmidt (Aufgabe 3), Birgit Raida (Aufgabe 4 und 5)
Lösungen 2015: Petra Treppschuh (Aufgabe 3), Birgit Raida (Aufgabe 4), Redaktion (Aufgaben 1, 2 und 5)
Lösungen 2016: Marion von der Kammer (Aufgabe 1), Petra Treppschuh (Aufgabe 3), Birgit Raida (Aufgaben 4 und 5), Redaktion (Aufgabe 2)

Vorwort

Liebe Abiturientinnen und Abiturienten,

Sie werden 2017 das Abitur im Kernfach Deutsch ablegen. Der vorliegende Band hilft Ihnen dabei, sich optimal auf die Prüfung vorzubereiten. Das einführende Kapitel „**Hinweise und Tipps zur schriftlichen Abiturprüfung**" informiert Sie über die offiziellen Rahmenvorgaben, macht Sie mit den Arbeitsanweisungen (Operatoren) vertraut und erläutert die verschiedenen Schwierigkeitsstufen (Anforderungsbereiche) innerhalb jeder einzelnen Aufgabe. Darüber hinaus erhalten Sie konkrete Tipps, was Sie bei der Bearbeitung der unterschiedlichen Aufgabenarten beachten müssen. Hinweise zur mündlichen Prüfung im Fach Deutsch runden diesen Teil ab.

Daran schließt sich eine Auswahl **offizieller Abiturprüfungsaufgaben** von **2013** bis **2016** an, die sich ideal zur Vorbereitung auf das Abitur eignet. Zu jedem Klausurbeispiel finden Sie einen ausführlichen **Lösungsvorschlag**, mit dem Sie Ihren eigenen Aufsatz vergleichen können. Den Lösungsvorschlägen vorangestellt sind ✐ **Hinweise und Tipps**, die Ihnen bei der Erschließung der einzelnen Arbeitsanweisungen helfen. Wesentliche **Begriffe** in den Lösungsvorschlägen sind durch Fettdruck hervorgehoben.

Vergegenwärtigen Sie sich bei Ihrer Vorbereitung immer wieder die genaue Fragestellung und die verwendeten Operatoren und lesen Sie die Erklärung der unterschiedlichen Aufgabenarten in den Hinweisen nach. Auf diese Weise wiederholen Sie auch die im Unterricht gelernten Inhalte und Methoden.

Ein **Werk- und Personenverzeichnis** ermöglicht die schnelle Orientierung in dem Band.

Sollten nach Erscheinen dieses Bandes noch wichtige Änderungen in der Abiturprüfung 2017 vom Kultusministerium bekannt gegeben werden, finden Sie aktuelle Informationen dazu im Internet unter: www.stark-verlag.de/pruefung-aktuell.

Wir wünschen Ihnen eine effektive Abiturvorbereitung und eine erfolgreiche Abiturprüfung.

Die Autoren und der Verlag

Werk- und Personenverzeichnis

Werkregister

Der Menschheit Ende ist die Geburt der Natur 2013-1 ff.
Der Tod und das Mädchen 2014-18, 23
Die Judenbuche. Ein Sittengemälde aus dem gebirgichten Westfalen 2013-9 ff.
Die Musiker 2014-17 ff.
Der ganz normale Nulltext 2016-8 ff.
Ein freier Mensch! 2014-3 ff.
Ein Heizer wird toll 2015-18 ff.
Entsagung 2013-23 ff.
Faust 2013-16 ff.
Faust II 2016-22 ff.
Ich fürchte mich so vor der Menschen Wort 2015-32 ff.
Jahrhundertvergehen 2015-10 ff.
Kenne dich selbst 2014-32 ff.
Mai Ling 2014-25 ff.
Odysseus 2016-29 ff.
Vom Terror der Reklame 2014-10 ff.
Vielleicht hat sie ein rosa Hemd 2016-16 ff.
Wilhelm Meisters Lehrjahre 2014-2 ff.
Worum es letztlich geht – Menschlichkeit 2014-1 ff.
Woyzeck 2015-24 ff.

Personenregister

Borchert, W. 2016-16 ff.
Brem, R. 2014-18, 22 f.
Büchner, G. 2015-24 ff.
Claudius, M. 2014-18, 23
Droste-Hülshoff, A. von 2013-9 ff.
Enzensberger, H. M. 2014-10 ff.
Hesse, H.: 2016-29 ff.
Goethe, J. W. von 2013-16 ff.; 2014-2 ff.; 2016-22 ff.
Grillparzer, F. 2013-23 ff.
Koeppen, W. 2015-18 ff.
Kuhr, R. 2014-1 ff.
Kunze, R. 2015-10 ff.
Kurianowicz, T. 2013-1 ff.
Meiners, E. 2014-17 ff.
Müller, H. Ch. 2014-25 ff.
Novalis 2014-32 ff.
Polt, G. 2014-25 ff.
Rilke, R. M. 2015-32 ff.
Radisch, I. 2016-8 ff.
Schweitzer, A. 2014-3 ff.
Wieland, Ch. M. 2013-3 ff., 10, 14, 27

Hinweise und Tipps zur schriftlichen Abiturprüfung

1 Grundlagen

1.1 Vorgaben für das Zentralabitur Deutsch 2017

Die schriftlichen Prüfungsaufgaben richten sich in Aufbau und Inhalt nach
- dem gültigen *Lehrplan für das Gymnasium im Fach Deutsch für den Freistaat Thüringen* (siehe: https://www.schulportal-thueringen.de/web/guest/media/detail?tspi=1394),
- den bundesweit verbindlichen Bildungsstandards im Fach Deutsch für die Allgemeine Hochschulreife, im Internet zu finden unter:
https://www.kmk.org/fileadmin/Dateien/veroeffentlichungen_beschluesse/2012/2012_10_18-Bildungsstandards-Deutsch-Abi.pdf,
- den jährlich aktualisierten *Hinweisen zu den zentralen schriftlichen Prüfungen*, die für das jeweilige laufende Schuljahr auf den Internetseiten des Thüringer Ministeriums für Bildung, Jugend und Sport abrufbar sind (http://www.thueringen.de/th2/tmbwk/bildung/schulwesen/rechtsgrundlagen/vorschriften/).

1.2 Zeitrahmen und Hilfsmittel

In der Abiturprüfung im Kernfach Deutsch werden Ihnen vier Aufgaben vorgelegt, von denen Sie eine auswählen. Zur Bearbeitung (einschließlich Einlesezeit und Auswahl) stehen Ihnen fünfeinviertel Stunden (315 Minuten) zur Verfügung. Als Hilfsmittel sind im Unterricht besprochene Ganzschriften zugelassen. Die Liste dieser Texte (Privat- oder Leihexemplar) wird vom Fachlehrer des Kurses vorgeschlagen und vom Prüfungsvorsitzenden genehmigt. Schriften, in denen umfangreiche Aufzeichnungen vorgenommen und nicht entfernt wurden, dürfen als Hilfsmittel nicht genutzt werden.

2 Inhalte der Prüfung

Ein Beschluss der Kultusministerkonferenz sieht vor, dass im Abitur 2017 zum ersten Mal einzelne Aufgaben aus einem gemeinsamen Pool, der von allen Bundesländern genutzt wird, entnommen werden. Dies wird auch die zentralen Vorgaben des Thüringer Ministeriums für Bildung, Jugend und Sport beeinflussen. Die inhaltliche Orientierung, die bisher durch ein vorgegebenes Rahmenthema gegeben war, fällt somit ersatzlos weg. Das Institut für Qualitätssicherung im Bildungswesen (IQB) an der Humboldt-Universität zu Berlin entwickelt den gemeinsamen Aufgabenpool und stellt auf seiner Homepage Orientierungsaufgaben für die betroffenen Fächer und so auch für Deutsch öffentlich abrufbar bereit. Die jeweiligen Erwartungshorizonte bieten Ihnen allerdings keine ausformulierten Lösungsvorschläge wie in dem vorliegenden Band. Beachten Sie zudem, dass Sie sich für das Thüringer Kernfach Deutsch am erhöhten Leistungsniveau orientieren sollten.

3 Aufgabenarten

Die Bildungsstandards unterscheiden zwei wesentliche fachspezifische Herangehensweisen an Texte: das textbezogene Schreiben, das die vollständige Analyse einer Vorlage erfordert, und das materialgestützte, das unterschiedliche Textformen als Anlass und Anregung anbietet, von Ihnen ansonsten aber eine freiere Herangehensweise verlangt. Daraus ergibt sich im Detail folgende Übersicht:

Herangehensweise	Aufgabenart
Textbezogenes Schreiben	Interpretation literarischer Texte
	Analyse pragmatischer Texte
	Erörterung literarischer Texte
	Erörterung pragmatischer Texte
Materialgestütztes Schreiben	Materialgestütztes Verfassen informierender Texte
	Materialgestütztes Verfassen argumentierender Texte

(zitiert nach Bildungsstandards, Abschnitt 3.2.1.1)

Laut Vorgaben für die zentralen Abituraufgaben in Thüringen ergibt sich daraus folgende Ordnung und Zusammenfassung:

Interpretation literarischer Texte

Erörterung literarischer und nicht literarischer Texte

materialgestütztes Verfassen argumentierender Texte

Beim materialgestützten Schreiben wird in Thüringen also weiterhin auf einen argumentativen und weniger auf einen rein informierenden Schwerpunkt gesetzt.

Auch diese Einteilung bietet nur ein Grundmuster. Textsorten sind frei miteinander kombinierbar. Die einzelnen Aufgabenarten können ebenfalls als Mischform auftreten oder durch einen gestaltenden – also mehr kreativ und adressatenorientiert angelegten – Teil ergänzt werden. Aus diesen Bedingungen leiten sich jeweils die vier Aufgaben ab. Zieht man bei der Interpretation literarischer Texte die Unterscheidung der drei Hauptgattungen Drama, Epik und Lyrik in Betracht, ergeben sich unter dem Strich allerdings mehr Möglichkeiten von Aufgabentypen als im Abitur 2017 zur Wahl stehen werden. Es ist also mit einem Risiko verbunden, wenn man sich in seiner Vorbereitung nur auf eine bestimmte Schreibform oder auf eine Hauptgattung beschränkt.

3.1 Die Interpretation literarischer Texte

Der Textinterpretation liegt ein kurzer Prosatext, ein Gedicht oder ein Auszug aus einem größeren dramatischen oder epischen Werk zugrunde, der bzw. das meistens zusammenzufassen, zu erschließen und zu interpretieren ist. Es geht darum, den Text in seiner Besonderheit zu verstehen und dieses Verständnis sprachlich zum Ausdruck zu bringen. Es ist ratsam, ihn zunächst mehrfach zu lesen, Auffälliges zu markieren, Beobachtungen zu notieren, Fragen an ihn zu stellen und sich zu überlegen, was charakteristisch und wesentlich daran ist. Die Deutung wird aus solchen Beobachtungen heraus entwickelt und mit Zitaten belegt. Als weitere Aufgabe schließt sich manchmal eine persönliche Auseinandersetzung mit dem Erkannten an, die meist dazu auffordert, ein eigenes Urteil zu formulieren.

3.2 Die Erörterung

Die Erörterung basiert auf einer Problemfrage oder einer These, etwa in Form eines Zitats. Es kommt darauf an, einen komplexen Sachverhalt von verschiedenen Seiten zu beleuchten, mögliche Betrachtungsweisen abzuwägen und einen eigenen, kritisch reflektierten Standpunkt zu entwickeln.

Die literarische sowie die textgebundene Erörterung setzen die intensive Beschäftigung mit einer Textvorlage voraus. Sie gehen allerdings über eine reine Textinterpretation beziehungsweise Textanalyse hinaus. Das Verständnis der Vorlage ist hier nicht die Hauptsache, bildet aber die Grundlage für die im Zentrum stehende Erörterung, worauf die Aufgabenstellung meist gesondert hinweist (vgl. 4.2: Operatoren).

Der **literarischen Erörterung** kann sowohl ein kurzer Prosatext oder ein Gedicht als auch ein Textauszug aus einer dramatischen oder epischen Ganzschrift zugrunde liegen. Die in der Literatur gestalteten Fragen und Probleme sollen zur eigenen Auseinandersetzung anregen. Daher stellt die Erörterung über die Beschreibung von Inhalt und Form des literarischen Textes hinaus die Diskussion dieser Problemfragen in den Mittelpunkt. Es ist auch möglich, dass Sie sich mit einem Zitat zum Ausgangstext auseinandersetzen müssen.

Die **Texterörterung** dagegen bezieht sich auf Sachtexte, die ebenfalls Thesen und spezifische Positionen enthalten. Üblicherweise handelt es sich um journalistische Texte, Berichte, Kommentare, Kritiken, Reden und Essays. Im Unterschied zu literarischen Texten sind sie nicht fiktional: Nicht ein lyrisches Ich oder ein erdachter Erzähler, sondern reale Personen ergreifen um einer spezifischen Botschaft (Intention, Wirkungsabsicht) willen das Wort. Sie wollen appellieren und überzeugen, manchmal auch provozieren. Die für das Abitur ausgewählten Texte setzen sich meistens mit kultur- und gesellschaftspolitischen Fragen und Standortbestimmungen auseinander.

Bei literarischen wie auch bei pragmatischen Ausgangstexten sollte man somit folgerichtig argumentieren und Gesichtspunkte gegeneinander abwägen können, um daraus ein eigenes Fazit zu gewinnen.

3.3 Das materialgestützte Verfassen argumentierender Texte

Beim **materialgestützten Argumentieren** sind vorgegebene Texte, Grafiken oder Bilder in die Erörterung einzubinden. Diese Materialien müssen nicht detailliert analysiert, aber sinnvoll mit einbezogen werden. Darüber hinaus ist es hilfreich, auf Kenntnisse zurückzugreifen, die in anderen Fächern erworben wurden beziehungsweise Teil des Allgemeinwissens sind. Stammt die Problemfrage aus dem literarischen Bereich, können die bekannten und zugelassenen Ganzschriften als Beispiele hinzugezogen werden. Dies sollte aber nur geschehen, wenn die Bezüge plausibel sind oder die Aufgabe es ausdrücklich verlangt.

3.4 Die kreative Schreibaufgabe als adressatenbezogenes Schreiben

Diese Aufgabenvariante bildet häufig eine Mischform zwischen gestaltender Interpretation und Erörterung. Zu schreiben sind meist solche pragmatischen Texte, die sich besonders zur Meinungsäußerung eignen (Briefe, Essays, Diskussionsbeiträge, Kritiken). Über die Auseinandersetzung mit der These oder Problemfrage hinaus ist dabei besonders auf den Adressatenbezug zu achten. Zudem sind Kenntnisse über die Textsorte anzuwenden, indem sprachliche und formale Bedingungen eingehalten werden.

3.5 Tipps zur Arbeit mit Texten

Jeder gelungene Deutschaufsatz entsteht aus einem Zusammenspiel von genauem Eingehen auf die Aufgabenstellung und individuellem Zugang, also der Fähigkeit, den Text „zum Sprechen" zu bringen. Für die Prüfungssituation ist es wichtig, über ein Repertoire an Fragen zu verfügen, mit denen man an literarische Texte herangeht.

Gedichtinterpretation
- Welches Metrum liegt vor, was drückt es aus und was bewirkt es?
- Aus welcher Perspektive wird im Gedicht gesprochen?
- Was entwickelt sich vom ersten bis zum letzten Vers?
- Welche Versgruppen gehören zusammen?
- Wie ist ein Motiv durchgeführt und inwieweit wandelt es sich?
- Was ist mit dem lyrischen Ich, das implizit oder explizit sich und seine Sicht der Welt zum Ausdruck bringt? Wie spricht es? Welche Sprache wählt es?
- Ergibt sich eher fließend ein Erlebniszusammenhang mit einer spürbaren Atmosphäre? Oder ist es ein eher spröder, intellektuell gedachter und gebauter Text, durchsetzt von Konjunktionen, Einsprüchen und Antithesen?
- Ist das Gedicht eher in Erlebnislyrik einzuordnen oder in Gedanken- bzw. Rollenlyrik?

Man sollte hinhören und überlegen, wie das Gedicht wirkt, sowie untersuchen, wodurch diese Wirkung zustande kommt. In der ersten halben Stunde während einer Gedichtinterpretation ist es ratsam, den Text auf sich wirken zu lassen, Fragen zu sammeln und noch nicht loszuschreiben. Und noch etwas: Wie das eine oder andere letztlich zu verstehen ist, ist nicht immer eindeutig zu entscheiden: Gedichte haben einen offenen Deutungsraum. Die Interpretation muss daher nach Plausibilität streben, indem sie sich nahe am Text bewegt und die Thesen durch konkrete Textbelege stützt.

Interpretation einer dramatischen Szene
- Um welche Kommunikationssituation handelt es sich? Wie sind die Redeanteile vergeben?
- Welche Spannung liegt in der Szene? Wie spitzt sich die Auseinandersetzung zu?
- Wo ist eventuell ein Höhe- und Wendepunkt?
- Welche Rolle spielt der Schauplatz und eventuell ein Requisit oder eine Gangart beziehungsweise eine Geste?
- Was tragen die Regieanweisungen zum Verständnis bei?
- Was bleibt hinter dem gesprochenen Wort unausgesprochen, ist mitzudenken und lässt uns ahnen, wie es in der Figur wirklich aussieht oder was sie vielleicht plant?

Interpretation von epischen Texten
- Bei erzählender Literatur sollte man sich vor der Gefahr hüten, in der Fülle des Stoffes zu ertrinken und zuviel Inhaltliches zu rekonstruieren.
- Man muss erst einmal eine Zusammenfassung des Romanausschnitts oder des kurzen Prosatextes geben, bevor man zur Untersuchung übergeht. Die Konzentration auf Wesentliches, auf den thematisierten Erzählstrang oder Aspekt und die Strukturierung der eigenen Darstellung sind hier besonders nötig.
- Entscheidend für das Verständnis ist es oft, die Erzählperspektive und Haltung des Erzählers zu erkennen und zu deuten. Weiß er nicht mehr, als die einzelne Person wissen kann, erzählt er gleichsam aus ihr heraus personal? Oder überschaut er eine Welt und erzählt auktorial? Oder verschwindet er ganz hinter einem erzählenden Ich? Hegt der Erzähler Sympathie für seine Helden oder bleibt er ironisch distanziert?
- Wird linear-chronologisch erzählt oder gebrochen in Zeitsplittern, Facetten, Vorwegnahmen und Rückblicken?
- Entsteht ein Abbild unserer Wirklichkeit, oder erscheint sie ins Artifizielle, Groteske, Absurde verfremdet?
- Und welches Bild von der erzählten Zeit wird entworfen, mit welchen Fragen setzt sich der Autor in seinem Text auseinander?

Über den vorgelegten Textauszug kann man nur dann hinausgehen, wenn eine Szene oder ein Romanausschnitt aus einer im Kurs behandelten Ganzschrift stammt. Dann muss man den Text erst einmal im Werkganzen (im Kontext) verankern (situieren): Welchen Platz hat der Ausschnitt im Handlungszusammenhang und welche Funktion kommt ihm zu? (Was wäre, wenn er gestrichen wäre?) Manche unbekannten Texte dagegen bieten sich zum Vergleich mit behandelten Werken an. Hier ist jedoch Vorsicht geboten. Großen Raum darf ein solcher Vergleich nur dann einnehmen, wenn die Aufgabenstellung es ausdrücklich fordert. Andernfalls reicht ein kurzer Hinweis aus, um die Fähigkeit zu belegen, literarisches Fachwissen richtig anzuwenden, und die eigene Belesenheit zu demonstrieren.

Analyse von Sachtexten
- Bei Sachtexten ist es wichtig, Textsorte, Adressatenbezug und Kommunikationszusammenhang zu klären, denn oft reagieren Autoren auf ganz bestimmte Situationen, greifen mit ihrem Beitrag in eine öffentliche Debatte ein oder lösen eine öffentliche Debatte aus. Bei der Wahl solcher Themen sollte man also etwas Hintergrundinformation haben.
- Entscheidend ist es, das zentrale Problem zu erfassen, die Intention des Autors aus der Fülle der Aussagen herauszuschälen und die wichtigsten Argumente, die die vorgetragene Intention stützen, zu finden und zu analysieren.
- Bei Reden wäre zu fragen, ob überzeugend argumentiert oder ob eher überredet, manipuliert, verschleiert und mit Emotionalität und Suggestion Stimmung erzeugt wird. Aufschlussreich bei der Untersuchung von Reden ist es, nach Merkmalen zu suchen, die vielleicht eine Wir-Gruppe von einer Feind-Gruppe abgrenzen.
- Der Übergang zu literarischen Texten ist dann fließend, wenn die Autoren Dichter sind und in der Form des Essays schreiben.
- Bei Glossen und Polemiken kommt es sehr darauf an, Mittel der ironischen Übertreibung und Zuspitzung nicht zu überlesen.

Materialgestütztes Schreiben
- Beim materialgestützten Schreiben wird in der Aufgabenstellung in der Regel ein Adressat genannt, an den sich der Text richten soll. Der informierende wie auch der argumentierende Text muss sich deshalb erkennbar am (potenziellen) Leser orientieren.
- Haben Sie alle Materialien ausgewertet?
- Sind die Informationen und Erkenntnisse der Materialien passend in Ihre Argumentationskette bzw. in die sachlogische Gliederung eines informierenden Textes eingefügt?

- Wird richtig zitiert? (Achten Sie auf die Angaben in der Aufgabe. Nicht immer muss wissenschaftlich korrekt zitiert werden!)
- Ist ein in sich geschlossener Text entstanden, der eine klare und eindeutige Aussage transportiert oder der einen nachvollziehbaren und überzeugenden Standpunkt vertritt?
- Sind alle Bedingungen erfüllt, die sich aus der Aufgabenstellung ergeben? (Wenn Sie z. B. aufgefordert werden, eine bestimmte Rolle zu erfüllen, dann müssen Sie prüfen, ob Sie Ihren Aufsatz tatsächlich aus deren Sicht verfasst haben!)

Einen guten Eindruck macht es immer, wenn korrekt **zitiert** werden kann. Sie sollten nicht zu umfangreich zitieren oder dem Leser das Zitat wie den Stein der Weisen wortlos vor die Füße schieben. Zitate, oft nur ein Satzfetzchen oder ein besonderes Wort, werden gewählt, weil sie aufschlussreich und vielsagend sind: Man muss also damit arbeiten, sie erläutern und kommentieren. Überhaupt ist es das A und O aller Interpretation, in die eigene Sprache hineinzuholen, was man vorfindet. Wer sprachfaul nur wiederholt, was der Autor sagt, bleibt gleichsam erkenntnisblind. Die Anstrengung dagegen, Fremdes selbstständig in der eigenen Sprache wiederzugeben, wirft unwillkürlich Fragen auf und bedeutet damit den ersten Schritt zum Verständnis eines Textes.

Sehr ratsam ist es, über ein paar **Fachbegriffe** so zu verfügen, dass über Erzähltes und Dargestelltes präzise gesprochen werden kann. Man sollte etwa schreiben können: „Die Peripetie erkennt man in dem Moment, in dem ..." Oder: „Hier wird der Beziehungsaspekt wichtiger als der Inhalt." Oder: „In diesen Ellipsen, diesen Kurzsätzen ohne Prädikat, drückt sich aus, wie ..." – Achten Sie darauf, dass Sie Wortarten, Satzteile und Nebensatztypen korrekt bezeichnen können. Üben Sie sich darin, die wichtigsten rhetorischen Figuren zu erkennen und darüber hinaus aufzeigen zu können, wie diese gestalteter Sprache ihre Wirkung verleihen. (Eine gute Übersicht rhetorischer Figuren findet sich in dem folgenden Band: Werner Winkler, *Prüfungswissen Deutsch Oberstufe*, Stark Verlag 2015, Titel-Nummer: 94406, dort S. 23–26.)

4 Anforderungsbereiche und Operatoren

4.1 Anforderungsbereiche (AFB)

In den Bildungsstandards werden drei Anforderungsbereiche definiert, die sich in jeder Aufgabe – in jeweils leicht variierenden Anteilen – wiederfinden. Die einzelnen Bereiche bauen aufeinander auf und verlangen von Ihnen einen zunehmenden Grad an Abstraktionsfähigkeit und Problemlösungsvermögen. In jedem Bereich gilt es, eine Verstehensleistung, eine Argumentationsleistung und eine Darstellungsleistung zu erbringen.

- **Anforderungsbereich I** betrifft die Reproduktion: die Wiedergabe von gelernten Sachverhalten sowie die wiederholende Zusammenfassung. Der im Unterricht erarbeitete Hintergrund an Lektüre- und Faktenwissen, fachspezifische Arbeitstechniken, Methoden der Texterschließung sowie Darstellungstechniken soll zum Einsatz gebracht werden.
- **Anforderungsbereich II** zielt auf die Anwendung erworbener Arbeitsweisen, auf Reorganisation von Bekanntem und Transferleistungen. Dabei geht es um selbstständiges Auswählen, Ordnen, Erläutern, Interpretieren oder Vergleichen. Erwartet wird von Ihnen eine eigenständige, argumentativ begründete Interpretation beziehungsweise Erörterung, die zeigt, dass Sie in der Lage sind, Gelerntes auch auf unbekannte Zusammenhänge anzuwenden. Auf dem AFB II liegt in der Abiturprüfung das Hauptgewicht, die Teilaufgabe wird auch entsprechend stark bewertet.
- **Anforderungsbereich III** betrifft die gedankliche Selbstständigkeit der Leistung: Hier müssen Sachverhalte und Zusammenhänge eigenständig ausgewertet, durchdacht, be-

gründet beurteilt oder gestaltet werden. Sie sollen zu einer differenzierten und kritischen Wertung von Texten und Sachverhalten gelangen und Ihre Fähigkeit zur Reflexion und Problemlösung beweisen.

Im Thüringer Zentralabitur wird allerdings oftmals nur ein umfassender Operator (Arbeitsanweisung) wie „erörtern", „interpretieren" oder „analysieren" eingesetzt, der immer Leistungen in allen drei Anforderungsbereichen verlangt. Da diese in der Aufgabenstellung also selten weiter differenziert werden, entfällt eine erste Strukturierungshilfe. Folglich haben Sie aber auch mehr Freiraum beim Gliedern Ihres Aufsatzes. Überprüfen Sie vor Beginn der Niederschrift Ihres Aufsatzes noch einmal, ob die Inhalte und Überlegungen Ihres Konzepts alle drei Anforderungsbereiche abdecken.

4.2 Operatoren

Operatoren sind Arbeitsanweisungen. Sie machen deutlich, welche Art von Aufgabenstellung gemeint ist, lassen sich den einzelnen Anforderungsbereichen zuordnen und geben einen Hinweis auf das Gewicht der entsprechenden Aufgabe. Durch ihre konkreten Vorgaben dienen Operatoren sowohl dazu, Arbeitsaufträge eindeutig zu formulieren und voneinander abzugrenzen, als auch dazu, einheitliche Bewertungs- und Korrekturmaßstäbe zu setzen. Die folgende Liste basiert auf dem Grundstock von Operatoren des IQBs und bietet ein breites Spektrum an Arbeitsaufträgen, die Ihnen in einer Abiturprüfung begegnen können.

analysieren (I, II, III)	einen Text als Ganzes oder aspektorientiert unter Wahrung des funktionalen Zusammenhangs von Inhalt, Form und Sprache erschließen und das Ergebnis der Erschließung darlegen	Analysieren Sie den vorliegenden Essay. Analysieren Sie den Text im Hinblick auf die Wirkung der sprachlichen Mittel.
beschreiben (I, II)	Sachverhalte, Situationen, Vorgänge, Merkmale von Personen bzw. Figuren sachlich darlegen	Beschreiben Sie die äußere Situation des Protagonisten.
beurteilen (II, III)	einen Sachverhalt, eine Aussage, eine Figur auf Basis von Kriterien bzw. begründeten Wertmaßstäben einschätzen	Beurteilen Sie auf der Grundlage der vorliegenden Texte die Entwicklungstendenzen der deutschen Gegenwartssprache.
charakterisieren (II, III)	die jeweilige Eigenart von Figuren/Sachverhalten herausarbeiten	Charakterisieren Sie den Protagonisten im vorliegenden Textauszug.
darstellen (I, II)	Inhalte, Probleme, Sachverhalte und deren Zusammenhänge aufzeigen	Stellen Sie die wesentlichen Elemente des vorliegenden Kommunikationsmodells dar.
einordnen (I, II)	eine Aussage, einen Text, einen Sachverhalt unter Verwendung von Kontextwissen begründet in einen vorgegebenen Zusammenhang stellen	Ordnen Sie den folgenden Szenenausschnitt in den Handlungsverlauf des Dramas ein.

Operator	Beschreibung	Beispiel
erläutern (II, III)	Materialien, Sachverhalte, Zusammenhänge, Thesen in einen Begründungszusammenhang stellen und mit zusätzlichen Informationen und Beispielen veranschaulichen	Erläutern Sie anhand der Textvorlage die wesentlichen Elemente der aristotelischen Dramentheorie.
erörtern (I, II, III)	auf der Grundlage einer Materialanalyse oder -auswertung eine These oder Problemstellung unter Abwägung von Argumenten hinterfragen und zu einem Urteil gelangen	Erörtern Sie die Position der Autorin.
in Beziehung setzen (II, III)	Zusammenhänge unter vorgegebenen oder selbst gewählten Gesichtspunkten begründet herstellen	Setzen Sie die Position des Autors in Beziehung zum Frauenbild des vorliegenden Textauszugs.
interpretieren (I, II, III)	auf der Grundlage einer Analyse im Ganzen oder aspektorientiert Sinnzusammenhänge erschließen und unter Einbeziehung der Wechselwirkung zwischen Inhalt, Form und Sprache zu einer schlüssigen (Gesamt-)Deutung gelangen	Interpretieren Sie das vorliegende Gedicht. Interpretieren Sie das Gedicht unter besonderer Berücksichtigung der Identitätsproblematik.
sich auseinandersetzen mit (II, III)	eine Aussage, eine Problemstellung argumentativ und urteilend abwägen	Setzen Sie sich mit der Auffassung des Autors auseinander.
überprüfen (II, III)	Aussagen/Behauptungen kritisch hinterfragen und ihre Gültigkeit kriterienorientiert und begründet einschätzen	Überprüfen Sie, inwieweit die These zutrifft, die Kunstauffassung der Autorin spiegle sich im vorliegenden Text wider.
verfassen (I, II, III)	auf der Grundlage einer Auswertung von Materialien wesentliche Aspekte eines Sachverhaltes in informierender oder argumentierender Form adressatenbezogen und zielorientiert darlegen	Verfassen Sie auf der Grundlage der Materialien einen Kommentar für eine Tageszeitung.
vergleichen (II, III)	nach vorgegebenen oder selbst gewählten Gesichtspunkten Gemeinsamkeiten, Ähnlichkeiten und Unterschiede herausarbeiten und gegeneinander abwägen	Vergleichen Sie die Naturschilderungen in den beiden Gedichten.
zusammenfassen (I, II)	Inhalte oder Aussagen komprimiert wiedergeben	Fassen Sie die Handlung der vorliegenden Szene zusammen.

(zitiert nach Institut für Qualitätsentwicklung im Bildungswesen: Gemeinsame Aufgabenpools der Länder. Aufgaben für das Fach Deutsch. Grundstock von Operatoren, https://www.iqb.hu-berlin.de/bista/abi/bista/abi/deutsch/dokumente/Aufgabensammlung_1.pdf)

5 Tipps

5.1 Praktische Tipps

Die **Wahl der Aufgabe** sollte sorgfältig getroffen werden, denn von der „richtigen" Aufgabe hängt ganz wesentlich der Erfolg der Arbeit ab. Deshalb sollten Sie nicht nur die Textvorlage, sondern auch die Aufgabenstellung genau lesen und für sich selbst folgende Fragen beantworten:

- Was genau wird verlangt: Analyse, Beurteilung, Stellungnahme, Vergleich, Eigengestaltung?
- Welches ist die Textform, die ich verfassen soll? Liegt sie mir? Gibt es einen bestimmten gestalterischen Auftrag oder Adressatenbezug? Kann ich mich in diese Aufgabe hineinversetzen?
- Welche Aufgabe fordert mich heraus? Wo kann ich meine Stärken einbringen?
- Ausschlaggebend sollte nicht die vermeintliche Leichtigkeit einer Aufgabe sein, sondern die Möglichkeit, sie auf ergiebige und gehaltvolle Weise zu lösen. Auch die Gelegenheit, Kenntnisse aus dem Unterricht einzubringen, ist ein Aspekt bei der Entscheidungsfindung.

Grundsätzlich werden im schriftlichen Abitur von Ihnen zwei Kompetenztypen verlangt: die Sach- und die Methodenkompetenz.

- Zum ersten Typus gehört alles, was man „im Kopf" hat (oder haben sollte), wenn man den Prüfungsraum betritt: Wissen um Gattungen, Epochen, Autoren, Stoffe, Werke – kurz, das Hintergrundwissen, das für jede Bearbeitung und Einordnung nötig ist. Sie sollten es parat haben und nur noch entscheiden müssen, was davon im vorliegenden Zusammenhang relevant ist.

- Einen anderen Charakter hat die Methodenkompetenz: Hierbei bauen sie nicht auf bereitliegendes Wissen, sondern auf Ihre Fähigkeit geeignete Methoden zur Erschließung der Aufgabe anzuwenden. Das ist natürlich arbeits- und zeitaufwendiger als das Reproduzieren von Sachwissen. Methodenkompetenz drückt sich daher sehr stark im Umgang mit der Aufgabenstellung aus.

Ist die Entscheidung gefallen, sollten Sie möglichst nicht mehr wechseln, denn das wäre verschenkte Zeit.

Eine grobe **Zeitplanung** ist immer hilfreich. Die 315 Minuten Bearbeitungszeit entsprechen etwa einem siebenstündigen Unterrichtsvormittag. Es liegt also nahe, eine Grobplanung im 45-Minuten-Takt vorzunehmen. Für die genaue Sichtung aller Aufgaben und Materialien gilt ein Richtwert von einer Viertelstunde je Wahlaufgabe. Hier spricht man auch von der Einlesezeit, die ihrer Entscheidung zugrunde liegt. Danach könnte man zum Beispiel zwei Unterrichtsstunden für die Konzeptphase ansetzen – Textmarkierungen, Skizzen, Aufsatzgliederung, Disposition, Ausformulierung von Kern- und Gelenkstellen –, etwa zwei Stunden für die Reinschrift und eine Stunde für die Durchsicht und Feinkorrektur. Damit wären circa sechs Stunden verplant, sodass abzüglich der Pausen noch ein Puffer von einer knappen Stunde bleibt. Pausen sollte man erst nach Beendigung eines Arbeitsganges einlegen, im Idealfall erst vor der Reinschrift.

5.2 Hinweise zu Bewertungskriterien

Die Note ist eine Gesamtwürdigung der erbrachten Leistung und wird auf alle drei Anforderungsbereiche bezogen. Der Inhalt wird dabei etwa mit zwei Dritteln gewichtet. Genauso wie die Operatoren unterschiedliche Herangehensweisen von Ihnen verlangen, haben die Aufgabenstellungen auch Einfluss auf die Auswahl der Bewertungskriterien. Das verbleibende Drittel entfällt in jedem Fall auf die Bewertung der Darstellung (Aufbau, Stil, Regelanwendung, Form).

Die Benotung des schriftlichen Abiturs im Punktesystem lässt sich aus dem Thüringer Lehrplan für das Fach Deutsch ableiten. Danach wird besonders viel Gewicht darauf gelegt, dass

- Ihr Aufsatz den Bezug zur Aufgabenstellung einschließlich Adressaten- und Situationsbezug herstellt,
- Ihre Darstellung und Ihr Verständnis der Materialien sowie der Thematik den prinzipiellen Ansprüchen an Abiturienten entsprechen,
- Fähigkeiten in den Bereichen der Analyse, der Abstraktion, des Transfers und der Argumentation deutlich werden, damit Ihre Lösungen plausibel sind,
- Ihre Herangehensweise selbstständig und gegebenenfalls auch kreativ ist,
- die Sprache und die Form Ihrer Arbeit angemessen und fehlerfrei sind.

Selbstverständlich sollte das im Rahmen des Anforderungsbereiches I wiedergegebene Wissen nicht nur Themenbezug besitzen, sondern auch sachlich richtig sein. Vermeiden Sie es daher, fachliche Bezüge herzustellen, die sich im Thema nicht deutlich genug widerspiegeln lassen. Qualität geht vor Quantität.

Hinweise und Tipps
zur mündlichen Abiturprüfung

1 Allgemeines

Eine mündliche Abiturprüfung gibt es in jedem Fall im vierten Prüfungsfach. Sollten Sie die Seminarfachleistung nicht in das Abiturergebnis einbringen wollen, kann auch die zweite mündliche Prüfung (fünftes Prüfungsfach) im Fach Deutsch abgelegt werden. Daneben sind weitere Prüfungen im ersten bis dritten Prüfungsfach möglich, wenn die Leistung in den Abiturklausuren mit null Notenpunkten bewertet worden ist oder ein Prüfling sich für eine freiwillige mündliche Prüfung meldet, zum Beispiel um seinen Abiturdurchschnitt zu verbessern. Für mündliche Prüfungen im ersten bis dritten Fach gilt, dass sie nicht dem Stoffgebiet der Abiturklausur entsprechen dürfen.

Die mündliche Prüfung enthält in der Regel zwei gleichwertige Elemente, durch die einerseits die Fähigkeit zum **Vortrag**, andererseits die Fähigkeit zur Beteiligung am **Prüfungsgespräch** überprüft wird. Es gelten ansonsten grundsätzlich dieselben Kriterien für die Bewertung wie bei den schriftlichen Anforderungen, wobei es besonders darauf ankommt, dass man auch in mündlicher Rede gewandt und präzise argumentiert, ohne den Faden zu verlieren.

Zunächst erhalten Sie eine Aufgabenstellung, die aus einer oder mehreren Teilaufgaben bestehen kann. Für die Bearbeitung dieser Aufgabe stehen Ihnen im Vorbereitungsraum 20 Minuten zur Verfügung. Innerhalb dieser Zeit sollen Sie einen 10- bis 15-minütigen Vortrag vorbereiten, der in sich geschlossen und logisch untergliedert ist. Während des Vortrages können Sie sich auf die Texte sowie auf Ihre stichwortartigen Aufzeichnungen stützen.

Die Kürze der Vorbereitungszeit schließt aus, dass Sie Ihren Vortrag schriftlich ausformulieren; vielmehr ist es, ähnlich wie bei der Sichtungsphase in der Klausur, notwendig, den Vortrag durch sinnvolles Markieren und knappe Anmerkungen vorzubereiten.

Der zweite Prüfungsteil besteht aus einem Prüfungsgespräch, in dem Ihr Hintergrundwissen und Ihre Fähigkeit, größere fachliche und sachliche Zusammenhänge zu erschließen, überprüft werden.

Nutzen Sie für die Vorbereitung im Vorfeld des Prüfungstermins mögliche Angebote der prüfenden Fachlehrer zu Konsultationen beziehungsweise Sprechstunden. Sie können sich dabei auch über schulinterne Kriterien informieren. Gerade im Fachbereich Deutsch kann ein besonderes Gewicht auf der sprachlich-rhetorischen Gestaltung liegen.

2 Prüfungsteil I: eigenständiger Vortrag

Die größten Schwierigkeiten der mündlichen Abiturprüfung liegen bei dem zusammenhängenden, gegliederten Vortrag. Obwohl in der Oberstufe mindestens im Kolloquium des Seminarfaches mündliche Vorträge geübt werden, fehlen für die speziellen Bedingungen des ersten Prüfungsteils (geringe Vorbereitungszeit, vorgegebene Auswahl an Materialien) konkrete Erfahrungen. Daher folgen hier Tipps, wie Sie sich auf diese Prüfungssituation vorbereiten und Ihren Vortrag ansprechend gestalten können.

Tipps für die 20-minütige Vorbereitung
- Themenstellung: Was ist die Zielrichtung der Arbeitsanweisung?
- Operatoren: Welche konkreten Anforderungen werden gestellt? Bei Mehrteiligkeit: Welche Gliederungshilfe bieten die Teilaufgaben? Welcher Aufgabe kommt das größte Gewicht zu?
- Einstieg: Mit welcher Einleitung führt man den Vortrag schnell und stringent zum Kern der Aufgabenstellung?
- Texte: Fachbegriffe an den Rand schreiben, Quellen-Anmerkungen ergänzen, Stichworte für den Vortrag festlegen; wichtige Zitatstellen markieren.
- Gliederung: Nummerieren Sie Ihre Markierungen, damit Sie Ihren Vortrag anhand dieser Reihenfolge gestalten können.
- Beenden Sie Ihren Vortrag mit einem klaren Fazit.
- Grobstruktur: Nennung der Aufgabenstellung – Einleitung – Bearbeitung der Teilaufgaben – Schlussteil.

Tipps für den 10- bis 15-minütigen Vortrag
- Zeitmanagement: Legen Sie eine Armbanduhr neben Ihr Konzept, schreiben Sie, bevor Sie zu sprechen anfangen, den konkreten Zeitraum für Ihren Vortrag auf Ihr Konzept – so haben Sie klare zeitliche Anhaltspunkte.
- Nutzen Sie die Anmerkungen, die Sie während der Vorbereitungszeit angefertigt haben, als Leitfaden Ihres Vortrages.
- Sprechen Sie möglichst frei, klammern Sie sich nicht an Ihr Konzept.
- Sprechen Sie klar, deutlich und hinreichend laut.
- Achten Sie auf ein angemessenes Sprechtempo und sprechen Sie nicht zu schnell.
- Vermeiden Sie sowohl „Endlossätze" als auch Aneinanderreihungen und monotone Satzanfänge („Und … und … und …").
- Verwenden Sie die Fachsprache, die Sie gelernt haben, um zu verdeutlichen, dass Sie Ihr Metier beherrschen.
- Zitate/Textbelege: Verdeutlichen Sie während des Vortrages, woher Sie Ihre Aussagen beziehen, indem Sie Kernstellen mit Zeilenhinweis anführen.
- Ein gelegentlicher Blickkontakt zu Ihrem Prüfer oder den übrigen Beisitzern zeugt von einem souveränen Umgang mit der Situation und den Kommunikationsregeln.
- Bewegen Sie sich bei Ihrem Vortrag auf einer einheitlichen Sprachebene und vergegenwärtigen Sie sich, dass die Adressaten Ihres Vortrags Deutschlehrerinnen und Deutschlehrer, also Fachleute sind.
- Beziehen Sie nonverbale Mittel (Mimik, Gestik) sinnhaft und ohne Übertreibung in Ihren Vortrag ein.

Sie können diesen ersten Teil der mündlichen Prüfung üben, indem Sie Arbeitsaufträge aus diesem Band zugrunde legen, die Vorbereitungszeit exakt einhalten und zwei Kursmitglieder als fiktive Prüfungskommission hinzuziehen. Lassen Sie sich anschließend von diesen begründet darlegen, ob Ihr Vortrag sprachlich und inhaltlich verstanden wurde. Ebenso können Sie natürlich in der Familie oder im Freundeskreis das Referieren trainieren oder zu diesem Zweck Ihren Vortrag selbst aufnehmen und überprüfen.

3 Prüfungsteil II: das Prüfungsgespräch

Die zeitliche Dauer des zweiten Prüfungsteils entspricht derjenigen des ersten Teils: 10 bis 15 Minuten je nach Verlauf. Das Thema des Prüfungsgesprächs muss einem anderen Kurshalbjahr entnommen sein als der für den vorangegangenen Vortrag vorgegebene Gegenstand. Meistens stellt der Prüfer durch eine kurze Überleitung einen Zusammenhang zwischen Ihrem Vortrag und dem Gegenstand des zweiten Teils der Prüfung her; das gibt auch Ihnen die Gelegenheit, an Ihren Vortrag anzuknüpfen. Sie sollten sich dabei aber nicht wiederholen oder gar den Eindruck erwecken, dass Sie dem Thema des Prüfungsgespräches ausweichen wollen.

Im weiteren Verlauf sollen Sie Ihre Kommunikationskompetenzen im Rahmen eines Fachgespräches unter Beweis stellen: Zeigen Sie sich also als gewandter Gesprächspartner, der adressatengerecht und sachkundig die Fragen und Impulse aufgreift sowie möglichst selbstständig und ergiebig damit umgeht.

Tipps für das Prüfungsgespräch

- Sprechanteil: Je eigenständiger und umfassender Sie als Prüfling mit den Fragen und Impulsen umgehen, desto besser! Begnügen Sie sich nicht mit Kurzantworten, führen Sie länger aus.
- Erfassen der Frageintention: Achten Sie auf die Operatoren und auf fachliche Kernbegriffe. Führen Sie sinnvolle Beispiele oder Vergleiche aus dem Unterricht an, zeigen Sie Ihr Hintergrund- und Allgemeinwissen. Aber schweifen Sie nicht ab, bleiben Sie beim Thema.
- Gesprächsaufbau durch den Prüfer: In der Regel gestaltet der Prüfer ein solches Gespräch nach dem Prinzip „Vom Einfachen zum Schwierigen, vom Einzelfallbeispiel zum Allgemeinen/Modellhaften". Wenn Sie einen Bezug zu einer Ihnen passend erscheinenden Theorie oder zu einem aus dem Unterricht bekannten Beispiel selber herstellen können: Tun Sie dies!
- Unterrichtsbezüge: Hintergrund aller Fragen und Impulse ist das aus dem Unterricht Bekannte. Stellen Sie also nach Möglichkeit über das gerade angesprochene Einzelbeispiel hinaus Vergleiche zu dem im Unterricht Behandelten an, weisen Sie auf Gemeinsamkeiten oder auch auf Unterschiede hin. Machen Sie somit deutlich, dass Sie den Gesprächsgegenstand aus dem Prüfungsgespräch in größere Zusammenhänge einordnen können.
- Verständnisprobleme: Sollten Sie mit einer einzelnen Frage einmal nichts anfangen können, verlieren Sie keine Zeit und bitten Sie an einer solchen Stelle um eine kurze ergänzende Erläuterung.
- Unterbrechungen: Lassen Sie sich nicht irritieren. Der Prüfer möchte Ihnen entweder zurück auf den Haupt(frage)weg helfen oder den Themenschwerpunkt wechseln, was vielleicht nur daran liegt, dass die Prüfungszeit allmählich knapp wird. Werten Sie solche Unterbrechungen in jedem Fall als für Sie günstig und hilfreich.
- Mimik und Gestik: Lassen Sie sich nicht durch Äußerlichkeiten irritieren. Die Prüfer werden sich bemühen, eine neutrale Atmosphäre herzustellen. Wenn das Prüfungsgespräch beispielsweise weniger persönlich verläuft als eine normale Unterrichtsstunde, ist das kein beunruhigendes Zeichen.

> Deutsch (Thüringen): Abiturprüfung 2013
> Aufgabe 2: Textgebundene Erörterung

Tomasz Kurianowicz (geb. 1983, Journalist)
Der Menschheit Ende ist die Geburt der Natur
Im Zeitalter des Spätkapitalismus wird der Fortschrittsglaube mystisch: Eine Schau in Warschau fragt nach dem Rückschritt im Fortschritt.

WARSCHAU, im September
Die Welt verändert sich rasend schnell, und wenn man irgendwann zurückschauen wird auf das einundzwanzigste Jahrhundert, dann wird man über ein Zeitalter sprechen, in dem lang tradierte Sicherheiten erstmals ins Wanken gerieten. Gerade die Kunst, Re-
5 flexionsfolie für das Kommende, muss sich jetzt mit neuen Denkmotiven konfrontieren, wenn sie denn als Medium gesellschaftlicher Kritik noch etwas ausrichten möchte – als ein Medium, das im Kantischen Sinne Wissen von Scheinwissen trennt.

Das Problem ist freilich, dass es mit dem heutigen Wissen schlecht bestellt ist. Darauf macht auch die Schau „Regress/Progress", die vom Zentrum für zeitgenössische Kunst
10 in Warschau zusammengestellt wurde, mit feiner Ironie aufmerksam. Es sind Werke zu sehen, die sich mit veränderten Prämissen einer kapitalistischen Ordnung auseinandersetzen und dabei Fragen stellen, die noch vor zwanzig Jahren aufrührerisch geklungen hätten. Kann sich eine endliche Menschheit unendlich vermehren? Wie kann eine Wirtschaftsordnung auf lange Sicht erhalten bleiben, in der jeder Staat exportieren will, aber
15 nicht jeder Staat exportieren kann? Auch die Zukunft der Umwelt ist davon betroffen: Wie werden wir existieren können, wenn das schwarze Blut der Ökonomie, das Öl, das durch die Adern unserer Handelsrouten fließt, irgendwann versiegt und unsere Welt in einen alles lähmenden Stillstand versetzt?

Wenn man nun vor dem Schloss Ujazdowski steht, dieser ehemaligen Militäranlage im
20 Zentrum von Warschau, nicht weit weg vom polnischen Parlament, dann fällt ein frühbarockes Türmchen auf, aus dessen Fenstern drei grüne Birken in den Himmel ragen. Begibt man sich in den zweiten Stock und betritt den unterkühlten Raum, wo die Baumwurzeln in Keramiktöpfen stecken, dann erfährt man, was diese ungewöhnliche Begrüßung zu bedeuten hat: Es ist die Zukunftsvision „Summer Solstice" von Cai Guo-Qiang.
25 Der Chinese imaginiert mit dieser kontemplativen, in der Ruhe beinahe beängstigend wirkenden Arbeit, dass die Natur, wenn der Mensch irgendwann zu existieren aufhört, sich ihren Lebensraum zurückerobern wird. Auf den Ruinen der Zivilisation wird ein neues Biotop entstehen, das sich das unlängst Zerstörte wieder einverleibt.

Holz wird, so auch die Botschaft des Berliner Künstlerkollektivs Raumlabor, in jener Zu-
30 kunft eine tragende Rolle spielen und alle die synthetisch hergestellten Produkte organisch ersetzen. Die Architektur-Installation „Grated Futures" – so heißt das begehbare Werk der Berliner – soll dem Besucher bewusstmachen, wie stark unsere Wirklichkeit vom Öl abhängig ist. Wenn es verschwindet, dann werden auch die synthetischen Rundungen, die ovalen Formen und glatten Konstruktionen verschwinden, die unser gegenwärtiges
35 Design dominieren. Wir werden ein Zeitalter der Ecken und Kanten erleben, ein Zeitalter des Rudimentären, in dem letzte Plastik-Reliquien an die Boomphase des Öls erinnern – alte Autoreifen etwa, die als Blumenkästen in Form von grob zugeschnittenen Schwänen fungieren. Nur der Mensch bleibt in dieser holzschnittartigen Konstruktion vielsagend abwesend. Er macht sich rar und gerät ins Abseits; muss mit dem auskommen, was nach
40 seiner gescheiterten Eroberungsperiode übrig geblieben ist.

2013-1

Interessanterweise spielt das Individuum in diesem Kaleidoskop eine untergeordnete Rolle. Auch in der Videoinstallation der dänischen Künstlergruppe Superflex ist der Mc Donald's, der hier als Schauplatz einer Umweltkatastrophe dient, menschenleer. Nur Stühle und Tische sind zu sehen – sowie ein grinsender Plastikclown. Nach und nach dringt Wasser durch die geschlossenen Türen; es bricht sich Bahn in einem verlassenen Raum voller Verpackungen und liegengebliebener Konsumgüter, bis die Flut an die Decke stößt. Am Objektiv schwimmen aufgedunsene Kartoffelscheiben vorbei wie Überbleibsel einer aufgeblähten Konsumgesellschaft.

Das ist das Besondere an dieser Ausstellung: Sie changiert zwischen Dystopie[1] und Utopie, um zu zeigen, dass der Fortschrittsglaube, der die Wirtschaft jahrzehntelang wie ein Deus ex Machina[2] anzupeitschen vermochte, sich in einer tiefen Glaubenskrise befindet. Ja, auch die geradezu religiös anmutende Hoffnung auf ewiges Wachstum schwindet. Im letzten Teil der Ausstellung sehen wir hochironische Collagen von Alexandra Mir, die Jesus- und Marienbilder zeigen, in denen eingeklebte Raketen ins Himmelreich drängen. Sie rücken die Technologiebegeisterung des zwanzigsten Jahrhunderts in die Nähe metaphysischer Bewunderung. Wir sehen, wie sich in den siebziger Jahren die Menschheit die Zukunft vorstellte, wie sie den Mond, ja selbst das Universum zu unterwerfen versuchte. Aus der Distanz glaubt man, einen Paradigmenwechsel wahrzunehmen, der offenlegt, dass uns heute der Griff nach den Sternen weniger plausibel erscheint als im vergangenen Jahrhundert, als noch der westliche Diskurs um Eroberung, um den Sieg des Kapitalismus über den Kommunismus kreiste.

Doch wer glaubt, dass dieser Sieg in Zweifel gezogen wird, der irrt. Die Kritik am Fortschritt ist keine Kritik, die eine kommunistische Utopie inszeniert, sondern ein blankes Unbehagen, das als Warnung zu verstehen ist. Damit trifft die Ausstellung den Nerv der Zeit – gerade im postsozialistischen Polen, wo die Schau die Besucher darüber nachdenken lässt, welche Enttäuschungen der Kapitalismus bei all seinen Vorteilen offenbart.

Diese Schau fasst eine neue Denkbewegung zusammen, die sich jetzt, zu Beginn des einundzwanzigsten Jahrhunderts, langsam und stetig zu formieren beginnt, mit populären Intellektuellen an der Spitze. Denken wir nur an Jonathan Franzen, der in seinem vielgelesenen Roman „Freiheit" das postindustrielle Dilemma ins Zentrum seiner Ausführungen stellt. Dort erinnert der Protagonist Walter, ein ehemaliger Umweltaktivist, seine Freunde fast schon nervtötend daran, dass sich der Mensch in seinem Drang nach Produktivitätssteigerung den eigenen Lebensraum nimmt, also materialistisch nach vorne, dialektisch jedoch einen Schritt zurück bewegt. Franzen schreibt: Die beiden Hauptströmungen der Wirtschaftstheorie, die marxistische ebenso wie die des freien Marktes, sagte Walter, nähmen es als gegeben an, dass wirtschaftliches Wachstum immer etwas Positives sei. Ein Wachstum des Bruttoinlandsprodukts von ein oder zwei Prozent gelte als moderat und ein Bevölkerungswachstum von einem Prozent als wünschenswert, aber wenn man diese Raten über eine Zeitspanne von hundert Jahren fortschreibe, komme man auf verheerende Zahlen: eine Weltbevölkerung von achtzehn Milliarden und einen weltweiten Energieverbrauch, der den heutigen um das Zehnfache übersteige. Das kann nicht gutgehen, sagt uns die Kunst. Zumindest nicht, wenn wir Menschen weiterhin die Erde bevölkern wollen.

Aus: Kurianowicz, Tomasz: Der Menschheit Ende ist die Geburt der Natur.
In: FAZ, 23. 9. 2011, Nr. 222, S. 35.

1 Antiutopie
2 ursprünglich das Auftauchen einer Gottheit mit Hilfe einer Bühnenmaschinerie, heute sprichwörtlich dramaturgische Bezeichnung für jede durch plötzliche, unmotiviert eintretende Ereignisse, Personen oder außenstehende Mächte bewirkte Lösung eines Konflikts

Arbeitsanweisung

Setzen Sie sich mit den Positionen des Autors zur Funktion von Kunst auseinander. Beziehen Sie das Rahmenthema ein.

Hinweise und Tipps

Voraussetzungen
Kunst und Natur stehen im Mittelpunkt dieser **textgebundenen Erörterung**. Der Schwerpunkt **Kunst** kommt durch den ersten Teil der **Aufgabenstellung**, der Schwerpunkt **Natur** durch die des Weiteren geforderte Einbeziehung des **Rahmenthemas 2013** zustande. Bei Letzterem handelt es sich um das Wieland-Zitat: „Und wen anders als die Natur können wir fragen, um zu wissen, wie wir leben sollen, um wohl zu leben?" Die Auseinandersetzung mit zwei in ihrer Bedeutung so umfangreichen Begriffen braucht einen sicheren Rahmen und Bezugspunkt. Den bildet ein Presse-Artikel zu einer **Ausstellung zeitgenössischer Kunst** in Warschau. Weder die Kenntnis dieser Ausstellung mit dem Titel „Regress/Progress" noch einzelner dort vorgestellter Künstler oder des Verfassers dieses Artikels aus der Frankfurter Allgemeinen Zeitung kann von Ihnen verlangt werden. Im Rahmen der Anforderungen, die der Aufgabentyp der textgebundenen Erörterung laut Einheitliche(n) Prüfungsanforderungen in der Abiturprüfung Deutsch (EPA), vorsieht, geht es aber darum, sich mit der Problemfrage des jeweils vorliegenden Textes auseinanderzusetzen. Diese liegt nicht in den vorgestellten Kunstwerken selbst – wie vielleicht sonst von Rezensionen einer Ausstellung zu erwarten – sondern in übergreifenden **Schlussfolgerungen** und daraus entstehenden Fragen, die uns alle betreffen. Die Aufgabenstellung lenkt Sie dabei noch in eine bestimmte Richtung: die **Rolle der Kunst**. Auf den ersten Blick besteht die Schwierigkeit darin, dass das Rahmenthema eher Erwartungen im Themenbereich Natur wecken mag. Die Aufgabe, beide Schwerpunkte zusammenzubringen, lösen Sie aber in diesem Aufsatz nur, wenn Sie sich zunächst eng an die **Argumentation des Textes** halten. Darüber hinaus lassen sich dann doch Überlegungen anknüpfen, inwieweit eigenes Wissen über die Kunst in Ihre **persönliche Auseinandersetzung** einfließen kann. Da der Verfasser des Artikels sich selbst am Schluss auf Literatur bezieht, ist es im Rahmen eines Deutsch-Aufsatzes selbstverständlich gut möglich, die Rolle der Kunst an literarischen Beispielen zu illustrieren.

Die Aufgabe verlangt Leistungen in allen drei Anforderungsbereichen, die laut Einheitliche(n) Prüfungsanforderungen in der Abiturprüfung Deutsch (EPA) vorausgesetzt werden:

Anforderungsbereich I (Grundlagen an Wissen/Kennen konkreter Einzelheiten): Hilfreich ist ein sicherer Zugang zu Themen und Darstellungsformen der Kunst, im Speziellen in Form zeitgenössischer Werke. Sicherheit im Umgang mit Inhalten aus der Literatur erleichtert ebenfalls die Arbeit an eigenen Belegen und Beispielen. Dazu kommt angesichts des Ausstellungsthemas auch Allgemeinwissen über die angesprochenen historischen und aktuellen Aspekte des Fortschritts. Die Aussage des Rahmenthemas und eventuell deren literarische Einordnung sollte Ihnen vertraut sein.

Anforderungsbereich II (Organisation des Arbeitsprozesses): Die Erfassung von Inhalt und Argumentation des Textauszugs ist vor allem insofern wichtig, als eine Funktion des zu bearbeitenden Textes – nämlich die Information über die Ausstellung selber – für unsere Aufgabe nur eine untergeordnete Rolle spielt. Die vielen notwendigen Perspektiven, die hier abverlangt werden, erfordern eine gründliche Vorbereitung und sichere Strukturierung des eigenen Aufsatzes.

Anforderungsbereich III (Fähigkeit zur eigenen Urteilsbildung): Das Ergebnis der Texterschließung sollte die begründete Stellungnahme zur Rolle der Kunst sein. Dabei muss gleichzeitig die Verknüpfung mit dem Rahmenthema präsent bleiben. Das erkennbare Anwenden von Argumentationsstrategien wird verlangt.

Erläuterung der Aufgabenstellung

Die besondere Herausforderung der Aufgabenstellung ist in den Voraussetzungen bereits angesprochen worden: Ein Artikel eines zwar namentlich genannten aber ansonsten wenig bekannten Verfassers über ein spezielles Ereignis (die Kunstausstellung „Regress/Progress"), eine vorgegebene **Schwerpunktsetzung** zu einem allgemeinen Problem (Rolle der Kunst) und ein weiterer Schwerpunkt (die Natur als Kernbegriff des Rahmenthemas), der erst einmal mit dem ersten in Zusammenhang gebracht werden muss. Damit Ihre textgebundene Erörterung diesen Ansprüchen entsprechen kann, sollte eine **allgemeine Einleitung** neben der speziellen Hinführung zu den Aussagen des besprochenen Textes stehen. Im vorliegenden Lösungsvorschlag steht dieser allgemeine Teil an erster Stelle. Er eröffnet gleichzeitig Möglichkeiten, **literarische Belege** in den Kontext mit einfließen zu lassen. Das wird hier an zwei möglichen Beispielen gezeigt. Diese hängen natürlich von Ihrer Auswahl an behandelten Ganzschriften oder kürzeren Werken ab. Eventuell liegt Ihnen ein Werk ja auch als schulintern erlaubtes Hilfsmittel vor, so dass Sie daraus zitieren könnten (hier am Beispiel von Goethes „Faust" am Ende des Lösungsvorschlags).

Voraussetzung für eine gelungene Arbeit mit dem Text ist es, den **Aufbau** sicher nachzuvollziehen. Somit trennen sich die Passagen der Darstellung der einzelnen Kunstwerke deutlich von den Aussagen des Autors zur Kritik am Fortschrittsglauben. Beachten Sie dabei immer, dass Sie diese Aussagen und nicht die Botschaften der Künstler aus der Warschauer Ausstellung zu erörtern haben. Der Verfasser macht an ein paar zentralen Stellen ganz konkrete Aussagen zur Rolle der Kunst. Beziehen Sie diese deutlich in Ihre Darstellung ein. Darüber hinaus ist es aber auch lohnend, **textanalytisch** darauf zu achten, wie über die Kernbegriffe Natur und Kunst geredet wird. Die Beobachtung, dass hier häufig personifizierende Bilder benutzt werden, ist nicht nur als reine Formalität abzutun, sondern gibt ebenfalls Auskunft darüber, welche Rolle etwa der Natur gegeben wird, wenn sie sich ihr Terrain geradezu zurückerobert. Hieraus ergeben sich wiederum Parallelen zum Zitat des Rahmenthemas.

Lösungsvorschlag

Stehen **Kunst** und **Natur** im Gegensatz zueinander? Schließlich bilden wir in der deutschen Sprache aus den beiden Substantiven doch die Adjektive künstlich und natürlich und die schließen sich tatsächlich aus. Für die **Klassiker** stellte sich diese Frage nicht. Bei ihnen standen Kunst und Natur ganz nahe beieinander. **Goethe** beobachtete die Natur und zu seinen Werken gehört deshalb die Farbenlehre ebenso dazu wie seine Tätigkeit in anderen Bereichen der Naturwissenschaften. Sein Kollege **Wieland** stellte die rhetorische Frage: „Und wen anders als die Natur können wir fragen, um zu wissen, wie wir leben sollen, um wohl zu leben?" und erklärt somit die Natur zu einem Vorbild für die Botschaft seiner Kunst.

Seit Goethe und Wieland sind aber 200 Jahre ins Land gegangen und viel ist in dieser Zeit passiert. Die Welt hat sich verändert und damit gleichzeitig sowohl die Kunst als auch die Natur. In diesen zwei Jahrhunderten hat man den **Fortschritt** als den Motor dieser Veränderungen gesehen, doch in unserer Zeit erkennen wir immer mehr die **Grenzen** dieser Entwicklung. Sollten wir uns deshalb nicht zurückbesinnen auf diese Sicht der Klassiker, damit der Künstler der Natur ein Sprachrohr geben kann?

Tomasz **Kurianowicz**, ein mit Jahrgang 1983 noch junger Journalist, zeigt anhand einer Kunstausstellung in der polnischen Hauptstadt Warschau, dass dies tatsächlich möglich, wenn nicht sogar notwendig ist. Am 23. September 2011 erschien in der Frankfurter Allgemeinen Zeitung sein Artikel „Der Menschheit Ende ist die Geburt der Natur" über eine Ausstellung des Zentrums für zeitgenössische Kunst im Schloss Ujazdowski in Warschau mit dem Titel „Regress/

Progress". Dieser Name für eine Zusammenstellung zeitgenössischer Kunstwerke stellt den Fortschritt bereits infrage, indem ihm gleich der Rückschritt an die Seite gestellt wird, also auf **paradoxe** Art der „Rückschritt im Fortschritt" (Untertitel des Artikels) zum Thema wird und die „veränderten Prämissen einer kapitalistischen Ordnung" (Z. 11) verdeutlicht werden. Kurianowicz' Artikel ist allerdings nicht nur ein Ausstellungsbericht mit rein informativem Charakter. Vielmehr geht er darauf ein, welche Möglichkeiten eine solche Präsentation im Speziellen, aber demnach genauso die Kunst im Allgemeinen hat, die **Krise des Fortschrittsglaubens** als ein drängendes Problem zu artikulieren. Der Autor sieht sich mit seiner These, dass es die sichere Gewissheit eines ewigen Fortschritts nicht mehr gibt, genau auf der Linie der in Warschau gezeigten Werke.

Diese werden also für ihn zunächst zu einem Anlass, seine eigene Skepsis gegenüber der Zukunft den Lesern der Frankfurter Allgemeinen Zeitung – einem bürgerlichen, gebildeten und zumeist eher konservativen Publikum – zu präsentieren. Damit zeigt sich ganz deutlich, dass die hier aufgeworfenen Fragen, die tatsächlich noch „vor zwanzig Jahren aufrührerisch geklungen hätten" (Z. 12 f.), mittlerweile **einen gesellschaftlichen Konsens** gefunden haben.

Dass Kurianowicz die Auseinandersetzung damit ebenso wichtig ist wie die Information über die Ausstellung, zeigt bereits der erste Absatz seines Textes, denn er beginnt ganz allgemein: „Die Welt verändert sich rasend schnell, ..." (Z. 2), kommt dann zur noch näher zu beleuchtenden Funktion der Kunst „als Medium gesellschaftlicher Kritik" (Z. 6) und leitet erst nach einer weiteren – fast schon pauschalen – Aussage, dass „es mit dem heutigen Wissen schlecht bestellt" sei (Z. 8), zum Gegenstand seines Textes, der Ausstellung „Regress/Progress" (vgl. Z. 9) über. Bevor er einzelne Werke näher vorstellt, formuliert er als **Denkanstöße** die drei dringenden Fragen nach dem Anstieg der **Weltbevölkerung**, den Grenzen des globalen **Wirtschaftswachstums** und dem Ende der **Energiereserven** auf unserer Erde. Hierbei arbeitet er zum Beispiel mit Gegensätzen (vgl. Z. 13: endliche Menschheit / unendliche Vermehrung; oder Z. 14 f.: jeder Staat will / nicht jeder Staat kann exportieren), um zu verdeutlichen, wie schwierig es wird, aus diesem Dilemma am Ende des Fortschritts eine eindeutige Lösung zu finden. Wenn er für den Energieträger Öl die Metapher „schwarze(s) Blut der Ökonomie" (Z. 16) verwendet, stellt er unsere Abhängigkeit dar und unterstreicht somit noch einmal seinen radikalen Titel, der gar vom Ende der Menschheit spricht.

Indem diese allgemeinen Fragen vor den konkreten Beispielen kommen, kann Kurianowicz jetzt an vier Werken zeigen, wie diese mit den angesprochenen Problemen umgehen. Die folgenden Abschnitte widmen sich jeweils einem ausgewählten Kunstwerk aus der Ausstellung, die insgesamt sicherlich noch mehr zu bieten hatte. Diese begrenzte Auswahl durch den Autor zeigt, dass es hier eben nicht um deren vollständige Darstellung geht, sondern um die Vermittlung der gegebenen Denkanstöße an die Leser. So werden auch die Werke selbst nicht ganz im Detail beschrieben, sondern es wird – in Ansätzen bereits interpretierend – eine Vorstellung von den **Gesamteindrücken** und den damit verbundenen Botschaften vermittelt.

Die Auswahl beginnt mit einem Eindruck, den der Besucher der Ausstellung bereits vor dem Eingang hat: Drei Birken ragen aus dem Fenster im zweiten Stock und zeigen als Teil der „Zukunftsvision ‚Summer Solstice'" (Z. 24) eines chinesischen Künstlers, wie sich die Natur Räume zurückerobert (vgl. Z. 19–28). Kurianowicz bleibt bei den Zukunftsvisionen und stellt die Installation „Grated Futures" einer Berliner Künstlergruppe vor (Z. 29–40). Hierin verändert der Wegfall synthetischer, auf Öl basierender Produkte das Design und die Natur – in erster Linie das Holz – gibt wieder die Formen vor. Über die Beobachtung, dass der Mensch in diesem Bild kaum eine Rolle spielt, leitet er über zum dritten Blick in die Ausstellung, der gleichzeitig eine weitere Kunstform repräsentiert (Z. 41–48): die Videoinstallation. In ihr lassen die dänischen Künstler der Gruppe Superflex einen Mc Donald's fluten und verwandeln die für uns so reale „Konsumgesellschaft" (Z. 48) in ein menschenleeres Untergangsszenario.

Nachdem die bisher vorgestellten Werke alle einen **Blick in die Zukunft werfen**, zieht der Autor ein Zwischenfazit, indem er sie zwischen negativer und positiver **Utopie** („Dystopie und Utopie", Z. 49 f.) ansiedelt. Mit diesen Begriffen macht er auf ein Darstellungsmittel aufmerksam, das eben nur der Kunst vorbehalten ist: Der Künstler kann sich eine mögliche Zukunft ausmalen, die noch nicht ist (Utopie von griechisch für ‚kein Ort'), die aber sein könnte, und auf die Probleme von heute aufmerksam macht. Hier zeigt sich – so der Autor in seiner **Hauptthese** –, dass „der Fortschrittsglaube (…) sich in einer tiefen Glaubenskrise befindet" (Z. 50–52). Mit dem Stichwort Glauben leitet er zum vierten und letzten Beispiel aus der Warschauer Ausstellung über (Z. 53–61), das zeigt, dass Kunst nicht nur mit der Darstellung der Zukunft frei umgehen, sondern sich auch den **Ideen der Vergangenheit** frei bedienen kann, indem sie sie neu ordnet. In ihren Collagen kombiniert Alexandra Mir Darstellungen von Jesus und Maria mit Bildern der „Technologiebegeisterung des zwanzigsten Jahrhunderts" (Z. 55). Durch die so entstehende Ironie und die historische Distanz regt sich beim Betrachter der Zweifel, an was es sich zu glauben lohnt.

Um aus den Schlussfolgerungen der ausgestellten und hier vorgestellten Kunstwerke eine allgemeine Aussage ableiten zu können, ordnet Kurianowicz sie in einen größeren Zusammenhang ein, indem er der Ausstellung bescheinigt, dass sie einen „Nerv der Zeit" (Z. 64 f.) treffe und eine „neue Denkbewegung zusammen(fasst)" (Z. 67). Hierbei spielt zunächst der Ort der Schau eine besondere Rolle. Denn gerade die polnischen Besucher der Ausstellung erleben nach dem jahrzehntelangen Verzicht auf den **Kapitalismus** jetzt – so Kurianowicz – die „Enttäuschungen" des Kapitalismus „bei all seinen Vorteilen" (Z. 66). Gleichzeitig macht der Autor damit deutlich, dass er die Lösung der Probleme nicht in einer überkommenen oder neuen Ideologie sieht, die die momentane Wirtschaftsordnung abschaffen will.

Als einen zusätzlichen Beleg für den zeitgenössischen Zweifel am Fortschritt zieht Kurianowicz ein weiteres künstlerisches Werk, diesmal der **Literatur**, hinzu: In dem Roman „Freiheit" von Jonathan **Franzen** rechnet die Hauptperson Walter vor, dass der Wunsch nach Wachstum nur auf kurze Sicht Erfolg verspreche. Ginge das Wachstum von Bevölkerung und Wirtschaft aber über ein Jahrhundert ungebremst weiter, ende dies in einer Katastrophe (vgl. Z. 71–81). Mit diesem düsteren Ausblick schließt der Autor seine Gedanken zum Warschauer Ausstellungsprojekt „Regress/Progress".

Natur ist ein sehr abstrakter Begriff. Schon mit seiner genauen Abgrenzung kann man sich lange beschäftigen: Die einen verwenden ihn als Synonym für unsere Umwelt, die anderen begreifen darunter auch das Wesen von uns Menschen selbst. Während sich hier in kurzer Zeit dieses Problem der Begriffsbestimmung nicht lösen lässt, können es sich die Künstler etwas einfacher machen, indem sie die Natur **personifizieren**. Sie machen beispielsweise mit Hilfe menschlicher Eigenschaften in einer Metapher die Prozesse sichtbar, die uns sonst vielleicht verborgen bleiben. So ist es in Wielands Zitat aus seinem Werk „Agathon", das das **Rahmenthema zum diesjährigen Abitur** bildet und bereits am Beginn dieses Aufsatzes eine Rolle spielte: Die Natur wird wie ein weiser Mensch gefragt, „wie wir leben sollen, um wohl zu leben". In den vorgestellten Kunstwerken der Ausstellung „Regress/Progress" setzen die jeweiligen Künstler die Natur noch mehr aktiv als Handelnde in Szene: So lässt der Chinese Cai Gou-Qiang sie, „wenn der Mensch irgendwann zu existieren aufhört, sich ihren Lebensraum zurückerobern" (Z. 26 f.). Die Natur handelt nicht nur wie ein Mensch, sondern ersetzt ihn sogar, wie es auch der Titel des Artikels „Der Menschheit Ende ist die Geburt der Natur" in sehr drastische, ebenfalls personifizierende Worte (Geburt) setzt. Das Wasser – als ein Teil der Natur – in der Videoinstallation „bricht sich Bahn" (Z. 45) im menschenleeren Schnellrestaurant, das Holz – ebenso ein Teil – kann in der Vision der Installation wieder „eine tragende Rolle spielen" (Z. 30). Und auch hier fehlt der Mensch. Er hat offensichtlich das Ende einer „gescheiterten Eroberungsperiode" (Z. 40) erlebt. Mit im Grunde einfachen Bildern, die **Ironie** und **Provokation** einsetzen, gelingt es den modernen Kunstwerken mit ihren ganz unterschiedlichen Darstellungsformen, den Idealismus des Klassikers ins Gegenteil zu verkehren:

Die Natur sagt uns, wie wir nicht mehr leben sollen. Wir können nicht mehr endlos konsumieren, auf endlose Reserven an Rohstoffen und endloses Wirtschaftswachstum vertrauen. Die Botschaft bleibt aber auch im Negativen die gleiche: **Hört auf die Natur!**

Zwischen Wieland und unsere Zeit liegen über 200 Jahre. Eine Zeit, in der der Fortschritt die Welt verändert hat. Dass dies nicht nur das Leben eines großen Teils der Menschen mit allen positiven Facetten der Mobilisierung, des Wohlstands, der medizinischen Versorgung, der Kommunikation und auch freiheitlicher Gesellschaftsordnungen betrifft, sondern auch bleibende Schäden am ökologischen System unseres Planeten verursacht hat, streitet heute niemand mehr ab. Auch die Feststellung, dass es so nicht weitergeht, ist in einer Mehrheit der Gesellschaft verankert. Doch das ist noch nicht lange so und viele Schäden an der Natur sind erst richtig bewusst geworden, als es schon zu spät war: Die Klimaerwärmung ist nicht mehr unumkehrbar; Tierarten sind unwiederbringlich ausgestorben, weil ihre Lebensräume zerstört wurden; Ressourcen sind bis mancherorts zum letzten Tropfen Öl oder zum letzten Brocken Kohle ausgeschöpft. Weitere Beispiele ließen sich anfügen. Alles dies sind aber Prozesse, die deshalb in der Katastrophe enden, weil sie den Menschen oftmals gar nicht sichtbar und bewusst waren und sind. Im zwanzigsten Jahrhundert galt der Fortschritt eher noch als Merkmal politischer Überlegenheit, kreiste „der westliche Diskurs um Eroberung, um den Sieg des Kapitalismus über den Kommunismus" (Z. 60 f.). Die Ablenkung von der Veränderung der Erde war zu groß und sollte doch einmal der Gedanke an das Ende der Bewohnbarkeit unseres Planeten gekommen sein, dann war man sich sicher, im Jahre 2013 das erste Deutsch-Abitur auf der Mars-Kolonie schreiben zu können. Die Collagen von Alexandra Mir zeigen diese für uns heute so ferne Sichtweise sehr deutlich.

Die Kunst kann der Natur aber eine **Sprache** geben und mit ihren Mitteln auf drohende Gefahren hinweisen. Dies geschieht allerdings nicht erst seit heute und wenn Tomasz Kurianowicz vom „Paradigmenwechsel" (Z. 58) schreibt, soll das nicht heißen, dass nicht schon in früheren Jahren Künstler auf die Grenzen des Fortschritts hingewiesen haben. Da wäre zum Beispiel an Friedrich **Dürrenmatts** 1962 uraufgeführte Komödie „Die Physiker" zu denken, in der mit viel Ironie in Gestalt einer Kriminalhandlung Physiker auftreten lässt, die durch die freiwillige Einlieferung in eine Irrenanstalt die Welt vor ihren fortschrittlichen Ideen bewahren wollen, von denen sie wissen, dass sie in der Lage sind, der Menschheit Ende zu verursachen. Auch hier ist – unter dem Eindruck der atomaren Bedrohung – das Ende eine **Dystopie**: Die Anstaltsleiterin hat alle diese Ideen an sich gerissen und will mit ihrer Hilfe nun die Weltherrschaft erlangen. Die Wahrnehmung der Gefahrenlage hat sich in Details in den letzten 50 Jahren sicherlich geändert, aber die Kritik am Umgang mit dem Fortschritt ähnelt den Kunstwerken im September 2011 in Warschau.

Wie weit geht der **Einfluss der Kunst** jetzt aber insgesamt? Kurianowicz bezeichnet die Kunst als „Reflexionsfolie für das Kommende" (Z. 4 f.), als „Medium gesellschaftlicher Kritik (…), das im Kantischen Sinne Wissen von Scheinwissen trennt" (Z. 6 f.). Sie konfrontiert allgemein „mit neuen Denkmotiven" (Z. 5) und im speziellen Fall der Ausstellung „Regress/Progress" lässt Kunst „darüber nachdenken (…), welche Enttäuschungen des Kapitalismus bei all seinen Vorteilen offenbart" (Z. 66). Sie trifft damit „den Nerv der Zeit" (Z. 64 f.). Dass die Ausstellung also gleichzeitig **aufklärerisch** wirkt (vgl. den Bezug auf **Kant** in Z. 7) und an bestehende Diskurse anknüpft, ist vom Autor gut und hinreichend belegt. Die Auswahl der vorgestellten Werke und deren anschauliche Beschreibung im Text machen diese Gedanken durchaus nachvollziehbar. Somit kann ebenso beim Leser dieses Textes ohne Besuch in Warschau ein Denkprozess angeregt werden. Was jedoch über das „blanke Unbehagen" und die „Warnung" (Z. 64) hinaus fehlt, sind **Lösungsansätze**. Wie gehen wir mit den Grenzen des Wachstums um: Wünschen wir uns Kriege und Seuchen zurück, um das Bevölkerungswachstum zu regulieren? Verhindern wir Wohlstand und Entwicklung in den Schwellenländern, die zu den großen neuen Energieverbrauchern gehören? Diese provokanten Fragen werden hier offensichtlich nicht gestellt, sind aber auch nie von der Kunst zu lösen. **Wirtschaft**, **Politik** und **Gesellschaft** müssen bereit sein, die Denkanstöße aufzunehmen, sie ernst zu nehmen und die Prioritäten im Handeln danach auszurichten. Dafür muss ihnen Kunst wichtig sein und es ist zu wünschen, dass manch ein Leser der Frankfurter Allgemeinen Zeitung, wenn er ansonsten zuerst den umfangreichen Börsenteil studiert, danach sich noch Zeit für das Feuilleton nimmt. Bleibt die Frage **nach der Wirkung** solcher Denkanstöße darüber hinaus in die Bevölkerung, denn der Umgang mit Ressourcen und mit den Versprechungen des Fortschritts geht alle an. Doch wie viele von den Menschen, die vor der Überflutung im Mc Donald's von Superflex gesessen und Burger konsumiert haben, waren vorher in einer Ausstellung des Zentrums für zeitgenössische Kunst in Warschau oder haben die Frankfurter Allgemeine Zeitung gelesen?

Hätten sich Künstler in den vergangenen Jahrhunderten aber immer an diesen Fragen ihrer Wirksamkeit orientiert, dann hätten sie wahrscheinlich schnell aufgegeben und wir würden heute wohl keine ihrer Werke mit ihren Botschaften mehr kennen. Kunst und Natur gehören gerade in den Zeiten eng zusammen, in denen der Mensch nicht mehr nur in der ersteren Form seinen Ausdruck finden kann, sondern schon längst die Natur nach seinen Bedingungen geformt und unumkehrbar verändert hat. Schon **Goethes Faust** hat jedoch Zweifel daran gehabt, dass dieser menschliche Fortschritt dem Wesen der Natur wirklich entgegentreten kann, denn im Monolog in der Nacht nach dem Gespräch mit Wagner heißt es: „Geheimnisvoll am lichten Tag/Läßt sich Natur des Schleiers nicht berauben/Und was sie deinem Geist nicht offenbaren mag/Das zwingst du ihr nicht ab mit Hebeln und mit Schrauben". Die Künstler in der Warschauer Ausstellung haben sich das Ziel gesetzt, dem Geist nicht mit „Hebeln und Schrauben", sondern mit der Kunst auf die Sprünge zu helfen. Kurianowicz' Darstellung zeigt überzeugend, wie dies gelingen kann.

> **Deutsch (Thüringen): Abiturprüfung 2013**
> **Aufgabe 3: Interpretation eines epischen Textes**

Annette von Droste-Hülshoff (1797–1848)
Die Judenbuche. Ein Sittengemälde aus dem gebirgichten Westfalen

[...]

Friedrich Mergel, geboren 1738, war der einzige Sohn eines sogenannten Halbmeiers oder Grundeigentümers geringerer Klasse im Dorfe B., das, so schlecht gebaut und rauchig es sein mag, doch das Auge jedes Reisenden fesselt durch die überaus malerische Schönheit seiner Lage in der grünen Waldschlucht eines bedeutenden und geschichtlich merkwürdigen Gebirges[1]. Das Ländchen, dem es angehörte, war damals einer jener abgeschlossenen Erdwinkel ohne Fabriken und Handel, ohne Heerstraßen, wo noch ein fremdes Gesicht Aufsehen erregte und eine Reise von dreißig Meilen selbst den Vornehmeren zum Ulysses[2] seiner Gegend machte – kurz, ein Fleck, wie es deren sonst so viele in Deutschland gab, mit all den Mängeln und Tugenden, all der Originalität und Beschränktheit, wie sie nur in solchen Zuständen gedeihen. Unter höchst einfachen und häufig unzulänglichen Gesetzen waren die Begriffe der Einwohner von Recht und Unrecht einigermaßen in Verwirrung geraten, oder vielmehr, es hatte sich neben dem gesetzlichen ein zweites Recht gebildet, ein Recht der öffentlichen Meinung, der Gewohnheit und der durch Vernachlässigung entstandenen Verjährung. Die Gutsbesitzer, denen die niedere Gerichtsbarkeit zustand, straften und belohnten nach ihrer in den meisten Fällen redlichen Einsicht; der Untergebene tat, was ihm ausführbar und mit einem etwas weiten Gewissen verträglich schien, und nur dem Verlierenden fiel es zuweilen ein, in alten staubichten Urkunden nachzuschlagen. – Es ist schwer, jene Zeit unparteiisch ins Auge zu fassen; sie ist seit ihrem Verschwinden entweder hochmütig getadelt oder albern gelobt worden, da den, der sie erlebte, zuviel teure Erinnerungen blenden und der Spätergeborene sie nicht begreift. Soviel darf man indessen behaupten, daß die Form schwächer, der Kern fester, Vergehen häufiger, Gewissenlosigkeit seltener waren. Denn wer nach seiner Überzeugung handelt, und sei sie noch so mangelhaft, kann nie ganz zugrunde gehen, wogegen nichts seelentötender wirkt, als gegen das innere Rechtsgefühl das äußere Recht in Anspruch zu nehmen.

Ein Menschenschlag, unruhiger und unternehmender als alle seine Nachbarn, ließ in dem kleinen Staate, von dem wir reden, manches weit greller hervortreten als anderswo unter gleichen Umständen. Holz- und Jagdfrevel waren an der Tagesordnung, und bei den häufig vorfallenden Schlägereien hatte sich jeder selbst seines zerschlagenen Kopfes zu trösten. Da jedoch große und ergiebige Waldungen den Hauptreichtum des Landes ausmachten, ward allerdings scharf über die Forsten gewacht, aber weniger auf gesetzlichem Wege als in stets erneuten Versuchen, Gewalt und List mit gleichen Waffen zu überbieten.

Das Dorf B. galt für die hochmütigste, schlauste und kühnste Gemeinde des ganzen Fürstentums. Seine Lage inmitten tiefer und stolzer Waldeinsamkeit mochte schon früh den angeborenen Starrsinn der Gemüter nähren; die Nähe eines Flusses, der in die See mündete und bedeckte Fahrzeuge trug, groß genug, um Schiffbauholz bequem und sicher außer Land zu führen, trug sehr dazu bei, die natürliche Kühnheit der Holzfrevler zu ermutigen, und der Umstand, daß alles umher von Förstern wimmelte, konnte hier nur aufregend wirken, da bei den häufig vorkommenden Scharmützeln der Vorteil meist auf seiten der Bauern blieb. [...]

(1842)

von Droste-Hülshoff, Annette: *Die Judenbuche. Ein Sittengemälde aus dem gebirgichten Westfalen.* Rudolstadt 1978, S. 6–8.

1 Teutoburger Wald
2 sinnbildlich weitgereister Abenteurer

Arbeitsanweisung

Interpretieren Sie den Novellenanfang unter besonderer Berücksichtigung des Verhältnisses Mensch – Natur.

Hinweise und Tipps

- Bei der Lösung dieser **Interpretationsaufgabe** ist es von Belang, ob Sie die Novelle im Unterricht gelesen und behandelt haben oder nicht. Der Lösungsvorschlag geht weitgehend davon aus, dass ausschließlich der abgedruckte Ausschnitt bekannt ist. Die Aufgabenstellung verlangt, **wertend** und **deutend** auf den Novellenanfang einzugehen, aber auch die besondere **Berücksichtigung des Verhältnisses Mensch – Natur**.
- Der Text unterscheidet sich von manch anderer Interpretationsaufgabe darin, dass er kaum Handlung, sondern vor allem beschreibende und berichtende Elemente enthält. Der Protagonist der Novelle Friedrich Mergel wird nur einmal erwähnt. Wer die Ganzschrift nicht kennt, kann ihn weder in den Auszug noch ins Gesamtwerk einordnen und entsprechende Vorausdeutungen auf sein späteres Handeln erfassen.
- Sie sollten wie bei anderen Interpretationen auch mit der **Inhaltsangabe** beginnen, die sich vor allem auf die natürliche und soziale Wirklichkeit der Menschen in einem westfälischen Dorf im 18. Jahrhundert bezieht. Dann sollten **das Dorf B. und seine Bewohner** die entscheidende Rolle einnehmen, indem deren Charaktereigenschaften als Folge einer Prägung durch die Eigentümlichkeiten der Landschaft und als Reaktion auf gesellschaftliche Zustände dargestellt werden. Sie werden die **Diskrepanz zwischen äußerem und innerem Recht** am Beispiel des Holzraubes erkennen. Die Analyse des Verhältnisses des Menschen zur Natur ergibt die Deutung, dass der **Mensch durch die Natur geformt** wird.
- Vergleichend zu den Bewohnern des beschriebenen Dorfes B. können Sie andere literarische Gestalten bzw. Landschaften einbeziehen, wie in dieser Musterlösung die Glasbläserfamilien jenseits des Rennsteigs aus dem Roman „Rauh ist der Kammweg" von Wally Eichhorn-Nelson oder die Bewohner von Eschbach im vorarlbergischen Teil des Rheintales in Robert Schneiders Roman „Schlafes Bruder". Der ambivalente Begriff der **Heimat** kann im letzten Teil des Aufsatzes eine Rolle spielen sowie das **Abiturrahmenthema von Christoph Martin Wieland** und die Einordnung der Schriftstellerin **Annette von Droste-Hülshoff** in die literarische Epoche des Biedermeier.
- Gehen Sie an passenden Stellen auf **sprachkünstlerische Mittel** wie den auktorialen Erzähler, den hypotaktischen Satzbau, die Verwendung von Archaismen, Steigerungen, Synonymen und Akkumulationen ein.
- Am Anfang und Schluss Ihres Aufsatzes können Sie den Bogen zur Gegenwart schlagen bzw. auf Droste-Hülshoffs bekannte Ballade „Der Knabe im Moor" eingehen, die wie die Novelle auf die westfälische Heimat der Dichterin hinweist.

Lösungsvorschlag

Einleitung
Motoren heulen auf, mit einem Satz springen die Crossmaschinen von der Straße in den Hohlweg und beschleunigen. Sie stürzen sich in den Wald, einen handtuchschmalen Pfad hinab, knapp an den Bäumen vorbei, auf der anderen Seite wieder hinauf abseits befestigter Forstwege. Das Röhren ist kilometerweit durch die Bäume zu hören. Was die Fahrer der Maschinen machen, ist illegal, und zwar aus gutem Grund. Nicht nur, dass die Tiere durch den Lärm erschreckt werden, auch geschützte Forstkulturen und sensible Biotope werden beschädigt oder sogar zerstört. Förster in „gebirgichten" Gebieten von heute müssen sich mit solcherart Waldfrevlern herumschlagen und haben es schwer, die Täter in flagranti zu ertappen. Sie machen die Nummernschilder unkenntlich, tragen Schutzhelme mit dunklem Visier und werden auch selten von Dorfbewohnern verraten. Die Fahrer der Crossmaschinen und Quads nennen sich selbst Sportler, in Wahrheit sind sie Rowdys. In Annette von Droste-Hülshoffs Novelle „Die Judenbuche" haben die Förster mit Holzräubern zu kämpfen, heute kämpfen sie gegen Waldfrevler auf schnellen Maschinen.

Hauptteil
Der **Anfang der Novelle**, dem im Original ein Gedicht voran gestellt ist, beschreibt aus der Sicht eines **auktorialen Erzählers** die Welt der Menschen in dem kleinen Dorf B. im „gebirgichten Westfalen" des 18. Jahrhunderts. Es liegt malerisch in einer grünen Waldschlucht im Teutoburger Wald und gehört zu einem Ländchen, das abgeschlossen von anderer Zivilisation ohne Verkehrsverbindungen existiert. Die Bevölkerung hat im Laufe der Jahrhunderte in der Waldeinsamkeit ein seltsames Gewohnheitsrecht für sich herausgebildet, offenbar besteht eine Macht- und Einflusslücke des Grund- und Landesherrn. Holz- und Wilddiebstahl sind normal und werden, wenn sie nicht überhand nehmen, nicht weiter verfolgt. Die Gerichtsbarkeit belohnt oder bestraft nach eigenem Gutdünken, wobei die Untergebenen die Urteile größtenteils hinnehmen und nur selten in „staubichten Urkunden" (Z. 18) nachlesen. Grundherr und Bevölkerung haben sich arrangiert. Weil Holz und Wild den Reichtum des Dorfes ausmachen, wird „scharf über die Forsten gewacht" (Z. 31), jedoch zunehmend ohne Erfolg und mit unlauteren Mitteln. Die dazu eingestellten Förster liefern sich mit den Frevlern einen regelrechten Kleinkrieg, wobei Letztere häufig gewinnen. Der in der Nähe verlaufende Fluss stellt sich als Vorteil für die Frevler heraus, da sie auf diesem das Holz, das an Schiffbauer verkauft werden soll, bequem abtransportieren können. Obwohl es „von Förstern wimmelt" (Z. 39), scheint es nicht möglich, die Diebstähle zu unterbinden oder zumindest einzudämmen. Die ganze Gesellschaft wirkt intolerant und desorganisiert. In diese widersprüchliche Wirklichkeit eines kleinen, abgeschiedenen westfälischen Dorfes wird 1738 Friedrich Mergel als Sohn eines Grundeigentümers geboren, über dessen weiteren Lebenslauf der Leser in dem zu interpretierenden Abschnitt nichts erfährt.

Der Autorin ist es offensichtlich wichtig gewesen, schon im Titel auf ihr Anliegen zu verweisen, ein **„Sittengemälde"** zu präsentieren. Der Titel „Die Judenbuche" wurde später vom Redakteur Hermann Hauff, in dessen „Morgenblatt für gebildete Leser" die Novelle in 16 Teilen erschien, erfunden. Ein Sittengemälde zeigt exemplarisch Verhaltensweisen und Gebräuche einer Personengruppe in einer bestimmten Zeit oder Epoche. Figuren agieren als typische Vertreter ihrer Zeit und Schicht. Droste-Hülshoffs Novelle führt den Leser in die natürliche und soziale Wirklichkeit eines westfälischen Dorfes im 18. Jahrhundert. Der **Handlungsort** sowie die nähere Umgebung werden gleich zu Beginn der Novelle variabel beschrieben, mit „Dorf B." und seiner „Lage in der grünen Waldschlucht", als „abgeschlossener Erdwinkel", „ein Fleck" mit „große[n] und ergiebige[n] Waldungen", den „Forsten", als „Gemeinde" „inmitten tiefer und stolzer Waldeinsamkeit" in „Nähe eines Flusses".

Die **Bewohner** bewegen sich im **Spannungsfeld** zwischen der „überaus malerische[n] Schönheit seiner Lage in der grünen Waldschlucht" (Z. 3 f.) und widrigen gesellschaftlichen Zuständen. Der Erzähler bewertet das umgebende Gebirge als „geschichtlich merkwürdig" (Z. 4 f.), was auf die Schlacht zwischen Römern und Germanen im Teutoburger Wald im Jahr 9 n. Chr. bezogen sein dürfte, auch Varusschlacht oder Hermannsschlacht genannt. Die Römer erlitten dort eine vernichtende Niederlage. Das **Dorf B.** selbst ist „schlecht gebaut und rauchig" (Z. 2 f.). Die wenigen Reisenden, die sich in die Waldeinsamkeit verirren, werden als weitgereiste Abenteurer bewundert. Es gibt weder Fabriken und Handel noch eine Heerstraße. Die Autorin lässt den Erzähler in **Gegensätzen** zusammenfassen, wie sich die Menschen „mit all den Mängeln und Tugenden, all der Originalität und Beschränktheit" (Z. 9 f.) im Verlauf der Zeit in solcher Abgeschiedenheit entwickelt haben, ja entwickeln mussten. Die Eigentümlichkeiten der Landschaft prägen die Charaktereigenschaften der Bewohner. Sie geben sich „höchst einfache und häufig unzulängliche Gesetze" (Z. 10 f.) und beugen mit ihrem „zweiten Recht" (Z. 13), dem „Recht der öffentlichen Meinung, der Gewohnheit und der durch Vernachlässigung entstandenen Verjährung" (Z. 13 f.) offizielle Gesetze. Jedes Gesetz wird spätestens dann außer Kraft gesetzt, wenn es um den eigenen Nutzen geht. Solange die Verurteilten die Rechtsprechung mit ihrem „etwas weiten Gewissen" (Z. 17) vereinbaren können, stoßen sie sich nicht daran.

An dieser Stelle (Z. 18) wird die Schilderung der dörflichen Realität unterbrochen und der auktoriale Erzähler verfällt in die Rolle eines **Chronisten**, der sich erlaubt, über die Zeit im Rückblick zu urteilen. Diese sei „seit ihrem Verschwinden entweder hochmütig getadelt oder albern gelobt worden" (Z. 19 f.). „Man könne nicht unvoreingenommen urteilen, da der, der sie erlebt hat, „teure Erinnerungen" (Z. 20) daran hege, und der, der sie nicht erlebt hat, sie nicht verstehe. Dennoch versucht sich der Erzähler in einer Wertung, indem er **akkumulativ** konstatiert, die Form sei schwächer, der Kern fester, Vergehen häufiger, Gewissenlosigkeit seltener gewesen (vgl. Z. 22 f.). Mit erhobenem Zeigefinger belehrt er den Leser darüber, dass wer mit Überzeugung handle, nie ganz zugrunde gehen könne. Mit seiner Feststellung, nichts wirke seelentötender als das äußere Recht gegen das innere Rechtsgefühl in Anspruch zu nehmen (vgl. Z. 24 f.), bezieht er sich vermutlich direkt auf die Waldfrevler. Diese nehmen sich das Gewohnheitsrecht heraus, das sich im Laufe der Jahre herausgebildet hat, nämlich Holz und Wild zu stehlen. Es sei dahin gestellt, ob sich in deren Inneren tatsächlich ein Rechtsgefühl meldet.

Die Erzählerfigur zeichnet sich dadurch aus, einerseits die Rolle des strengen Chronisten einzunehmen, andererseits die Ausschnitthaftigkeit, die Subjektivität des Geschilderten zu betonen, indem sie z. B. zugibt, dass es schwer sei, „jene Zeit unparteiisch ins Auge zu fassen" (Z. 19). Die Formulierung „[s]oviel darf man indessen behaupten" (Z. 21) lässt darauf schließen, dass der Erzähler selbst nicht alles weiß und deshalb vorsichtig ist in seinem Urteil. Der Erzähler bedient sich **hypotaktischer Satzkonstruktionen**, denen der Leser durch ihre Weitschweifigkeit zum Teil nicht leicht folgen kann. Sie enthalten Häufungen von Synonymen und Akkumulationen sowie Steigerungen und Archaismen, wie „gebirgicht", „Halbmeier", „staubicht" und „Scharmützeln".

Im nächsten Textabschnitt ist von dem schon im ersten Absatz erwähnten „**Menschenschlag**" die Rede, der vergleichsweise „unruhiger und unternehmender als alle seine Nachbarn" (Z. 26) und somit auf seine Weise besonders sei, nämlich besonders wagemutig und aktiv. Die Waldfrevler liefern sich mit den Förstern einen Kleinkrieg, aus dem in den meisten Fällen die Frevler siegreich hervorgehen. Sie stehlen das Holz und transportieren es über den nahe gelegenen Fluss ab. Die Förster wenden indessen die gleichen Mittel wie die Verbrecher an und versuchen, mit „Gewalt und List" (Z. 32) die Lage in den Griff zu bekommen, jedoch ohne Erfolg. Die Situation ist ein Beispiel dafür, wie sich, wenn einer Ungesetzlichkeit nicht sofort mit allen zur Verfügung stehenden Mitteln strikt Einhalt geboten wird, eine Gruppe von Menschen gegenüber einer anderen **Vorteile** verschafft und auch noch auf ein **Gewohnheitsrecht** pocht. Dieses „zweite Recht", das sich allmählich herausgebildet hat, zählt für die Leute mehr als das offizielle Recht, das gar nicht mehr alle kennen. Die Gutsbesitzer, denen die niedere Gerichtsbarkeit zusteht, die aber keine Berufsrichter sind, urteilen nach nicht nachvollziehbaren Kriterien. Sie haben eine **Diskrepanz zwischen äußerem und innerem Recht** entstehen lassen. Es ist nur vage ausgeführt, wie es dazu gekommen ist. Der Erzähler erwähnt „höchst einfache und häufig unzulängliche Gesetze" (Z. 10 f.), die das Rechtsempfinden der Einwohner in Verwirrung gebracht hätten. Auch ist von Gewohnheit und Verjährung die Rede, woraus zu schließen ist, dass die Gutsbesitzer ihre Pflichten in der Gerichtsbarkeit jahrelang nicht ernst genommen haben. Schlendrian ist eingezogen. Ein Beweggrund für die Rechtsbeugung könnte auch persönlicher Vorteil gewesen sein nach dem Motto „eine Hand wäscht die andere". Dadurch entsteht schnell eine Cliquenwirtschaft, der man nur durch Offenlegen aller Vorgänge wieder entkäme, was jedoch in den seltensten Fällen passiert. Zu nachteilig für alle Seiten wären die Folgen. Beispiele dafür gibt es auch in der Gegenwart, wenn z. B. im Ministerium neue lukrative Stellen für Parteifreunde geschaffen oder die Ehefrauen der Politiker aus der Staatskasse bezahlt werden.

Die **Bewohner** des Dorfes B. werden in einer Häufung von **Superlativen**, jedoch widersprüchlich charakterisiert. Einerseits gilt „[d]as Dorf B. [...] für die hochmütigste, schlauste und kühnste Gemeinde des ganzen Fürstentums" (Z. 34 f.). Die Bewohner seien mit Tugenden ausgestattet und originell. Andererseits werden sie als starrsinnig, mangelhaft und beschränkt dargestellt. Vor allem wird betont, dass sie so geworden seien durch die Zustände sowie durch die Lage „inmitten tiefer und stolzer Waldeinsamkeit" (Z. 35). Der Menschenschlag hat sich demnach sowohl als Folge einer **Prägung durch die Eigentümlichkeiten der Landschaft** als auch als **Reaktion auf gesellschaftliche Zustände** herausgebildet. Das geschlossene Auftreten der Dorfgemeinschaft übt Druck auf den aus dem Rahmen Fallenden aus und fördert Außenseitertum. Geborgen kann sich in diesem sozialen Umfeld nur derjenige fühlen, der sich der Gemeinschaft anschließt und somit der Mehrheit anpasst.

Die Isolation einer ganzen Gruppe mag im 18. Jahrhundert leichter als heute möglich gewesen sein, da die Menschen nicht mobil waren, fast ihr gesamtes Leben nicht aus dem Dorf, in dem sie geboren worden sind, herauskamen, kaum andere Kulturen kennen lernten oder mit anderen Auffassungen als ihren eigenen konfrontiert wurden. Durch die Enge und Beschränktheit kann eine Öffnung nach Außen oder der Anschluss an die moderne industrielle und wirtschaftliche Entwicklung nicht stattfinden. Es ist kein Wunder, dass Leute, die dreißig Meilen gereist sind, mit Ulysses, also Odysseus, **hyperbolisch verglichen** werden (vgl. Z. 7 f.). Gerade im Gebirge verschärfte sich die Situation, wie auch der Erzähler betont, denn das Dorf B. stellt einen „abgeschlossenen Erdwinkel ohne Fabriken und Handel, ohne Heerstraßen" (Z. 6 f.) dar. Als Beispiel könnte man genauso gut Dörfer im damaligen Thüringer Wald nennen, wo sich die Bewohner vor mühsamer Heimarbeit ernährt haben. Einen beeindruckenden Einblick in das Leben einer Familie im Thüringer Schiefergebirge gibt **Wally Eichhorn-Nelson**, die fast genau hundert Jahre nach Droste-Hülshoff geboren wurde, in ihrem Buch „Rauh ist der Kammweg – Eine Geschichte derer vom Rennsteig". Die Familie lebt in sozialer Not von der Herstellung von Christbaumschmuck. Alle, auch die kleinsten Kinder, haben Pflichten zu erfüllen, um die Familie über Wasser zu halten. Die Mutter stirbt und hinterlässt einen Mann und sieben Kinder. Er muss schnell wieder heiraten, ohne Rücksicht darauf, ob die Stiefmutter gut zu seinen Kindern ist. Die Leute leben ebenso wie die aus dem Dorf B. abgeschottet im Wald und kommen nur in die nächste Stadt, um ihre Produkte, die Glaskugeln, beim Großhändler für wenig Erlös abzuliefern. Die Glasbläser sind ein Menschenschlag mit besonderen Eigenheiten, der sich so nur in der Thüringer Waldeinsamkeit unter harten Entbehrungen in Ausübung des Berufes herausbilden konnte.

Der Mensch wird durch die Natur geformt. Das wäre jedoch zu einseitig gedacht. Vielmehr besteht **zwischen Landschaft und Menschen** eine **gegenseitige Abhängigkeit**. Landschaften werden einerseits durch natürliche Gegebenheiten wie Boden, Wasser, Relief, Geologie, Klima, Pflanzen und Tiere bestimmt, andererseits durch die menschliche Tätigkeit. Der Mensch ist Teil der Natur und wird von dieser maßgeblich geprägt. Naturbedingtheit spiegelt sich z. B.

in der Entstehung von Bauweisen, Dialekten, Mentalitäten und Sitten wider. Änderungen im Landschaftsgefüge haben Auswirkungen auf den Menschen und umgekehrt wirken gesellschaftliche Veränderungen auf die Ausbildung des Ökosystems. Der Mensch muss in Einklang mit der Natur handeln, um sein Überleben zu sichern. Dies bedingt im gebirgichten Westfalen ein anderes Handeln als im Thüringer Wald.

Ein weiteres literarisches Beispiel dafür, wie sich Umwelt auf Menschen auswirkt, ist das Schicksal von Johannes Elias Alder aus dem Roman „Schlafes Bruder" von **Robert Schneider**. Elias wird in ein von Inzucht und Doppelmoral geprägtes ländliches Milieu eines österreichischen Bergdorfs im 19. Jahrhunderts hineingeboren. Sein musikalisches Genie verschafft dem Protagonisten zwar hohes Ansehen, er bleibt jedoch aufgrund seiner Andersartigkeit ein Sonderling. Das Milieu im vorarlbergischen Teil des Rheintales wird anschaulich geschildert und der Leser kann das Handeln der Figuren, die arm und ungebildet sind, gut nachvollziehen. Wie die Bewohner des Dorfes B. bei Droste-Hülshoff gehen sie ihrem Tagwerk nach und verstricken sich in Widersprüche. Die Abgeschiedenheit von Eschberg, dem Handlungsort bei Schneider, entspricht der des Dorfes B. bei Droste-Hülshoff.

Sowohl den Bewohnern des Dorfes B., den Glasbläserfamilien im thüringischen Schiefergebirge oder den Alders und Lamparters in Eschberg ist ihre Gegend, in der sie aufgewachsen sind, **Heimat**. Die Protagonisten erfahren dort Sicherheit und Verlässlichkeit ihres Daseins. Das ist für sie eine verständliche und durchschaubare Welt, in der sinnvolles Handeln möglich ist. In der Heimat, im Gegensatz zur Fremde, bildet sich, indem man sich mit ihr auseinander setzt, sowohl eine Ich-Identität als auch eine Gruppenidentität. Nur da, wo sie aufgewachsen sind und ihre frühesten Sozialisationserlebnisse hatten, prägen sich Identität, Charakter, Mentalität, Einstellungen und Weltauffassungen. Die Heimat als vertraute Lebenswelt ist einerseits der Sicherheit bietende Rahmen, andererseits aber auch ein kleines Gefängnis, wenn man nie etwas anderes sieht und erfährt, sprichwörtlich nie über den eigenen Tellerrand geschaut hat. Die genannten Protagonisten sind allesamt „heimatgeschädigt", ihnen fehlt die Komponente der Fremde, um weltgewandt zu sein oder zu werden. Aus fremder, veränderter Perspektive könnte manche Situation plötzlich überschaubarer und einfacher lösbar erscheinen.

Das **Abiturrahmenthema** in diesem Jahr stammt von **Christoph Martin Wieland** und lautet: „... wen anders als die Natur können wir fragen, um zu wissen, wie wir leben sollen, um wohl zu leben?" Die Beantwortung dieser Frage könnte sich im Fall der Bewohner des Dorfes B. bei Droste-Hülshoff als ergiebig herauszustellen. Sie sind fest in ihrem Landstrich „in der grünen Waldschlucht" (Z. 4) verwurzelt und zunächst Leute wie viele andere auch, mit guten und schlechten Seiten oder – mit den Worten des Erzählers der Novelle – mit „Mängeln und Tugenden", „mit Originalität und Beschränktheit" (Z. 9f.). Ausgehend vom Wechselverhältnis zwischen ihnen und der sie umgebenden Natur haben sie aber im Laufe der Zeit ein **verwirrtes Verhältnis zu Recht und Unrecht** herausgebildet, das ständig Unfrieden stiftet. Die Richter richten nach „redlicher Einsicht" (Z. 16) anstatt nach Paragraphen und die Untergebenen tun, was sie mit ihrem Gewissen vereinbaren können. Prinzip scheint es zu sein, nach seiner Überzeugung zu handeln, woran auch immer diese sich orientiert. Es mag sein, dass es in bestimmten Fällen besser ist, sich nach dem gesunden Menschenverstand zu richten, aber im Gefüge eines Dorfes führt dies zu Willkür. Das Leben im Dorf ist geprägt von Ungesetzlichkeiten, wie dem allgegenwärtigen Jagd- und Waldfrevel. Der wird zwar bekämpft, jedoch mit Gewalt und letzten Endes halbherzig, weil genügend Leute davon zu profitieren scheinen. Man kann also nicht sagen, dass die Menschen ein moralisches Leben führen. Sie haben sich von Recht und Ordnung weitgehend abgewendet, was nicht im Sinne eines harmonischen dörflichen Zusammenlebens sein kann. Der Schriftsteller der Aufklärung Wieland würde an ihre menschliche Natur appellieren, weil ein Wohlleben so nicht möglich ist. Die Leute müssten ihren natürlichen Sinn für Recht und Unrecht neu justieren.

Annette von Droste-Hülshoff gilt als eine der bedeutendsten deutschen Schriftstellerinnen und sie ist eine der wenigen Frauen, deren Porträt einen deutschen Geldschein zierte. Das „gebirgichte Westfalen" konnte sie so gut beschreiben, weil das ihre Heimat war. Sie kämpfte ein Leben lang still gegen die Erwartungen ihres Standes und ihrer Familie, die ihr dichterisches Werk nicht anerkannten. Fast ein bisschen sensationell für jene Zeit war ihre Beziehung zu dem 17 Jahre jüngeren Levin Schücking, der sie zu hohen künstlerischen Leistungen anspornte. Jene Zeit, das war der **Biedermeier**, deren Autoren versuchten, der gespannten politischen Realität eine milde poetische Welt mit dem Ziel der Harmonisierung entgegenzusetzen. Annette von Droste-Hülshoff entsprach in ihren Werken nur zum Teil der Tendenz, genügsame Selbstbescheidung, den inneren Frieden und das kleine Glück darzustellen. Sie hat sich zwar nie aktiv gegen die ihr auferlegten Grenzen als Frau aufgelehnt, setzte jedoch dem nutzlosen Sehnen nach einer romantischen heilen Welt ihre Kunst entgegen, die im Hier und Jetzt ihrer Zeit spielt und sich mit den konkreten Alltäglichkeiten beschäftigt.

Schluss
Es gibt wohl kaum eine Schülergeneration, die nicht Annette von Droste-Hülshoffs bekannteste **Ballade** „Der Knabe im Moor" behandelt hat. Der Heimweg eines Jungen führt durchs Moor, das in poetischen Sprachbildern personifiziert wird. Unterwegs glaubt er, dämonischen Gestalten, wie dem Gräberknecht, dem Fiedler Knauf, der Spinnlenor oder der verdammten Margret zu begegnen – abergläubische Gestalten aus der westfälischen Heimat der Dichterin, die dazu herhalten mussten, den Kindern Angst einzujagen. Neben dieser Angst fühlt der Junge, der eine Fibel fest umklammert, jedoch auch Neugier und Spannung. Sein Weg gerät zum Abenteuer. Der Leser kann sich gut vorstellen, wie dem Protagonisten das Herz klopft und ihm trotz Gefahr ein wohliger Schauer über den Rücken fährt. Der Junge könnte im Dorf B. inmitten tiefer und stolzer Waldeinsamkeit im gebirgichten Westfalen beheimatet sein. Er hat den Glauben an das Magische noch nicht verloren.

> **Deutsch (Thüringen): Abiturprüfung 2013**
> **Aufgabe 4: Interpretation eines dramatischen Textes**

Johann Wolfgang von Goethe (1749–1832)
Faust. Der Tragödie zweiter Teil (Fünfter Akt, Offene Gegend)
Faust hat vom Kaiser für seine erfolgreichen Kriegsdienste ein Stück Land in der unmittelbaren Nachbarschaft des alten Ehepaares Philemon und Baucis erhalten. Er expandiert durch künstliche Landgewinnung und Besiedlung.

    WANDERER
        Ja! sie sinds die dunkeln Linden,
        Dort, in ihres Alters Kraft.
        Und ich soll sie wieder finden,
5   Nach so langer Wanderschaft!
        Ist es doch die alte Stelle,
        Jene Hütte, die mich barg,
        Als die sturmerregte Welle
        Mich an jene Dünen warf!
10   Meine Wirte möcht' ich segnen,
        Hülfsbereit, ein wackres Paar,
        Das, um heut mir zu begegnen
        Alt schon jener Tage war.
        Ach! das waren fromme Leute!
15   Poch ich? ruf ich? – Seid gegrüßt!
        Wenn, gastfreundlich, auch noch heute
        Ihr des Wohltuns Glück genießt.
    BAUCIS. *Mütterchen, sehr alt*
        Lieber Kömmling! Leise! Leise!
20   Ruhe! laß den Gatten ruhn!
        Langer Schlaf verleiht dem Greise
        Kurzen Wachens rasches Tun.
    WANDERER
        Sage Mutter bist Dus eben,
25   Meinen Dank noch zu empfahn,
        Was Du für des Jünglings Leben
        Mit dem Gatten einst getan?
        Bist Du Baucis, die, geschäftig,
        Halberstorbnen Mund erquickt?
30   *Der* GATTE *tritt auf*
        Du Philemon, der, so kräftig,
        Meinen Schatz der Flut entrückt?
        Eure Flammen raschen Feuers,
        Eures Glöckchens Silberlaut,
35   Jenes grausen Abenteuers
        Lösung war Euch anvertraut.

        Und nun laßt hervor mich treten,
        Schaun das grenzenlose Meer;
        Laßt mich knien, laßt mich beten,
40   Mich bedrängt die Brust so sehr.
           Er schreitet vorwärts auf der Düne.

PHILEMON *zu* BAUCIS
　　Eile nur den Tisch zu decken,
　　Wo's im Gärtchen munter blüht.
45　Laß ihn rennen, ihn erschrecken,
　　Denn er glaubt nicht was er sieht.
　　　　neben dem Wandrer stehend
　　Das Euch grimmig mißgehandelt,
　　Wog' auf Woge, schäumend wild,
50　Seht als Garten Ihr behandelt,
　　Seht ein paradiesisch Bild.
　　Älter, war ich nicht zu Handen,
　　Hülfreich nicht wie sonst bereit,
　　Und, wie meine Kräfte schwanden,
55　War auch schon die Woge weit.
　　Kluger Herren kühne Knechte
　　Gruben Gräben, dämmten ein,
　　Schmälerten des Meeres Rechte
　　Herrn an seiner Statt zu sein.
60　Schaue grünend Wies' an Wiese
　　Anger, Garten, Dorf und Wald. –
　　Komm nun aber und genieße
　　Denn die Sonne scheidet bald. –
　　Dort im Fernsten ziehen Segel!
65　Suchen nächtlich sichern Port.
　　Kennen doch ihr Nest die Vögel,
　　Denn jetzt ist der Hafen dort.
　　So erblickst du in der Weite
　　Erst des Meeres blauen Saum,
70　Rechts und links, in aller Breite,
　　Dichtgedrängt bewohnten Raum.
　　　　Am Tische zu drei, im Gärtchen.
BAUCIS
　　Bleibst du stumm? und keinen Bissen
75　Bringst du zum verlechzten Mund?
PHILEMON
　　Möcht er doch vom Wunder wissen,
　　Sprichst so gerne, tu's ihm kund.
BAUCIS
80　Wohl! ein Wunder ists gewesen!
　　Läßt mich heute nicht in Ruh;
　　Denn es ging das ganze Wesen
　　Nicht mit rechten Dingen zu.
PHILEMON
85　Kann der Kaiser sich versündgen
　　Der das Ufer ihm verliehn?
　　Tät's ein Herold nicht verkündgen
　　Schmetternd im Vorüberziehn?
　　Nicht entfernt von unsern Dünen
90　War der erste Fuß gefaßt,
　　Zelte! Hütten! – Doch, im Grünen,
　　Richtet bald sich ein Palast.

BAUCIS
　　Tags umsonst die Knechte lärmten,
95　Hack und Schaufel, Schlag um Schlag,
　　Wo die Flämmchen nächtig schwärmten
　　Stand ein Damm den andern Tag.
　　Menschenopfer mußten bluten,
　　Nachts erscholl des Jammers Qual,
100　Meerab flossen Feuergluten,
　　Morgens war es ein Kanal.
　　Gottlos ist er, ihn gelüstet
　　Unsre Hütte, unser Hain;
　　Wie er sich als Nachbar brüstet
105　Soll man untertänig sein.
PHILEMON
　　Hat er uns doch angeboten
　　Schönes Gut im neuen Land!
BAUCIS
110　Traue nicht den Wasserboten,
　　Halt auf Deiner Höhe Stand.
PHILEMON
　　Laßt uns zur Kapelle treten!
　　Letzten Sonnenblick zu schaun.
115　Laßt uns läuten, knien, beten!
　　Und dem alten Gott vertraun.
　　[…]

Goethe, Johann Wolfgang: Faust. Der Tragödie zweiter Teil.
In: Schöne, Albrecht (Hrsg.): Johann Wolfgang Goethe.
Faust. Texte. Frankfurt/M. 1999, V. 11042–11142.

Arbeitsanweisung

Interpretieren Sie die Szene und setzen Sie sich mit der Intention auseinander.

Hinweise und Tipps

Voraussetzungen
Aus dem Literaturunterricht ist Ihnen zumindest der erste Teil von Goethes „Faust" bekannt. Sie kennen die Figur des Gelehrten mit all ihren Konflikten, Bestrebungen, Ängsten und Hoffnungen. Selbst wenn Sie den zweiten Teil der Tragödie nicht oder nur auszugsweise kennen, wird Ihnen die Einordnung der vorliegenden Szene in den Handlungszusammenhang gelingen. Die Kenntnis der Sage um Philemon und Baucis ist für die Interpretation der Szene nicht zwingend erforderlich.

Erläuterung der Aufgabenstellung
Die Aufgabe verlangt die **Interpretation des Dramenauszugs** sowie die **Auseinandersetzung mit der Intention**. Da in der Aufgabenstellung nicht explizit angeführt wird, mit wessen Absicht Sie sich auseinandersetzen sollen, bleibt es Ihnen überlassen, ob Sie sich auf den Verfasser oder eine seiner Figuren beziehen. Dieser Teil der Aufgabe kann allerdings als eine Art Ergänzung zum Interpretationsteil aufgefasst/gestaltet werden und sollte einen dementsprechenden Umfang nicht überschreiten. Es empfiehlt sich, die Szene wenigstens grob in den Handlungsverlauf einzuordnen. Fausts Entwicklung sowie seinen Charakter sollten Sie bei der Lösung der Aufgabe berücksichtigen. Auf grundlegende Ausführungen zur Struktur des Dramas kann weitgehend verzichtet werden. Auch auf die sprachkünstlerische Gestaltung der Szene sollte nur am Rande eingegangen werden, damit Ihnen ausreichend Gelegenheit zur **deutenden Erschließung des Textes**, die der Operator „Interpretieren Sie" verlangt, bleibt.
Die Interpretation kann sich am Gesprächsverlauf orientieren, sollte aber immer wieder auch Ihre Kenntnis des bisherigen Geschehens (Teil I) erkennen lassen. Die Redeanteile der Figuren sind ebenso zu berücksichtigen wie die Art und Weise, wie die Gesprächspartner miteinander umgehen. Die Haltungen der Figuren sollten nicht nur dargestellt und erläutert, sondern auch gewertet werden. Zur Untermauerung Ihrer Ansichten sind Textzitate geschickt in Ihre Darlegungen einzufügen.

Lösungsvorschlag

„**Wir sehn die kleine, dann die große Welt.**" (Studierzimmer, V. 2 053) – Das war und ist Mephistos Programm für Faust, mit dem er dem HERRN beweisen wollte, hinsichtlich der negativen Einschätzung der Menschen im Allgemeinen und Fausts im Besonderen recht zu haben. Nachdem Faust im ersten Teil seines „neuen Lebens" an Mephistos Seite „die kleine Welt" sowohl im räumlichen Sinn als auch bezüglich der Gesellschaftsschicht des Bürgertums, in der er sich bewegte, erlebt hatte, ist er nun nicht nur in die weite Welt hinausgegangen, sondern bewegt sich auch in höheren gesellschaftlichen Kreisen. **Faust** ist als **Unternehmer** erfolgreich, er verfolgt das Ziel, aus dem Meer Land zu gewinnen, um, wie in der „Vision" (Großer Vorhof des Palastes, V. 11 559 – 11 587) später ausgedrückt, Lebensraum für viele Menschen zu schaffen, damit diese dort „tätig frei" leben könnten. Das Land wird dem Meer regelrecht abgerungen, dabei geht Faust nicht zimperlich vor, wie der Tod der beiden Alten, Philemon und Baucis, beweist. Dieses Paar hatte sein Land nicht an Faust verkauft, so dass es Fausts Plänen hinderlich im Wege stand. Faust hatte vor, den schönen Platz für sich zum Ausruhen, Schauen, Erholen und zum Genießen seines Werkes zu nutzen. („Zu überschaun mit einem Blick des Menschengeistes Meisterstück" (Palast, V. 11 248 – 49). Mephisto, der von Faust mit der Sache beauftragt worden war, löste das Problem auf seine Weise: das Häuschen des betagten Paares ging in Flammen auf. Bei dem Brand kamen sowohl Philemon und Baucis als auch der Wanderer ums Leben. Die vorliegende Szene steht vor dem oben beschriebenen Geschehen, der Besuch des Wanderers bei den beiden Alten ist ihr Ausgangspunkt.

Die Szene beginnt mit einem längeren Redeanteil des **Wanderers**. Monologisch äußert er seine Freude und innere Bewegung darüber, die Gegend wiedererkannt zu haben, in der er vor vielen Jahren einmal war. Der Zuschauer erfährt die Vorgeschichte des Wanderers: Dieser hatte in einem Sturm Schiffbruch erlitten, war an diese Küste angespült und von einem „hülfsbereit[en], wackren Paar" (V. 11) gerettet und versorgt worden. Er hofft auf ein Wiedersehen mit diesen beiden Menschen, die zum Zeitpunkt seiner Rettung bereits alt gewesen waren. Da er zweifelt, ob das Paar überhaupt noch lebt, zögert er kurz, bevor er schließlich doch anklopft.

Baucis, die ihm öffnet, bittet ihn um ruhiges Verhalten mit Rücksicht auf ihren greisen, ausruhenden Mann. Die **Freude des Wanderers über das Wiedersehen** ist groß, staunend fragt er nach: „Bist du Baucis …?" (V. 28) und erinnert sie an ihre lebensrettende Gastfreundschaft von damals. Auch **Philemon**, der dazukommt, wird vom Wanderer erkannt. Die gute Tat der Alten zur Rettung des Wanderers aus dessen schlimmer, grausiger Lage würdigt der damals Gerettete ausdrücklich. Gerührt, von der Erinnerung ergriffen, möchte der Wanderer an dieser Stelle beten und nicht nur für seine Errettung danken, sondern auch dafür, dass die Retter von damals noch am Leben sind. Während er also auf der Düne zum Ufer des Meeres vorwärts geht, fordert Philemon seine Frau auf, alles für die **Bewirtung des Gastes vorzubereiten**. Sie möge eilends den Tisch dort decken, „Wo's im Gärtchen munter blüht." (V. 44), denn er weiß, dass der Wanderer gleich sehr verwundert sein wird. Mit seinen Worten „Laß ihn rennen […] denn er glaubt nicht was er sieht" (V. 45 f.) nimmt Philemon die **Veränderung der Landschaft** und den Schrecken des Wanderers beim Anblick, der ihn gleich erwartet, voraus. Wie um dem Wanderer wieder beizustehen, geht er zu ihm hin und beschreibt diesem die umgestaltete Landschaft: **statt des wilden Meeres** bietet sich dem Gast der Anblick eines **paradiesischen Gartens**. Der alte Mann scheint von **Fausts Arbeit** – denn niemand anders als dieser ist für die Umgestaltung der Landschaft verantwortlich – angetan, denn er erklärt dem Gast mit etwas Wehmut, wegen seines fortgeschrittenen Alters nicht wie sonst zum Mittun in der Lage gewesen zu sein. Aber er würdigt die Idee Fausts als klug und nutzbringend und weist stolz auf das **begrünte und besiedelte Neuland** hin. Nach einer kleinen Pause bittet er den Gast zu Tisch. Seine Beobachtung eines Schiffes, das in der Ferne vorüberzieht, teilt er mit den Tischgenossen mit. Anders als das damals in Seenot geratene Schiff des Wanderers wird dieses seinen sicheren Hafen finden, auch – oder gerade weil – wenn dieser verlegt worden ist. Philemon beschließt seine Rede mit dem nochmaligen Hinweis auf die gelungene Veränderung: Erst in der Ferne kann man heute „des Meeres blauen Saum" (V. 69) erblicken, und dort, wo es einmal war, haben inzwischen viele Menschen einen neuen Lebensraum gefunden.

Baucis ist verwundert und erstaunt über die Sprach- und Appetitlosigkeit ihre Gastes, der trotz seines Hungers offensichtlich keinen Bissen herunterbekommen kann. Ihr Mann glaubt, die Ursache dafür zu kennen („Möcht er doch vom Wunder wissen", V. 77), und versteht des Wanderers Starre als Ausdruck einer tiefen Ergriffenheit. Weil er weiß, dass seine Frau gern von den Ereignissen erzählt, fordert er sie dazu auf. Baucis bestätigt das „**Wunder**", hat aber eine bedeutsame Einschränkung zu machen. Es wäre „**Nicht mit rechten Dingen**" (V. 83) **zugegangen**, und das lasse sie bis heute nicht in Ruhe.

Philemon unterbricht seine Frau und rechtfertigt die Landvergabe des Kaisers an Faust. Dabei wird Fausts Name nicht genannt – wie in der gesamten Szene wird Faust nur als „er" bezeichnet. **Philemons** Beschreibung der Inbesitznahme des Landes durch den neuen Eigentümer, Faust, ist die **Begeisterung** darüber und über den Bau des Palastes anzumerken. Aber **Baucis** ergreift wieder das Wort und erklärt dem Wanderer ihre Sicht: Während sich tagsüber die Arbeiter vergeblich bemüht hätten und keinerlei Arbeitsfortschritt zu erkennen gewesen wäre, hätten nachts unzählige Flämmchen geflackert – am Tag darauf hätte aber ein fertiger Damm gestanden. Überhaupt sei nachts **Unheimliches** geschehen: Menschen hätten sich gequält, „Nachts erscholl des Jammers Qual" (V. 99), und wo „Feuergluten" (V. 100) dem Meer zugeflossen sein, wäre am Morgen darauf ein fertiger Kanal gewesen. Gewissermaßen als **Fazit** formuliert sie ihren Eindruck von dem, der das alles zu verantworten hat: „**Gottlos ist er**"

(V. 102). Damit erinnert sie den Zuschauer nicht nur an Margaretes ganz ähnliches Urteil über Faust: „... du hast kein Christentum." (Marthens Garten, V. 3 468), sondern bestätigt auch Fausts eigene Weltanschauung. Baucis hat einen weiteren Grund, Faust zu misstrauen: Dieser will die Hütte und das Stückchen Land, das die beiden Alten besitzen, für sich haben, tritt als künftiger Nachbar überheblich auf und fordert Ergebenheit. Trotz Philemons Einwand, Faust habe ihnen doch ein großzügiges Angebot unterbreitet, indem er ihnen ein „Schönes Gut im neuen Land" (V. 108) angeboten habe, steht seine Frau zu ihrem Misstrauen und warnt: Bleibe bei deinesgleichen, orientiere dich nicht an den Herren. Sie betrachtet das Projekt der Landgewinnung skeptisch, denn sie spürt, dass bei Fausts Unternehmung Magie im Spiel sein muss. Als Einzige der drei Anwesenden fühlt sie die **Gefahr, die von Fausts Aktion ausgeht**.

Auffällig ist, dass der **Wanderer** sich gar nicht mehr äußert. Er hört sich das Gespräch des Ehepaares **kommentarlos** an. Wahrscheinlich erinnert er sich an seine eigene Rettung und ist gerührt, die beiden Alten gesund wiederzusehen. Ihre Probleme scheinen ihn nicht weiter zu berühren, denn er unternimmt weder einen Versuch, ihnen zu helfen, noch beschwichtigt er Baucis' Skepsis.

Die Schlussworte gehören Philemon. Er fordert seine Frau und den Wanderer auf, mit ihm gemeinsam zur Kapelle zu gehen, um dort zu beten. Er hofft wohl, dass im Betrachten des Sonnenuntergangs, in den Ritualen, die zum Beten gehören, auch die beiden anderen zur Ruhe kommen werden. Das tiefe **Gottvertrauen Philemons** wird ihm allerdings nichts nützen, denn Mephisto, dem Faust bei der Lösung des Problems freie Hand gelassen hat, hat längst die Vernichtung dieser Idylle beschlossen.

Betrachtet man die **Redeanteile** jeder Figur, fällt auf, dass **Philemon** die Rolle des Wortführers zukommt. Er ist auch derjenige, den die Umgestaltung der Landschaft nicht stört, sondern **begeistert**. Er kann in der von Faust durchgeführten Landgewinnung nur Positives sehen.

Baucis redet am wenigsten, aber am interessantesten, am meisten überlegt. Ihr kommt es zu, das Wesentlichste, das Bedeutsamste zu sagen. Ist sie zu Beginn der Szene um andere besorgt – um die Ruhe ihres Gatten und das Wohl des Gastes – lässt sie sich nicht zweimal auffordern, vom „Wunder" zu erzählen. Das tut sie nicht nur ausführlich, sondern auch unbeirrt kritisch. Es ist unschwer zu erkennen, dass sich Baucis ihrer Beobachtungsgabe und ihrer Menschenkenntnis sicher ist. Ihre Lebenserfahrung lässt, anders als bei ihrem Mann, nicht zu, ihre **gesunde Skepsis** aufzugeben. Sie also warnt vor Faust und dessen Absichten, und der Fortgang der Handlung wird zeigen, dass ihr Misstrauen durchaus begründet war.

Die Redeanteile des **Wanderers** stehen am Anfang der Szene. Er ist von der Ankunft an diesem für ihn bedeutsamen Ort beeindruckt. Seine **Ergriffenheit** steigert sich noch, als er in Philemon und Baucis seine zwar betagten, aber rüstigen Retter erkennt, die ihm überdies ein herzliches Willkommen bereiten. Ihre Gedanken hört er sich zwar an, lässt aber nicht erkennen, ob/dass er an ihrem Schicksal Anteil nimmt.

Die als angenehm empfundene **Sprache der Szene entspricht der Idylle**, die der Wanderer vorfindet: eine friedliche Landschaft, die das Gefährliche ausschließt, die warme Gastfreundschaft der Hausherren und die Freude über das gesunde Wiedersehen von Rettern und Gerettetem. Das gleichmäßige Metrum, ein vierhebiger Trochäus, und der Kreuzreim mit alternierenden Kadenzen unterstreichen diesen Eindruck und werden auch nicht aufgehoben, wenn Baucis ihre Bedenken/Warnungen formuliert.

Die Szene ist eher **arm an Handlung**, die wichtigen Dinge passieren im **Gespräch**. Dieses strebt konsequent seinem Höhepunkt zu, welcher in Baucis' kritischen Ausführungen zu Faust und zu dessen Vorgehensweise zu sehen ist. Der Höhepunkt ist überschritten, wenn Philemon, wohl auch in der Absicht zu beschwichtigen, zum Eintreten in die Kapelle einlädt.

In der Szene immer präsent, obwohl nie in persona, ist **Faust**. Es wird nicht mit ihm, sondern nur über ihn gesprochen. Sein Name wird dabei nie genannt, aber der Zuschauer weiß, wer sich hinter dem als rücksichtslos und überheblich beschriebenen künftigen Nachbarn des Paares verbirgt. Faust ist alt, am Ende seines Lebens angelangt. Es bleibt ihm nicht mehr viel Zeit, seine Pläne umzusetzen, auch deshalb muss er seine Arbeiter zur Eile antreiben, sie schinden. Die Weigerung der Besitzer des von ihm begehrten Stückchens Land ärgert ihn, verdirbt ihm den Genuss seines Werkes. Den **Bezug zur Realität** hat Faust **längst verloren**. Er überlässt Mephisto nicht nur die Leitung des Baues, sondern auch die Lösung des Problems. Sogar als Mephisto ihm davon berichtet, dass bei der gewaltsamen Betreibung der Umsiedlung der beiden Alten diese sowie ein Gast (der Wanderer) ums Leben kamen, ist Faust nicht sonderlich betroffen. Zwar weist er Mephisto scharf zurecht, verflucht „den wilden Streich" (Mitternacht, V. 113 702) und verzichtet auf das Land, akzeptiert aber die Tat doch. Erst in der Begegnung mit der Sorge wird Faust der Magie endgültig abschwören und ein kritisches Fazit seines Lebens ziehen.

Mit dieser Szene werden **gegensätzliche Interessen** und **konträre moralische Auffassungen** deutlich. Auf der einen Seite steht **Faust** mit seinem ausgeprägten Expansionsstreben. Die vehement betriebene Landgewinnung soll nicht nur den Menschen dienen, die dort neuen Siedlungsraum finden werden. Faust verfolgt auch ganz persönliche Interessen, denn er will mit diesem Projekt endgültig seine Größe beweisen, sich quasi ein Denkmal setzen. Dabei geht er egoistisch und skrupellos vor. Die bewusste und zielgerichtete **Veränderung der Natur** durch den Menschen sieht Faust als **Sieg des strebenden, selbstbewussten und tüchtigen Individuums**. Die Skepsis oder gar Ablehnung, mit der andere diesen Bestrebungen gegenüberstehen, versteht wiederum Faust nicht. Die Natur hat sich seinem Willen – und damit dem Willen des Menschen überhaupt – unterzuordnen, das ist Fausts feste Überzeugung.

Für **Philemon und Baucis** sieht alles anders aus. Beide leben im ruhigen Einklang mit der Natur und wollen diese Idylle weder verlassen noch, und das auf keinen Fall, zerstören lassen. Sie fühlen zu dem Ort, anders als das Faust je konnte, eine tiefe emotionale Bindung, er ist ihnen heilig. Allerdings können auch sie sich dem Fortschritt, der eben in Gestalt der Landgewinnung daherkommt, nicht verschließen. Dass sich Baucis' Warnungen wenig später als berechtigt herausstellen, als nämlich alle drei bei Mephistos rücksichtslosem Vorgehen ums Leben kommen, versteht der Zuschauer als Hinweis auf Fausts egoistisches Streben, aber möglicherweise auch als Impuls, um über seine **Verantwortung im Umgang mit der Natur** nachzudenken.

Deutsch (Thüringen): Abiturprüfung 2013
Aufgabe 5: Interpretation eines lyrischen Textes

Franz Grillparzer (1791–1872)
Entsagung

Eins ist, was altergraue Zeiten lehren
Und lehrt die Sonne, die erst heut getagt:
Des Menschen ew'ges Los, es heißt: Entbehren,
Und kein Besitz, als den du dir versagt.

5 Die Speise, so erquicklich deinem Munde,
Beim frohen Fest genippter Götterwein,
Des Teuren Kuß auf deinem heißen Munde,
Dein wär's? Sieh zu! ob du vielmehr nicht sein.

Denn der Natur alther notwend'ge Mächte,
10 Sie hassen, was sich freie Bahnen zieht,
Als vorenthalten ihrem ew'gen Rechte,
Und reißen's lauernd in ihr Machtgebiet.

All, was du hältst, davon bist du gehalten,
Und wo du herrschest, bist du auch der Knecht.
15 Es sieht Genuß sich vom Bedarf gespalten,
Und eine Pflicht knüpft sich an jedes Recht.

Nur was du abweist, kann dir wieder kommen.
Was du verschmähst, naht ewig schmeichelnd sich,
Und in dem Abschied, vom Besitz genommen,
20 Erhältst du dir das einzig deine: Dich!
(1836)

Grillparzer, Franz: Entsagung. In: Hahn, Ulla (Hrsg.):
Stimmen im Kanon. Deutsche Gedichte. Stuttgart 2003, S. 170.

„Der Mensch ist das einzige Lebewesen, das sich nicht mit dem, was es auf seinem Planeten vorfindet, zufriedengibt."

Strittmatter, Erwin: Frühling aus Menschenhand. In: ¾ hundert Kleingeschichten.
Aufbau Berlin u. Weimar 1971, S. 35.

Arbeitsanweisung

Interpretieren Sie das Gedicht.
Stellen Sie einen Bezug zu Strittmatters Auffassung her.

Hinweise und Tipps

Voraussetzungen
Mit der geforderten Bezugnahme auf ein **modernes Zitat** wird in der vorliegenden Aufgabenstellung zur Gedichtanalyse eine Brücke von dem in seiner Zeit verhafteten Grillparzer-Text in die Gegenwart geschlagen. Trotzdem entbindet diese Ergänzung Sie nicht davon, in Ihrem Aufsatz auch auf die **Epoche** des Gedichts einzugehen. Dies ist für dessen Verständnis grundlegend und ermöglicht Ihnen erst die Aktualisierung der hier dargestellten Motivik des **Verzichts**. Bei der Darstellung der **Form**, die ja wie bei jeder Analyse mit dem **Inhalt** in Bezug gesetzt werden muss, sind bei diesem Beispiel viele Aspekte der Betrachtung von Lyrik einzubeziehen. Der Autor verwendet viele klassische Gestaltungselemente, die von Ihnen erkannt und benannt werden sollen.

Mit der zusätzlichen Aufnahme eines Zitates in die Gedichtanalyse müssen Sie zudem Kompetenzen abrufen, die Sie **ansonsten für die Bearbeitung einer freien Erörterung** brauchen. Denn hier ist eine **These** abzuleiten, die zwar nicht vollständig erörtert, aber dennoch in einen inhaltlichen Zusammenhang gestellt werden muss.

Die Aufgabe verlangt Leistungen in allen drei Anforderungsbereichen, die laut *Einheitliche(n) Prüfungsanforderungen in der Abiturprüfung Deutsch (EPA)* zu einer vollständigen Aufgabenstellung gehören:

Anforderungsbereich I (Grundlagen an Wissen/Kennen konkreter Einzelheiten): Kenntnisse über die Epoche des Biedermeier sind bei diesem Hauptwerk der Zeit zumindest grundlegend notwendig. Die formalen Gestaltungsmittel des Gedichtes sind zu erkennen und mit den fachspezifischen Begriffen zu beschreiben.

Anforderungsbereich II (Organisation des Arbeitsprozesses): Die Struktur und die Einzelelemente des Textes sind zu erfassen, zu beschreiben und in ihrer Bedeutung zu erläutern. Daraus leitet sich das begründete Ergebnis der Analyse ab. Die Erarbeitung von Schwerpunkten muss der inhaltlichen Aussage angemessen sein und eine gute Anknüpfung zum Zitat gewährleisten.

Anforderungsbereich III (Fähigkeit zur eigenen Urteilsbildung): Die Aussage und die Wirkung des Gedichtes sowie seiner Elemente sind zu erfassen, darzustellen und zu werten. Die Deutung ist mit der des Zitats zusammenzuführen und kann so zu einer aktualisierenden Wertung führen.

Erläuterung der Aufgabenstellung
Die Arbeitsanweisung konfrontiert Sie mit zwei Operatoren. Sie sollen sowohl **interpretieren** als auch einen **Bezug herstellen**. Diese Zweiteilung bedeutet allerdings nicht, dass eine gleichmäßige quantitative Verteilung dieser beiden Aufgabenteile auf Ihren Aufsatz vorgesehen ist. Natürlich steht der Interpretation immer der größte Raum zu, denn sie ist die Grundlage für alle weiteren Übertragungsleistungen. So sieht es auch der vorliegende Lösungsvorschlag vor.

Zu Beginn geht der Aufsatz gleich auf das zentrale und titelgebende **Thema** des Gedichts ein. Zugleich wird mit einer rhetorischen Frage dessen aktuelle **Relevanz** zum Gegenstand der Untersuchung gemacht. Hilfreich bei der Betrachtung eines Begriffes wie „Entsagung" kann das als Hilfsmittel erlaubte Wörterbuch der deutschen Sprache sein, wie an dieser Stelle beispielhaft verdeutlicht wird. Über die genaue Darstellung der Gestaltungsprinzipien, die hier in ihrer regelmäßigen Verwendung eine größere Rolle spielen als bei jüngerer Lyrik, kann eine erste **Einordnung in die Epoche erfolgen**. Die Form ist – gerade bei **Gedankenlyrik** – schwer von einer inhaltlichen Zusammenfassung zu trennen. Wie sehr Ihre Einordnung in die Epoche und Ihre Erläuterung des Versaufbaus in die Tiefe gehen, hängt natürlich immer von den persönlichen Voraussetzungen ab, die Sie sich in Ihrem Kurs erarbeiten konnten. Allerdings sollte bei der Auswahl einzubringender Kenntnisse auch immer bedacht werden, dass von

Ihnen **kein literaturhistorisches Referat** verlangt wird. Vielmehr müssen Sie den lyrischen Text und auch dessen Bezüge zum Strittmatter-Zitat immer im Auge behalten. Letzteres muss zunächst ebenfalls inhaltlich erschlossen und erläutert werden. Es schließt sich also im Grunde eine zweite – recht kurze – Analyse an, die zu dem Schluss kommt, dass sich beide Aussagen **antithetisch** zueinander verhalten. Die Zusammenfassung kann dann durch Abwägung zu einer möglichen Synthese beitragen.

Im folgenden Lösungsvorschlag wird zusätzlich zur geforderten Einbeziehung Strittmatters auch dem **Rahmenthema** Raum gegeben. Dies ist nicht zwingend notwendig, aber eigentlich immer möglich. Sofern es die Aufgabenstellung nicht vorsieht, entscheiden Sie alleine darüber.

Lösungsvorschlag

Wann verwendet man heute eigentlich noch das Substantiv ‚**Entsagung**' oder das Verb ‚entsagen'? Es erscheint uns kein moderner Begriff zu sein. Der Rechtschreibduden ordnet die Wörter der gehobenen Sprache zu. Auf jeden Fall sind sie wohl nicht Teil unseres alltäglichen Wortschatzes. Woran liegt das? Liegt es ganz und gar an der Bedeutung oder gibt es einfach Synonyme, die wir heute verwenden? An ‚Verzicht' oder ‚Aufgabe' könnte man dabei denken, jedoch verzichten wir eher auf etwas Einzelnes oder geben etwas Spezielles auf. Entsagung dagegen klingt nach einem umfassenderen Verzicht, dem radikale **Konsequenzen** für unser Leben und das Verhältnis zu unserem Umfeld folgen können.

So sah es vor knapp 180 Jahren – genauer 1836 – auch **Franz Grillparzer** (1791–1872) in seinem Gedicht „Entsagung". In diesem Sinne hätte er für seinen lyrischen Text auch gut einen Imperativ als Titel wählen könne, denn dessen Thema ist die **Aufforderung an die Leser** bzw. die Menschheit allgemein, auf jeglichen Besitz im konkreten wie auch abstrakten Sinne zu verzichten. Inwieweit spricht der Dichter damit den Leser der Moderne noch an? Wie kann dem Begriff der „Entsagung" heute neues Leben gegeben werden, wenn wir ihn mit jüngeren Auffassungen – hier einer von **Erwin Strittmatter** aus dem Jahr 1971 – und unserer jetzigen Lebenswelt in Beziehung setzen?

Der vorliegende Text, der eindeutig der **Gedankenlyrik** zuzuordnen ist, gliedert sich zunächst in fünf Strophen mit jeweils vier Versen. Sie sind durch einen durchgängigen **Kreuzreim** miteinander verbunden, bei dem sich weiblicher (1. und 3. Vers) und männlicher Reim (2. und 4. Vers) in dieser Reihenfolge immer abwechseln (vgl. erste Strophe: „... lehren/ ... getagt/ ... Entbehren/ ... versagt"). Das Metrum ist ein **fünfhebiger Jambus**. Die Verse mit weiblichem Reim zählen elf, die mit männlichem Reim zehn Silben, so dass das Versmaß als Pentameter sowohl an den – allerdings ungereimten – Blankvers der Dramatik aus der Zeit des Gedichts als auch an die regelmäßigen Versformen des **Barock** erinnert. Franz Grillparzer bedient sich für sein Gedicht „Entsagung" also eindeutig längst erprobter Formen. Die Satzstrukturen gehen über die Versenden nicht hinaus. So reihen sich mehrere **Aufzählungen** aneinander, die gleichwertig ohne Konjunktion stehen (V. 5–7) oder mit „Und" am Versbeginn verbunden sind (z. B. V. 14 und 16). Zusammengehalten werden diese Aufzählungen zudem durch Wiederholungen von Worten oder Wortgruppen in den jeweiligen Sätzen: „Munde" (V. 5 und 7), „bist du" (V. 13 und 14), „sich" (V. 15 und 16). Den so entstehenden längeren, aber kaum verschachtelten Satzkonstruktionen stehen kürzere **Hervorhebungen** gegenüber, die der Autor vor allem durch den Einsatz von Satzzeichen (Doppelpunkt, Ausrufezeichen sowie Fragezeichen) erreicht. In Vers 3 („Des Menschen ew'ges Los, es heißt: Entbehren") sowie im Abschlussvers 20 („Erhältst du dir das einzig deine: Dich!") wird so zu einer zentralen, auffordernden Aussage am Versende gesteigert. In Vers 8 wird dies das einzige Mal auch grammatisch als **Imperativ** ausgedrückt, dabei wird das Ausrufezeichen, das ja eigentlich einen Satz abschließt, in den vollständigen Satz hineingeholt und an Stelle des hier zu erwartenden Kommas gesetzt: „Sieh zu! ob du vielmehr nicht sein." Die Aufforderung ist gleichzeitig die Antwort auf die **rhetorische Frage** „Dein wär's?" (ebenda), die auf die bereits erwähnte Aufzählung (V. 5–7) folgt.

Das kurze „Dich!" in Vers 20 ist der Ausklang des Gedichtes und übernimmt somit eine wichtige Funktion für den Aufbau des Textes. In der ersten Strophe wird durch das kurze „Entbehren" (V. 3) das **Thema** betont. Es wird als „ew'ges Los" des Menschen eingeführt, das sowohl in der Vergangenheit („altergraue Zeiten", V. 1) als auch in der Gegenwart („Sonne, die erst heut getagt", V. 2) Gültigkeit besitzt. In der zweiten Strophe schließt sich die **Darstellung der Vergänglichkeit** anhand von drei Beispielen an. Das Erlebnis einer leckeren Mahlzeit (V. 5), eines Weins auf einem Fest (V. 6) sowie die innige Freundschaft („Teuren Kuß auf deinem heißen Mund", V. 7) sind Momente, die man nicht festhalten kann. **Kategorien von Besitz und Eigentum** greifen hier nicht. Ewigkeit kann nicht hergestellt werden. In der mittleren und dritten Strophe wird klargestellt, wer dem Menschen dieses Entbehren auferlegt: die **Natur** mit ihren Mächten („Sie hassen, was sich freie Bahnen zieht", V. 10). So ist der anschließende Abschnitt zunächst geprägt von der Resignation vor dieser ewigen und unumstößlichen **Macht**. Vier Gegensätze konstruieren ein Spannungsfeld dieser Macht, das keine Freiheit und Wahl lässt. Vers 13 und 14 bilden so jeweils ein **Paradoxon**: „... was du hältst, davon bist du gehalten,/ Und wo du herrschest, bist du auch der Knecht." Dieses **antithetische Verfahren** setzt sich in Vers 15 mit den Begriffen Genuss und Bedarf sowie in Vers 16 mit Pflicht und Recht fort. Dies geht zwar in der letzten Strophe weiter (abweisen/wieder kommen; verschmähen/ schmeicheln) und es wird mit dem **Parallelismus** „was du" (V. 13 in Strophe 4 und V. 17, 18 in Strophe 5) über die Abschnitte hinweg verknüpft. Es wird aber schon an der Platzierung der positiven Begriffe des Wiederkommens und Schmeichelns deutlich, dass es einen Weg gibt, der Macht der Natur zu begegnen, nämlich indem man Abschied vom Besitz nimmt (vgl. V. 19) und sich so selbst erhält (V. 20). So steckt in dem abschließenden „Dich!" die Gelegenheit, der **Resignation vor der eigenen Unfreiheit** etwas entgegenzusetzen.

Die **fünfteilige Struktur** des Gedichtes mit der Einführung im ersten, dem Höhepunkt im dritten und dem Ausklang im fünften Abschnitt erinnert an den klassischen Aufbau des geschlossenen Dramas. Auch das Versmaß erinnerte ja bereits an dramatische Formen, und so ist der österreichische Autor Franz Grillparzer ja auch vor allem als ein bedeutender Theaterschriftsteller seiner Zeit bekannt. Es war die **Zeit des Biedermeiers**, in der er auch verortet wird. So passt sich das Gedicht „Entsagung" inhaltlich mit seiner Resignation vor der Unfreiheit gut in diese Strömung ein, die stark von der politischen und gesellschaftlichen Abhängigkeit der **Restauration** geprägt ist. Sein Autor befand sich in Wien direkt an der Quelle des sogenannten Systems Metternich, das durch die Zensur und die Vormachtstellung des Adels geprägt war. Die Dichter des Biedermeier kämpften nicht – wie ihre **Kollegen des Jungen Deutschland** – dagegen an, sondern verschrieben sich dem Werten des Pflichtgehorsams und eben dieser Bescheidenheit, wie sie vom Leser zum Beispiel in den Versen „Nur was du abweist, kann dir wieder kommen. / Was du verschmähst, naht ewig schmeichelnd sich," (V. 18/19) des vorliegenden Textes gefordert wird.

Falsch wäre es allerdings in diesem Zusammenhang, dem Autor Franz Grillparzer Untertanengeist vorzuwerfen, denn politische Mächte spielen in „Entsagung" keine Rolle. Angesprochen wird die **Menschheit insgesamt** und nicht nur der brave Bürger. Die Aussage „Und wo du herrschest, bist du auch der Knecht" (V. 14) gilt sowohl für den Fürsten als auch für jeden, der in einem Moment selbst Macht ausübt, sei es nun der Vater gegenüber der Familie, der Meister gegenüber den Gesellen oder die Lehrerin gegenüber den Schülern. Sie alle entkommen nicht dem höheren „Machtgebiet" (V. 12). Damit stellt sich Grillparzer in eine weitere Traditionslinie des Biedermeier, indem er sich **konservativ** bemüht, die Werte vorheriger Epochen in die neue Zeit hinüberzutragen. Dass sich dies in der lyrischen Form niederschlägt, wurde ja bereits nachgewiesen. Inhaltlich kann man als Beleg dafür vor allem auf den Beginn mit dem Hinweis auf die frühe Vergangenheit („… was altergraue Zeiten lehren", V. 1) und auf die Aufzählung in der zweiten Strophe verweisen. Die **idealistischen Worte** vom „(b)eim frohen Fest genippte(n) Götterwein" (V. 6) lassen ein klassisch-antikes Bild entstehen. „Des Teuren Kuß auf deinem heißen Munde" (V. 7) wird nicht zwischen einem Liebespaar gewechselt, sondern geht vom klassischen Freundschaftsideal aus. Dass dessen Dauerhaftigkeit aber im nächsten Vers gleich in Frage gestellt wird („Dein wär's?", V. 8), zeigt, dass die Ideen der vorigen Schriftsteller-Generation nicht mehr ganz in die neue Zeit übertragbar sind.

Deutlich wird dies auch an einem Zitat aus der Klassik, das zu den inhaltlichen Voraussetzungen des Gedichts „Entsagung" passt: „Und wen anders als die Natur können wir fragen, wie wir leben sollen, um wohl zu leben?" Diese rhetorische Frage stammt aus **Christoph Martin Wielands** „Agathon" (1794, **Rahmenthema** zum diesjährigen Deutschabitur) und sieht in der Natur einen ausschließlichen aber positiven Wegweiser für den Menschen. Eine ebenso umfassende Funktion besitzt die Natur auch bei Franz Grillparzer. Jedoch ist ihre Bedeutung nicht so positiv formuliert wie bei Wieland. Die Mächte der Natur „hassen, was sich freie Bahnen zieht" (V. 10). An diesen Mächten ist nicht zu rütteln, denn sie sind „alther notwend'ge" (V. 9), womit Grillparzer an den einleitenden Hinweis auf „altergraue Zeiten" (V. 1) anknüpft. Die **Personifikation** dieser Mächte – in Vers 2 noch präziser durch die lehrende Sonne – geht einher mit einer sehr radikalen Wahl des negativen Verbs „hassen" und wird dadurch noch gesteigert, dass auf die bösen menschlichen Eigenschaften eine Metapher aus der Welt der Raubtiere folgt: „Und reißen's lauernd in ihr Machtgebiet" (V. 12). Die Natur ist also nicht mehr der gut meinende Lehrmeister, sondern der brutale Feind der menschlichen Freiheit. Der Mensch kann sich dagegen nicht wehren. Er muss sich diesen Bedingungen durch die Entsagung fügen. Den Rechten der Natur steht dieses Los des Menschen gegenüber. Ausgedrückt wird dies durch die Wiederholung des Adjektivs ‚ewigen' in Vers 3 („ew'ges Los") und Vers 11 („ew'ges Recht"). Durch die jeweilige Unterschlagung der mittleren Silbe in beiden Textstellen gewinnt der **Klang des Wortes** an Härte, wobei sich dessen dritte – vollständige – Verwendung als Adverb („ewig schmeichelnd", V. 18) in der letzten Strophe versöhnlicher ausmacht. Dies wird aber nur dadurch erreicht, dass in diesem Kontext der Mensch seine Rolle akzeptiert und vom Besitz Abschied genommen hat (vgl. V. 19).

In dem Gedicht ist der Mensch in erster Linie durch das Du präsent. Auf ein **lyrisches Ich** dagegen wird verzichtet, sodass offen bleibt, wer sich als Sprecher an den Leser wendet. Dadurch wird aber auch auf eine Trennung zwischen Sprecher und Leser verzichtet und der Eindruck, dass die Idee der Entsagung sich auf die gesamte Menschheit bezieht, wird somit nicht durchbrochen. Es bleibt also dabei, dass gegenüber den Mächten der Natur, wie sie in der mittleren Strophe, in der als einziger auf das Du vollständig verzichtet wird, auftreten, keine Unterschiede zwischen den Menschen gemacht werden. Die Zuspitzung auf „Dich!" im letzten Vers wird durch drei weitere grammatische Varianten des Personalpronomens in der 2. Person Singular eingeleitet und somit verstärkt: „Erhältst du dir das einzig deine …" (V. 20, Hervorhebung durch den Verfasser). Zusammen mit dem Artikel in dem Vers ergibt sich zusätzlich eine fünffache Alliteration mit dem Anlaut „D". Dem Leser wird also die **Besinnung auf sich selbst**, losgelöst von allen Ansprüchen und jeglichem Besitz, überdeutlich zum **Fazit** des Gedichtes gemacht.

Enge **Grenzen** legt Franz Grillparzer sich und seinen Lesern hiermit auf. Diese zu akzeptieren und einzuhalten, fällt dem Menschen allerdings schwer. Dies zeigt genauso der Blick in die Zeiten vor, während und nach dem Biedermeier. Im Jahr 1971 schrieb der Autor **Erwin Strittmatter**: „Der Mensch ist das einzige Lebewesen, das sich nicht mit dem, was es auf seinem Planeten vorfindet, zufriedengibt." Wörtlich genommen mag man hier an die Weltraumfahrt denken, mit der der Mensch tatsächlich die Erde verlassen und damit anfangen konnte, im All nach neuen Erkenntnissen und Ressourcen zu suchen. Die Formulierung Strittmatters, der als **Autor in der damaligen DDR** lebte und arbeitete, ist aber zudem als Metapher zu lesen, die für den ständigen **Drang des Menschen** steht, **nach mehr zu streben**. Würde sich der Mensch mit dem, was er „vorfindet", zufriedengeben, dann würde dies die Entsagung im Sinne des Gedichts von Grillparzer bedeuten: Der Mensch würde nicht nach weiterem Besitz, nach mehr Genuss, nach mehr Macht oder mehr Freiheit streben. Strittmatter verpackt seine Aussage als ein **Naturgesetz**, indem er den Menschen als „Lebewesen" nicht der Natur gegenüberstellt, sondern sie zu ihrem Teil macht. Gegen dieses Naturgesetz, das dem menschlichen Wesen zugrunde liegt, kann man nicht ankämpfen. Wir werden immer weiter streben und verlören diese Eigenheit, die uns von anderen Lebewesen als **Alleinstellungsmerkmal** unterscheidet, wenn wir im Gegenteil dazu allem entsagen würden.

Nach alldem scheint sich Franz Grillparzers Gedicht aus dem Jahre 1836 nicht dazu zu eignen, den Begriff der Entsagung wieder populär zu machen. Hat aber die Natur nicht doch eine Macht über uns, die wir nicht missachten sollten und die uns manchmal darüber nachdenken lassen sollte, wo unsere Grenzen sind? Nimmt man das Zitat Strittmatters wörtlich, dann hat sich seit 1971 durchaus gezeigt, dass es uns doch nicht so einfach ist, die Grenzen unseres Planeten so zu überwinden, wie der damalige **Fortschrittsglaube** es suggerierte. So müssen wir einfach mit den **Ressourcen** auskommen, die wir auf der Erde vorfinden. Es ist also weniger der Blick in „altergraue Zeiten", sondern der auf die zukünftigen Generationen, der uns dazu zwingt, in unserer Gegenwart auch über den Verzicht nachzudenken. Den flüchtigen Genuss, den Grillparzer in seiner zweiten Strophe in ein klassisches Bild gegossen hat, können auch wir nicht für die Ewigkeit bewahren. Im Gegenteil müssen wir uns eher immer wieder fragen, zu welchem Preis wir nicht darauf verzichten wollen: Was bedeuten zum Beispiel günstige Waren für die, die sie für geringen Lohn herstellen, oder für die Natur, die dafür ausgebeutet wird?

Grillparzers Gedicht ist deutlich in seiner Zeit verhaftet; die Resignation und die Unfreiheit des Menschen, die aus ihr in kräftigen Worten spricht, wollen wir heute wahrscheinlich nicht teilen. Die Dialektik von herrschen und beherrscht werden, Genuss und Bedarf, Pflicht und Recht ist aber weiterhin aktuell. Die starke Betonung des **Individuums** im letzten Vers ist zudem ein Aufscheinen moderner Vorstellungen.

Deutsch (Thüringen): Abiturprüfung 2014
Aufgabe 1: Materialgestützte Erörterung

Material 1:

Rudolf Kuhr (geb. 1937)
Worum es letztlich geht – Menschlichkeit
Gedanken über das eigentlich Selbstverständliche
[...]

Um in Wörterbüchern eine Definition des Begriffs Menschlichkeit zu finden, wird, wenn das Wort überhaupt enthalten ist, auf das Fremdwort Humanität verwiesen. Hier heißt es dann beispielsweise: *Menschlichkeit im Sinne eines idealisch gedachten Menschentums: harmonische Ausbildung der dem Menschen eigentümlichen wertvollen Anlagen des Ge-*
5 *mütes und der Vernunft (so schon von Cicero bestimmt); höchste Entfaltung menschlicher Kultur und Gesittung und dementsprechendes Verhalten gegenüber den Mitmenschen, ja aller Kreatur. Seine eigentliche Begründung und Ausgestaltung erfuhr der Humanismusgedanke im 18. Jahrhundert, im Zeitalter des deutschen Klassizismus, besonders durch Lessing, Herder, Schiller, Goethe, W. von Humboldt. Für Kant ist Humanität „der Sinn*
10 *für das Gute in Gemeinschaft mit anderen überhaupt; einerseits das allgemeine Teilnehmungsgefühl, andererseits das Vermögen, sich innigst und allgemein mitteilen zu können, welche Eigenschaften zusammen verbunden die der Menschheit angemessene Geselligkeit ausmachen, wodurch sie sich von der tierischen Eingeschränktheit unterscheidet".*
[...]
15 **Wie entsteht verantwortliche Menschlichkeit?**
Menschlichkeit entsteht nicht schon aus einem religiösen Glauben. Wie uns Geschichte und Gegenwart mit vielen Beispielen religiös motivierter, oft sogar im Namen Gottes verübter Verbrechen gegen die Menschlichkeit zeigen, ist eher das Gegenteil anzunehmen.
20 Menschlichkeit ist auch nicht automatisch ein Abfallprodukt zunehmenden materiellen Wohlstandes, auch hier ist eher das Gegenteil der Fall. Das Bemühen um das Erreichen und den Erhalt des materiellen Wohlstandes erfordert neben ökologisch bedeutenden Ressourcen sehr viel an Zeit und menschlicher Energie, die meist auf Kosten der Menschlichkeit gehen. Hier könnten sich die hochtechnisierten Gesellschaften an man-
25 chen von diesen so genannten Entwicklungsländern ein Beispiel nehmen. Nicht selten empfinden Angehörige oder Besucher solcher Länder unser hiesiges menschliches Klima vergleichsweise als kalt. Eine ganz bewußte, direkte Orientierung am Ideal der Menschlichkeit wäre deshalb heute mindestens ebenso dringend, wenn nicht wichtiger als die am Wirtschaftswachstum und an internationaler, wirtschaftlicher Konkurrenzfähigkeit.
30 Um befriedigendere und nachhaltigere Ergebnisse an positiver Menschlichkeit zu erreichen, erscheint es sinnvoll, in ganzheitlicher und an Wahrhaftigkeit orientierter Weise nicht nur die Ideale, sondern auch die naturgegebenen – oft negativen – Voraussetzungen des Menschseins mit einzubeziehen und jegliche mythischen und mystischen Vorstellungen beiseite zu lassen. [...]
35 In den Anlagen sind neben den Fähigkeiten zum selbständigen Denken vor allem sehr viele instinktähnliche Triebe vorhanden, die bisher zu wenig beachtet werden und deshalb immer wieder zu Problemen und Konflikten führen. Wenn es beispielsweise bei der Beschreibung des Menschenbildes idealerweise heißt: Der Mensch ist ein selbständig denkendes und bewußt handelndes Lebewesen, so kann realistischerweise genauso ge-

40 sagt werden: Der Mensch ist ein unselbständig denkendes und unbewußt handelndes Lebewesen, denn die meisten Handlungen werden letztlich vom Gefühl her bestimmt, und die meisten Menschen denken – ohne es zu wissen – fremdbestimmt, weil sie zur Anpassung erzogen und zu wenig zur Selbstreflexion und Eigenständigkeit ermutigt wurden. [...]

Kuhr, Rudolf: Worum es letztlich geht – Menschlichkeit.
In: http://www.humanistische-aktion.de/menschli.htm (12. 11. 2013)

Material 2:

Johann Wolfgang von Goethe (1749–1832)
Wilhelm Meisters Lehrjahre (Romanauszug)

Aus einem Gespräch zwischen Philine und Wilhelm Meister

[...] Ein junger Mann, von ihrer Bekanntschaft aus der Stadt, kam mit einem Buche durch den Wald geschlichen, setzte sich zu ihnen, und rühmte den schönen Platz. Er machte sie auf das Rieseln der Quelle, auf die Bewegungen der Zweige, auf die einfallenden Lichter und auf den Gesang der Vögel aufmerksam. Philine sang ein Liedchen vom Kuckuck,
5 welches dem Ankömmling nicht zu behagen schien; er empfahl sich bald.

Wenn ich nur nichts mehr von Natur und Naturszenen hören sollte, rief Philine aus, als er weg war, es ist nichts unerträglicher, als sich das Vergnügen vorrechnen zu lassen, das man genießt. Wenn schön Wetter ist, geht man spazieren, wie man tanzt, wenn aufgespielt wird. Wer mag aber nur einen Augenblick an die Musik, wer an's schöne Wetter
10 denken? Der Tänzer interessiert uns, nicht die Violine, und in ein paar schöne schwarze Augen zu sehen, tut einem paar blauen Augen gar zu wohl. Was sollen dagegen Quellen und Brunnen, und alte morsche Linden! Sie sah, indem sie so sprach, Wilhelmen, der ihr gegenüber saß, mit einem Blick in die Augen, dem er nicht wehren konnte, wenigstens bis an die Türe seines Herzens vorzudringen.

15 Sie haben Recht, versetzte er mit einiger Verlegenheit, der Mensch ist dem Menschen das Interessanteste, und sollte ihn vielleicht ganz allein interessieren. Alles andere, was uns umgibt, ist entweder nur Element, in dem wir leben, oder Werkzeug, dessen wir uns bedienen. Jemehr wir uns dabei aufhalten, jemehr wir darauf merken und Teil daran nehmen, desto schwächer wird das Gefühl unsers eignen Wertes und das Gefühl der Gesell-
20 schaft. Die Menschen, die einen großen Wert auf Gärten, Gebäude, Kleider, Schmuck oder irgend ein Besitztum legen, sind weniger gesellig und gefällig; sie verlieren die Menschen aus den Augen, welche zu erfreuen und zu versammeln nur sehr wenigen glückt. Sehn wir es nicht auch auf dem Theater? Ein guter Schauspieler macht uns bald eine elende, unschickliche Dekoration vergessen, dahingegen das schönste Theater den
25 Mangel an guten Schauspielern erst recht fühlbar macht. [...]

(1795/96)

von Goethe, Johann Wolfgang: Wilhelm Meisters Lehrjahre. In: Voßkamp, Wilhelm u. a.
(Hrsg.): Werke Band 4. Insel Verlag, Frankfurt am Main/Leipzig 1998, S. 185.

Material 3:

Albert Schweitzer (1871–1965)
Ein freier Mensch!

Ich will unter keinen Umständen ein Allerweltsmensch sein.
Ich habe ein Recht darauf, aus dem Rahmen zu fallen –
wenn ich es kann. Ich wünsche mir Chancen, nicht Sicherheiten.
Ich will kein ausgeschalteter Bürger sein, gedemütigt und abgestumpft,
5 weil der Staat für mich sorgt. Ich will dem Risiko begegnen,
mich nach etwas sehnen und es verwirklichen, Schiffbruch erleiden
und Erfolg haben. Ich lehne es ab, mir den eigenen Antrieb
mit einem Trinkgeld abkaufen zu lassen.

Lieber will ich den Schwierigkeiten des Lebens entgegentreten,
10 als ein gesichertes Dasein führen,
lieber die gespannte Erregung des eigenen Erfolgs,
als dumpfe Ruhe Utopiens.
Ich will weder meine Freiheit gegen Wohltaten hergeben,
noch meine Menschenwürde gegen milde Gaben.
15 Ich habe gelernt, selbst für mich zu denken und zu handeln,
der Welt gerade ins Gesicht zu sehen und zu bekennen, dies ist mein Werk.
Das alles ist gemeint, wenn wir sagen: Ich bin ein freier Mensch.

Schweitzer, Albert: Ein freier Mensch!
In: http://www.mondamo.de/alt/schweizerwallraff.htm (07. 11. 2013)

Arbeitsanweisung

Johann Wolfgang von Goethe (1749–1832)

„[…], der Mensch ist dem Menschen das Interessanteste, und sollte ihn vielleicht ganz allein interessieren."

(von Goethe, Johann Wolfgang: Wilhelm Meisters Lehrjahre. In: Voßkamp, Wilhelm u. a. (Hrsg.): Werke Band 4. Insel Verlag, Frankfurt am Main / Leipzig 1998, S. 185.)

Erörtern Sie die Aussage.
Beziehen Sie alle beigefügten Materialien essayistisch ein.

Hinweise und Tipps

Voraussetzungen
Bei der materialgestützten Erörterung setzen Sie sich, wie bei der freien Erörterung, mit einer in der Aufgabenstellung angegebenen These – oft in Form eines Zitates – auseinander. Anders als bei der freien Erörterung müssen Sie in Ihre eigene Argumentation allerdings Materialien (in diesem Fall drei Texte) einbeziehen, die Ihnen vorgegeben werden. In welchem Umfang Sie das tun, ist Ihnen selbst überlassen. Wichtig ist jedoch, dass Sie bei der vorliegenden Aufgabe **alle Materialien verwenden**. Eine detaillierte Analyse dieser Texte wird nicht vorausgesetzt.

Erläuterung der Aufgabenstellung
Der Operator „Erörtern" verlangt die **kontroverse Auseinandersetzung** mit einer Thematik. Gleichzeitig wird ein essayistisches Einbeziehen aller Materialien gefordert. Der Essay beinhaltet ein freies Fließen der Gedanken auf hohem sprachlichem Niveau. Im Unterschied zur textgebundenen Erörterung können Sie selbst Schwerpunkte setzen und somit Ihrer Darstellung eine subjektive Note geben. Jedoch müssen Sie auch bei essayistischen Schreibformen mit Sachwissen operieren und sich argumentativ mit der Thematik auseinandersetzen. Achten Sie darauf, Ihre Gedankengänge präzise und nachvollziehbar zu entwickeln und darzustellen.

Zunächst verdeutlichen Sie sich die **Thematik der Aufgabe**. Diese orientiert sich am Rahmenthema „Der Mensch ist dem Menschen das Interessanteste." Hier jedoch wird das Goethe-Zitat fortgeführt, sodass es weitere Dimensionen beinhaltet.

In einem nächsten Schritt untersuchen Sie, welche Schwerpunkte in den **Materialien** erkennbar sind: Rudolf Kuhr behauptet, dass Menschlichkeit auch durch unbewusste Instinkte und Gefühle beeinflusst wird. Goethe stellt in seinem Roman das Verhältnis des Menschen zur Natur und zu sich selbst dar. Albert Schweitzer sieht den Menschen in seinem lyrischen Text als ein sich entwickelndes Individuum, welches unangepasst, eigenständig und konfliktfähig sein kann. An dieser Stelle sollten Sie die unterschiedlichen Entstehungszeiten der Texte beachten und kommen nicht umhin, die Begriffe „Klassik", „Humanismus" und „Pansophie" einzubeziehen.

Die Anlage Ihrer Erörterung erfordert eine **Schwerpunktsetzung**, um einen Zusammenhang zwischen den einzelnen Materialien, dem Thema und Ihren eigenen Gedanken herzustellen. Da der Essay die persönliche Auseinandersetzung mit einer vorgegebenen Thematik bedingt, ist es ratsam, eigene Anschauungen, Erkenntnisse und Überlegungen in den Mittelpunkt Ihrer Betrachtungen zu stellen.

Beziehen Sie dafür beispielsweise Wissen ein, welches Sie in der Schule erworben haben. So richtet der Ethik- oder Religionsunterricht einen Blick auf den Sinn menschlichen Daseins, der Sozialkunde- und Geschichtsunterricht wiederum betrachtet den Menschen als gesellschaftliches Wesen. Im Rahmen des Deutschunterrichts beschäftigt man sich ebenfalls mit dem Menschen in verschiedenen Lebenssituationen: Werke der **Klassik** sehen den Menschen als „gut" an, auch wenn er sich in scheinbar ausweglosen Situationen befindet; in der **Gegenwartsliteratur** wird der Mensch oft in Konfliktsituationen, in Zeiten des Umbruchs, auf der Suche nach sich selbst gezeigt. Besonders an dieser Stelle eignet sich die Einbeziehung des Schweitzer-Zitats.

Die Frage nach dem, was eigentlich „Menschlichkeit" (vgl. Material 1) bedeutet, sollte uns alle beschäftigen und anregen, eigene Lebens- beziehungsweise Gedankenmodelle zu reflektieren. Im **Fazit** ist es möglich, den eigenen Platz als Individuum in der Gesellschaft zu betrachten und Konsequenzen abzuleiten.

Die nachfolgende Darstellung ist als Vorschlag zu betrachten. Andere Denk- und Lösungsansätze sind durchaus vorstellbar.

Lösungsvorschlag

Einleitung
Was verbindet Angela Merkel, Justin Bieber, Mutter Theresa, Adolf Hitler? Im ersten Moment würde jeder entrüstet „Nichts!" antworten. Dabei ist die Antwort so einfach: Sie alle sind Menschen. Nicht mehr und nicht weniger. Aber was ist der Mensch?

Der Mensch ist etwas Besonderes, die höchste Schöpfung Gottes, wenn man der Bibel glaubt. Bei der Frage nach dem Warum gehen die Meinungen stark auseinander. Einige halten seine Intelligenz und seinen Einfallsreichtum für ausschlaggebend, andere seine Fähigkeit, Mitgefühl zu empfinden. Doch beinhalten diese – auf den ersten Blick so verschiedenen – Menschenbilder vielleicht einen gemeinsamen Kern?

Tatsächlich geht es bei all den unterschiedlichen Sichtweisen stets um die **Rolle des Menschen in der Gesellschaft**. Angela Merkels Intelligenz würde ebenso wie Mutter Theresas Mitgefühl in der Bedeutungslosigkeit verschwinden, hätten sie nicht einen Adressatenkreis innerhalb der Gesellschaft. Jedes menschliche Handeln wäre für andere uninteressant, wenn es keinen Bezug zu den Mitmenschen aufweisen könnte. Doch rechtfertigt dies die These, „der Mensch ist dem Menschen das Interessanteste, und sollte ihn vielleicht ganz allein interessieren", wie es der Protagonist in Johann Wolfgang von Goethes 1795/96 entstandenem Roman „Wilhelm Meisters Lehrjahre" ausgedrückt hat?

Diese These beinhaltet verschiedene Facetten. Zunächst einmal stellt Wilhelm Meister die Überlegung an, ob sich nicht jeder Einzelne im Lichte seiner Mitmenschen betrachten sollte. Das heißt einerseits, dass trotz eines mehr oder weniger stark ausgeprägten Individualismus menschliches Handeln **an der Erwartung anderer ausgerichtet** ist. Untrennbar damit verbunden ist andererseits die Behauptung, dass sich der Mensch im Sinne eines Mitfühlens und eines daraus resultierenden **menschlichen Verhaltens** für andere interessiert. Aber ist Menschlichkeit nur ein Ideal aus längst vergangenen Zeiten oder heute noch aktuell?

Menschliches Handeln in der Gemeinschaft
Rudolf Kuhr, Jahrgang 1937, hat sich in seinem Artikel „Worum es letztlich geht – Menschlichkeit" (M 1) mit der Frage nach der Menschlichkeit in unserer Gesellschaft auseinandergesetzt. Doch was ist das überhaupt? Im Lexikon werde bestenfalls „auf das Fremdwort Humanität verwiesen" (M 1, Z. 2). Menschlichkeit bedeutet hier die „harmonische Ausbildung der dem Menschen eigentümlichen wertvollen Anlagen des Gemütes und der Vernunft […]; höchste Entfaltung menschlicher Kultur und Gesittung und dementsprechendes Verhalten gegenüber den Mitmenschen" (M 1, Z. 4 ff.). Wenn dies alles „Menschlichkeit" bedeutet, heißt das dann, dass Menschen wie Adolf Hitler, die für unsägliches Leid verantwortlich sind, keine Menschen im eigentlichen Wortsinn sind? Wo ist hier die „Harmonie"? Johannes Rau, ehemaliger Bundespräsident, sagte während der Trauerfeier für die Toten des Amoklaufs am Erfurter Gutenberg-Gymnasium: „Egal, was ein Mensch getan hat, er bleibt doch ein Mensch." Im ersten Moment möchte man aufschreien, doch bei näherer Betrachtung muss man erkennen, dass die Aussage richtig ist. „**Mensch sein**" bedeutet nicht zwangsläufig „**menschlich sein**".

Kuhr behauptet, dass in „den Anlagen […] neben den Fähigkeiten zum selbständigen Denken vor allem sehr viele instinktähnliche Triebe vorhanden [sind], die […] immer wieder zu Problemen und Konflikten führen" (M 1, Z. 35 ff.). Weiterhin erklärt er, unser Denken sei „fremdbestimmt" (M 1, Z. 42). Menschen wie Hitler wurden also auch geprägt von der Gesellschaft, in der sie lebten. Wir müssen nicht jede Tat verstehen oder akzeptieren, sollten uns jedoch fragen, wie es immer wieder zu unmenschlichem Verhalten kommen kann. Hitlers Mitmenschen haben die Verbrechen des NS-Regimes zugelassen, die meisten von ihnen haben tatenlos zugeschaut. Was ist aus Goethes klassischer Forderung „Edel sei der Mensch, hilfreich und gut" geworden?

Für Goethes Wilhelm Meister sollte der Mensch allerdings frei von äußeren Einflüssen handeln und sich deswegen selbst in den Mittelpunkt rücken. Aber wonach strebt der Mensch in seinem Leben überhaupt? In der Antike setzte sich **Aristoteles** mit dieser Frage auseinander. Für ihn ist das Streben nach Glück der Antrieb im Leben und das Erreichen desselben oberstes Ziel menschlicher Existenz. Wie das Glück gesucht wird, ist individuell, jedoch sollte der „**mittlere Weg**" beschritten, Extreme also vermieden werden. Auch der Buddhismus empfiehlt einen solchen Weg. Wir alle wissen, dass Ausgeglichenheit, kontrollierte Gefühle und Rücksichtnahme zum Lebensglück führen können. Eine Auseinandersetzung mit dem Zitat aus Goethes „Wilhelm Meisters Lehrjahre" sollte also berücksichtigen, was dieses zur Suche nach dem persönlichen Glück beitragen kann.

Doch kommen wir zurück zur Frage, was es bedeutet, wenn der Mensch dem Menschen – im Sinne der Humanität – das Interessanteste ist. **Kant** behauptet, Humanität sei „der Sinn für das Gute in Gemeinschaft mit anderen überhaupt" (M 1, Z. 9 f.). Aber worin besteht diese **Gemeinschaft** in modernen Industrieländern? Wir arbeiten zusammen, weil das oft aufgrund bestimmter Strukturen notwendig ist. „Das Bemühen um das Erreichen und den Erhalt des materiellen Wohlstands erfordert [...] sehr viel an Zeit und menschlicher Energie, die meist auf Kosten der Menschlichkeit gehen" (M 1, Z. 21 f.), so Kuhr. Wir verlieren uns in **materiellen Dingen**, der Mensch selbst wird oft vernachlässigt. Dass es auch anders geht, zeigen uns die sogenannten Entwicklungsländer. Mit Blick auf deren zwischenmenschliche Strukturen „könnten sich die hochtechnisierten Gesellschaften an manchen von diesen [...] ein Beispiel nehmen" (M 1, Z. 24 f.), wie Kuhr konstatiert. Sicher besitzen die Menschen in diesen Ländern wesentlich weniger materielle Güter, doch dafür erscheint das dort vorherrschende „menschliche[] Klima vergleichsweise als [weniger] kalt" (M 1, Z. 26 f.).

Goethes Wilhelm Meister erklärt, Menschen seien „weniger gesellig und gefällig" (M 2, Z. 21), wenn sie „großen Wert auf Gärten, Gebäude, Kleider, Schmuck oder irgend ein Besitztum" (M 2, Z. 20 f.) legten, und verlören die Menschen aus den Augen. Die Folgerung scheint also logisch zu sein, dass der Mensch sich statt mit materiellen Dingen mit sich selbst beschäftigen sollte (vgl. M 2, Z. 15 f.) – nicht, um ein egozentrisches Leben zu führen, sondern im Gegenteil, um die **eigene Menschlichkeit** zu bewahren und auf die Mitmenschen zu achten.

In „Wilhelm Meisters Lehrjahre" geht es darum, dass einzig der Mensch selbst zählt, alles andere sei „nur Element" (M 2, Z. 17). Es stimmt: Wichtig ist, dass die Menschen miteinander leben, einander bewundern, voneinander lernen, uns inspirieren. „Ein guter Schauspieler macht uns bald eine elende, unschickliche Dekoration vergessen, dahingegen das schönste Theater den Mangel an guten Schauspielern erst recht fühlbar macht" (M 2, Z. 23 ff.), so Wilhelm Meister. Und tatsächlich geht es nicht darum, woher man kommt, was man hat oder nicht hat. Es geht darum, wer man ist und was man aus sich macht. Materielles Glück ist nicht von Dauer; wirkliches Glück finden wir in Menschen, die unser Leben bereichern, die wir lieben. Leider verlieren wir dies häufig aus den Augen. Unser Leben ist oft bestimmt durch materielle Güter, auf die wir nicht verzichten wollen. Wer erfolgreich sein will, muss Zeit und Energie investieren und darf sich nicht von der Konkurrenz ausbooten lassen. Diese Ellenbogenmentalität fördert jedoch nicht den Gemeinschaftssinn, und die **Menschlichkeit bleibt schnell auf der Strecke** (vgl. M 1, Z. 20 ff.). Auch kann permanenter Erfolgsdruck auf Dauer zu Depressionen bis hin zu Burn-out führen. Der Mensch schadet sich also nicht seinem Verhalten selbst, wenn er nicht den Menschen, sondern materielle Dinge in den Vordergrund rückt.

Sollte der Mensch sich also stärker als **Gemeinschaftswesen**, als „Herdentier" denken? Vielleicht könnten wir als Gemeinschaft einen Weg finden, krank machendes Konkurrenzdenken zu vermeiden. Vielleicht würden wir aber auch scheitern.

Eine positive Konnotation des Gemeinschaftssinnes findet sich auch bei Rudolf Kuhr. Der von ihm zitierte Lexikonartikel spricht von einer „der Menschheit angemessene[n] Geselligkeit" (M 1, Z. 12 f.), die uns vom Tierreich unterscheide. Also macht uns eben jenes „Gemeinschaftsgefühl", sozusagen die Tatsache, dass „der Mensch dem Menschen das Interessanteste" ist, zu etwas Besonderem? Diese Theorie lässt sich nur teilweise bestätigen, da viele Tiere ebenfalls in Gruppen leben. Also macht diese Lebensform allein den Menschen nicht zur „höchsten Schöpfung Gottes".

Unbestritten ist jedoch, dass der Mensch Kontakte benötigt, um als **soziales Wesen** existieren zu können. Kleinkinder interagieren mit ihren Kuscheltieren, denen sie alles anvertrauen und die sie natürlich auch verstehen. Jeder weiß, dass Teddys unterschiedliche Gesichtsausdrücke haben können: Mal sind sie fröhlich, mal schauen sie traurig und weinen sogar. Auch Erwachsene suchen Kontakte. Das kann auf einer einsamen Insel ein Volleyball sein: Wir sitzen vor dem Bildschirm und sehen Tom Hanks in dem Film „Cast away" zu, wie er mit Wilson, einem Ball, kommuniziert, und niemand unter den Zuschauern findet das lächerlich. Im Gegenteil, wenn der beste Freund schließlich im Meer versinkt, trauert das Publikum mit seinem Helden, der nun wieder ganz allein ist. Wo menschliche Kontakte (vorübergehend) nicht möglich sind, andere Menschen eben nicht das Interessanteste sein können, brauchen wir materiellen **Ersatz** – der Teddy dient unbewusst als Projektionsfläche kindlicher Bedürfnisse, der Ball wird gezielt aus Mangel an sozialen Kontakten zum Ansprechpartner.

Keinesfalls sollten wir jedoch zulassen, dass Dinge zum dauerhaften Ersatz für Menschen werden, denn wir brauchen die Gemeinschaft. Ohne sie können wir nicht existieren. Daher ist es auch wichtig zu begreifen, dass wir andere Menschen gerade in schwierigen Situationen nicht allein lassen dürfen – viele Amokläufer fühlten sich offenbar **sozial isoliert**, als sie sich zu ihrer Gewalttat entschlossen.

Andererseits ist es wichtig, den anderen und uns selbst Freiräume zuzugestehen. Der Mensch ist ein **Individuum**, nicht nur durch die enorme Variabilität der Gene, sondern auch durch seinen Charakter. Dieser wird durch die unterschiedlichsten Faktoren **determiniert**. Das soziale Umfeld wirkt auf die Entwicklung jedes Menschen. Seitens der Familie werden im Idealfall Normen und Werte vermittelt, der Staat trägt mit Gesetzen und notfalls mit der dazugehörenden Rechtsprechung zur Erziehung des Menschen bei. In Bildungseinrichtungen soll durch den Umgang mit Lehrern und Mitschülern die Sozialkompetenz junger Menschen geschult werden. Goethes Wilhelm Meister stellt fest, dass das Interessanteste für den Menschen er selbst sei. Er setzt also seine Prioritäten und stellt die Überlegung an, sich allein auf den Menschen zu fokussieren. Durch die Verwendung der Worte „sollte" und „vielleicht" wird deutlich, dass es sich um ein Gedankenspiel, ein Überlegen handelt. Demzufolge gibt das Zitat keine Antwort auf die Frage: Was ist der Mensch? Vielmehr zeigt es eine mögliche Denkrichtung auf.

Beeinflussung menschlichen Handelns durch äußere Faktoren
Neben der eben betrachteten Auslegung des Zitates, dass der Mensch sich um andere im Sinne der Menschlichkeit sorgt und als Gemeinschaftswesen agiert, gibt es noch weitere Möglichkeiten, den Ausspruch zu interpretieren: Menschliches Handeln wird dadurch bestimmt, dass der Einzelne auf die gesellschaftlichen Erwartungen blickt – oder dadurch, dass er nur auf sich selbst achtet, ausschließlich nach den **eigenen Bedürfnissen** handelt.

Dass Letzteres nicht funktionieren kann, versteht sich fast von selbst. Eine solche Vorstellung ist zwar verlockend, führt jedoch unweigerlich zu chaotischen Verhältnissen innerhalb der Gesellschaft. Schon **Theodor Fontane** zeigte in seinem Gesellschaftsroman „Effi Briest", dass wir einem **„uns tyrannisierenden Gesellschafts-Etwas"** unterliegen. So trennt sich Baron Innstetten von seiner Frau, obgleich er ihren Seitensprung verzeihen könnte, nur um weiterhin Karriere machen zu können; und Effis Eltern bieten ihrer Tochter ebenfalls zunächst keine Heimat, weil sie die gesellschaftliche Isolation fürchten.

Auch heute unterliegen wir gewissen Zwängen. Wir können nicht immer tun, was wir wollen. Wir haben Angst davor, was unsere Handlungen auslösen könnten, handeln deshalb häufig so, dass wir nicht auffallen und perfekt in das Bild des Durchschnittsbürgers passen. Wir wollen einen guten Eindruck hinterlassen. Aus diesem Grund interessieren wir uns dafür, was andere von uns erwarten, und leben nicht das aus, was wir für richtig erachten. Damit wären wir bei dem Aspekt des Goethe-Zitates angelangt, dass Menschen ihr Handeln nach den Vorstellungen ihrer Mitmenschen ausrichten. Glücklicherweise gibt es aber Personen, die aus diesen Zwängen ausbrechen.

Albert Schweitzer, Gründer der „Schweitzer Kinderdörfer", lässt den lyrischen Sprecher seines Gedichts „Ein freier Mensch!" (M 3) seine Positionen unmissverständlich darlegen: „Ich will unter keinen Umständen ein Allerweltsmensch sein." (M 3, V. 1) Er möchte „aus dem Rahmen [...] fallen" (M 3, V. 2), schränkt allerdings diesen Wunsch durch die Aussage „wenn ich es kann" (M 3, V. 3) ein. Dem lyrischen Ich geht es nicht um Anarchie, trotzdem ist es bestrebt, das zu tun, was es will, und die Chance zu haben, sein Leben so zu gestalten, wie es ihm gefällt. Es möchte Risiken in allen Lebensbereichen eingehen und „lieber die gespannte Erregung des eigenen Erfolgs, als dumpfe Ruhe Utopiens" (M 3, V. 11 f.) durchleben. Dafür nimmt es in Kauf, „Schiffbruch" (M 3, V. 6) zu erleiden, weil jeder Fehler macht, aus denen er im Idealfall lernt. Tatsächlich hat Schweitzer recht – es ist ein tolles Gefühl, wenn man eine Sache zu ihrem Abschluss gebracht hat, mag der Weg auch noch so steinig gewesen sein. Und niemand kann uns den Erfolg nehmen, wenn wir zu unserem eigenen Handeln stehen, auch davon spricht das lyrische Ich: „Ich habe gelernt, selbst für mich zu denken und zu handeln, der Welt gerade ins Gesicht zu sehen und zu bekennen, dies ist mein Werk." (M 3, V. 15 f.)

„Lieber will ich den Schwierigkeiten des Lebens entgegentreten, als ein gesichertes Dasein führen" (M 3, Z. 9 f.) – dieses Zitat aus Schweitzers Text erinnert auch an Goethes Gedicht „**Prometheus**". Der Held stellt hier seine eigenen Leistungen heraus und erklärt, die Götter seien niemals aktiv geworden, um zu helfen – er ehre sie daher auch nicht. Das klang in der Epoche des Sturm und Drang revolutionär, da sich der kleine Mensch über die Götter stellte. Hier nimmt der Held sein Schicksal selbst in die Hand, er vertraut nicht mehr auf etwaige „höhere Mächte". Die Kritik richtet sich dabei nicht gegen Gläubigkeit, sondern gegen **unbedingten Gehorsam**. Johann Wolfgang von Goethe erkannte zu Zeiten der Klassik in seiner pansophistischen Weltanschauung an, dass es ein höheres Wesen gebe, mit dem Mensch und Natur gemeinsam in Einklang lebten. Rudolf Kuhr widerspricht allerdings ebenso wie Goethe der Theorie, dass Menschlichkeit aus religiösem Glauben entstehe: „Wie uns Geschichte und Gegenwart mit vielen Beispielen religiös motivierter, oft sogar im Namen Gottes verübter Verbrechen gegen die Menschlichkeit zeigen, ist eher das Gegenteil anzunehmen." (M 1, Z. 16 ff.) Fanatische Menschen sind nicht frei. Sie treffen keine eigenen Entscheidungen.

Freiheit bedeutet für Schweitzers lyrischen Sprecher eigenes Denken und Handeln, Erfolg, Fehler, Schwierigkeiten, aber vor allem **Selbstverwirklichung**. Das alles macht uns zu freien Menschen. Sieht man sich diese Aspekte an, stellt sich unweigerlich die Frage: „Bin ich ein freier Mensch?" Wie viele von uns fallen aus dem Rahmen? Wer geht schon gerne Risiken ein? Wenn wir wirklich freie Menschen sein wollen, dann dürfen die Erwartungshaltungen anderer nicht mehr das Interessanteste für uns sein.

Jeder hat das Recht, sich selbst zu verwirklichen, wenn er es kann (vgl. M 3, Z. 3). Ob dies möglich ist, hängt auch von den Mitmenschen ab. Wenn eine **Conchita Wurst** zum Grand Prix d'Eurovision als Frau mit Vollbart auftritt, sind Millionen von Menschen irritiert, lassen sich jedoch schließlich beeindrucken von der künstlerischen Leistung und dem Mut des dahinterstehenden Travestiekünstlers Tom Neuwirth. Dieser verwirklicht sich und seine Träume, auch gegen massive Widerstände in der Gesellschaft. Er hat offensichtlich gelernt, „der Welt gerade ins Gesicht zu sehen" (M 3, V. 16).

Abschließende Gedanken

Ist der Mensch also dem Menschen das Interessanteste – und sollte er ihn ganz allein interessieren? Ja und nein. Als **soziales Wesen** richtet sich der Mensch sicherlich nach den anderen Menschen; solange das zu einem harmonischen, rücksichtsvollen Zusammenleben führt und nicht zur **Selbstaufgabe oder -verleugnung**, ist dies ein positiver Aspekt. Auch auf sich selbst zu blicken, ist in einem gewissen Maße sinnvoll, sofern es zur Selbstreflexion und nicht zu einem rücksichtslosen Egoismus führt. Doch sollten wir uns bemühen, für unsere Bedürfnisse ein gesundes **Mittelmaß** zu finden.

Jedes Individuum hat das Recht auf ein angenehmes, glückliches und selbstbestimmtes Leben. Das eigene Selbstwertgefühl, die persönliche Verwirklichung, eigene Interessen und Träume sollten niemals vergessen werden. Es ist aber wichtig, sich nicht allein für den Menschen zu interessieren, sondern zudem auf die **Umwelt**, **auf Pflanzen**, **Tiere** und auch auf Gegenstände zu achten, ohne den Besitz materieller Dinge über menschliche Werte zu stellen. Dann leben wir in einer gut funktionierenden Gesellschaft, in der jeder von uns seine eigene Individualität entfalten kann.

> Deutsch (Thüringen): Abiturprüfung 2014
> Aufgabe 2: Textgebundene Erörterung

Hans Magnus Enzensberger (geb. 1929)
Vom Terror der Reklame

Werbung war früher nur lästig. Heute dient sie der totalen Überwachung.

Laut war sie immer. Heute noch kann man auf manchen Plätzen die Stimme des Marktschreiers hören. Sie ist lästig, aber harmlos. Als die industrielle Revolution den Massenkonsum zur Blüte brachte, befreite sich die Reklame von der Lungenkraft der Handwerker und der Marktweiber. Sie ging zum Manufakturbetrieb über. Doch seinen anrüchigen
5 Ruf ist das Medium der Reklame nie ganz losgeworden. In den Kreisen, die sich für die besseren hielten, galt es lange als vulgär, sich selbst oder seine Produkte anzupreisen. Dass die Branche sich in Werbung umgetauft hat, weil dieses ehrwürdige Wort mit seinen erotischen Untertönen besser klingt, hat ihr Ansehen nicht verbessert. Heute steht auf den Visitenkarten Unternehmenskommunikation. Auch das hat nichts genützt. Und wenn
10 ein Grafiker sich den Titel Kunst-Direktor zulegt, steigt er vielleicht in eine höhere Gehaltsklasse auf, aber die Welt sieht in ihm nach wie vor einen Fuzzi. […]

Auch als 1989 mehr als eine Mauer fiel und als die Transparente verschwanden, die verkündeten, dass von der Sowjetunion lernen siegen heiße, mussten verdiente Agitprop-Fachleute sich nach neuen Betätigungsfeldern umsehen. Da Wendigkeit zu ihrer Qualifi-
15 kation gehört, fiel es ihnen nicht schwer, sich wie seinerzeit im Nachkriegsboom des Westens, so auch nach dem Waffenstillstand im Kalten Krieg komfortabel einzurichten.

Der Bedarf an solchen Fachleuten war nicht neu. Er hatte schon seit dem Wachstum der Massenmedien stark zugenommen. Dass die Presse vom Verkauf der Zeitungen allein nicht überleben konnte, wussten schon Balzac und Zola. Zunächst erzielten die Druckme-
20 dien mit dem steigenden Reklameaufkommen hohe Gewinne. Die Agenturen blühten auf, je mehr die Auflage der Magazine, Illustrierten und Boulevardblätter zunahm. Als Rundfunk und Fernsehen zu Massenmedien wurden, schlossen sie in Amerika ein inniges Bündnis mit der „Madison Avenue"[1]. Filme und Nachrichtensendungen wurden routinemäßig durch Reklameblöcke unterbrochen und gestreckt. In den fünfziger Jahren trat
25 diese Praxis, die in der Serie „Mad Men" gepriesen wird, in der ganzen Welt ihren Siegeszug an. […]

Seitdem sind neue Weltkonzerne entstanden, deren Börsenwerte die alten Monster der Schwerindustrie und des Finanzkapitals in den Schatten stellen. Jeder gehört zu ihren Kunden, jeder kennt ihre Namen: Google, Facebook, Yahoo & Co. Es ist ihr Grundprin-
30 zip, dass sie selber keinerlei Inhalte generieren. Diese Arbeit überlassen sie entweder anderen Medien oder den so genannten Usern, die ihnen kostenlos Nachrichten oder Details aus ihrem Privatleben zuliefern. Dieses Geschäftsmodell hängt von der Finanzierung durch Reklame ab. Diese Konzerne sterben, wenn sie nicht werben. Das ist ihr Hauptprodukt; alles andere ist Seife. Dazu ist dabei jedes Mittel recht. Neutrale Suchma-
35 schinen gibt es nicht. Updates werden manipuliert, Kaufempfehlungen routinemäßig gefälscht, Kinder durch Gewinnspiele angelockt und zu Kunden umerzogen.

Zwar müssen Handelsgiganten wie Amazon sich nach wie vor mit dem Versand materieller Güter aus der analogen Welt abplagen, und Konzerne wie Microsoft oder Apple leben immer noch vom Verkauf ihrer Soft- und Hardware. Aber wer Milliarden von Kun-
40 den akquirieren und verwalten will, muss ihre persönlichen Daten so vollständig wie möglich ausforschen und sammeln. Dazu dienen mathematische Methoden der Speiche-

rung, Filterung und Rekombination, die den Herrschaftstechnikern der Geheimpolizeien, der Gestapo, des KGB und der Stasi weit überlegen sind.

Damit hat die Reklame eine neue politische Dimension erreicht. Denn die amerikanischen Konzerne, die das Internet beherrschen, sind Verbündete des „tiefen Staates"[2]. Ihr Verhältnis zu den Geheimdiensten beruht auf handfesten gemeinsamen Interessen. Man kooperiert; beide brauchen alle verfügbaren Informationen, um die Bevölkerung zu kontrollieren. Einig ist man sich darin, dass Grundrechte, wie sie in den meisten Verfassungen garantiert werden, nur Überreste aus vergangenen Zeiten sind. Dankenswerterweise hat einer der mächtigsten Akteure, der Facebook-Gründer Mark Zuckerberg, die Überzeugung, dass das Zeitalter der Privatheit vorbei sei, offen ausgesprochen.

Während die europäische Politik sich ahnungslos oder duckmäuserisch gibt, fällt auf, dass die effektivsten Gegner des „tiefen Staates" gerade aus den Vereinigten Staaten kommen. Die als Verräter gebrandmarkten Pfeifenbläser wie Mr. Ellsberg, Mr. Drake, Mr. Brown, Mr. Manning und Mr. Snowden sind es, die der Verfassung ihres Landes die Treue halten.

Wer auf der Seite der Überwachung und der Kontrolle am längeren Hebel sitzt, ist im Einzelnen schwer auszumachen. Sind es die so genannten staatlichen „Dienste", die sich von jeder demokratischen Kontrolle emanzipiert haben? Schon ihrem Gründungsvater J. Edgar Hoover, dem Chef des FBI, war es ja gelungen, Präsidenten mit seinen Dossiers einzuschüchtern. Heute sehen die Regierungschefs den monströsen Diensten, die sich als ihre Herren aufspielen, ohnmächtig zu.

Sind es also Einrichtungen, die sich hinter Akronymen wie NSA[3], GCHQ[4], CSIS[5], NZSIS[6], DGSE[7] und BND[8] verbergen, die das Heft in der Hand haben, oder sind es vielmehr ihre Komplizen, die Internetkonzerne, die den weltweiten Datenverkehr beherrschen? Diese Partnerschaft bildet ein politisches Parallel-Universum, in dem die Demokratie keine Rolle mehr spielt.

Es gibt in diesem Bunde noch einen Dritten: die Organisierte Kriminalität. Auch da ist es nicht immer klar erkennbar, mit wem man es zu tun hat. Zwar weiß jeder „User", dass internationale Syndikate im Netz unterwegs sind, um Daten zu stehlen, Spam, Phishing-Attacken, Viren und Trojaner auszusäen, Drogengelder zu waschen, mit Waffen zu handeln und so an den Opportunitätsgewinnen zu partizipieren, die der Datenstrom zu bieten hat. Doch sind die Grenzen zwischen zivilen und militärischen Geschäften, zwischen Spionage und terroristischen Zellen fließend, weil alle Beteiligten die gleichen Methoden anwenden und ihre Informatiker, Hacker und Kryptografen aus ein und demselben Talentpool rekrutieren.

Das gilt für einen weiteren Teilnehmer am Spiel mit dem Netz. Er ist der bei weitem kleinste. Seine Rolle ist die des Störenfrieds. Weil die Netzguerilla anonym operiert und auf hierarchische Organisationsformen verzichtet, ist sie schwer zu fassen. Diese avancierte Form des zivilen Widerstandes hält für die Geheimdienste vermutlich noch manche unangenehme Überraschung bereit.

Das Schöne in dem postdemokratischen Regime, in dem wir leben, ist seine Lautlosigkeit. Die Rolle des Blockwarts[9] und des Denunzianten haben Millionen von Überwachungskameras und Mobiltelefonen übernommen. In Ländern wie Großbritannien oder Deutschland brauchen nur ganz wenige zu befürchten, dass sie ohne Gerichtsurteil entführt, deportiert, in ein Konzentrationslager gesperrt oder durch eine Drohne ermordet werden.

Für die allermeisten ist das ziemlich angenehm. **Soll man also die Entdeckung, dass die totale Überwachung und Kontrolle der Bevölkerung auch mit relativ gewaltlosen, relativ unblutigen Mitteln möglich ist, einen historischen Fortschritt nennen?** Garantiert wird dieser Zustand durch die Herrschaft der Dienste und ihr Bündnis mit der Reklame. Doch wer sich mit diesem Regime abfindet, der tut es auf eigene Gefahr.

Enzensberger, Hans Magnus: Vom Terror der Reklame. In: DER SPIEGEL. Heft 32/2013 vom 05.08.2013, S. 102f.

1 gilt als teure Einkaufsstraße mit zahlreichen Werbeagenturen in New York City
2 Staat im Staate
3 National Security Agency
4 Government Communication Headquarters
5 Center for Strategic and International Studies
6 New Zealand Security Intelligence Service
7 Direction Générale de la Sécurité Extérieure
8 Bundesnachrichtendienst
9 Zuständigkeitspersonal im Bereich eines Häuserblocks zur NS-Zeit in Deutschland

Arbeitsanweisung

Analysieren Sie den Text nach Inhalt, Struktur und Sprache.
Legen Sie Ihre Position zur Frage im letzten Absatz dieses Textes dar.

Hinweise und Tipps

Voraussetzungen
Die Aufgabe verlangt die typische Herangehensweise an eine textgebundene Erörterung. Es handelt sich somit um zwei Teilaufgaben des Anforderungsbereiches III, welcher reflektierte, gedanklich eigenständige Leistungen fordert: die Analyse einer Textvorlage und die anschließende Erörterung einer im Text aufgeworfenen Frage.

Erläuterung der Aufgabenstellung
In einem ersten Schritt nehmen Sie eine **strukturierte Analyse** des Beitrages von Hans Magnus Enzensberger in der Zeitschrift „Der Spiegel" vor. Das aktuelle Thema des Textes darf Sie nicht dazu verleiten, schon an dieser Stelle eigene Denkansätze wiederzugeben. Hier ist zuerst eine Auseinandersetzung mit den Ansichten des Autors gefordert. Außerdem sollten Sie der Struktur und Sprache des Textes besondere Aufmerksamkeit schenken. Achten Sie darauf, gestalterische Besonderheiten nicht nur zu benennen, sondern ihre Funktion und Wirkung hinsichtlich der Gesamtaussage des Textes zu betrachten. Hier empfiehlt es sich, verstärkt mit Textbelegen zu arbeiten.
Im zweiten Schritt setzen Sie sich **erörternd** mit einer **rhetorischen Frage** auseinander, die Enzensberger im letzten Teil seines Beitrages stellt. Hier ist es wichtig, dass Sie das Thema differenziert aus verschiedenen Perspektiven beleuchten. Sie dürfen eigene Erfahrungen oder aktuelle gesellschaftliche und politische Entwicklungen einbringen. Es ist ratsam, weitergehende **Überlegungen zu den** von Enzensberger genannten **historischen Aspekten** anzustellen und Ihre Argumentation mit **aktuellen Beispielen** zu verstärken.
Die Problematik bietet zudem einen Bezug zum diesjährigen **Rahmenthema** „Der Mensch ist dem Menschen das Interessanteste". Daher besteht für Sie die Möglichkeit, im zweiten Teil Ihrer Darlegungen darauf Bezug zu nehmen – Sie müssen das Goethe-Zitat aber nicht mit einbeziehen.
Zum Schluss ziehen Sie ein **Fazit**, das auch einen zukunftsorientierten Appell enthalten kann.

Lösungsvorschlag

Einleitung

Werbung begegnet uns überall, im Fernsehen, in Zeitschriften, in der Stadt. Geworben wird dabei für alles, von Autos über Kleidung bis hin zu Lebensmitteln und anderen Waren. Wir sehen sie, manchmal übersehen wir sie – aber sie ist Teil unseres Lebens. Werbung manipuliert, steuert und bisweilen betrügt sie den Konsumenten auch. Viele Versprechungen sollen Produkte attraktiver machen, gaukeln uns Dinge vor, die nicht unbedingt der Realität entsprechen. Aber das ist bei Weitem nicht das Gefährlichste daran.

Hans Magnus Enzensberger beschäftigt sich mit dem Thema „Werbung" in einem 2013 erschienenen Artikel in der Zeitschrift „Der Spiegel", welcher den Titel „Vom Terror der Reklame" trägt. Er untertitelt seinen Beitrag mit zwei Sätzen, die kurz und präzise Werbung von früher mit Werbung von heute vergleichen: „Werbung war früher nur lästig. Heute dient sie der totalen Überwachung."

Textanalyse

Beginnend mit einer Inversion verweist der Autor auf eine Eigenschaft der Reklame, die früher typisch war: „**Laut** war sie immer." (Z. 1) Ging man in der Vergangenheit beispielsweise auf einen Markt, priesen Händler lautstark ihre Waren an, und wer vorbeiging, blickte unwillkürlich auf das Angebot. Noch immer halten mancherorts Marktschreier ihre Waren feil, beispielsweise auf sogenannten Mittelalterfesten oder auf dem Hamburger Fischmarkt. Das stört sicher den einen oder anderen, obgleich es kein ernsthaftes Problem darstellt, wie Enzensberger anhand zweier kontrastierender Adjektive deutlich macht: „[Reklame] ist lästig, aber harmlos." (Z. 2)

Heute bezeichnet die Branche ihre Tätigkeit als „Werbung" und die Leute, die sich mit ihr beschäftigen, gehören zum Bereich der „Unternehmenskommunikation" – Begriffe, die **positive Assoziationen** wecken sollen. Doch obgleich zahlreiche Menschen viel Geld mit Werbung verdienen, ist ihr Ansehen in der Gesellschaft oft gering, was der Autor mit der umgangssprachlichen Bezeichnung „Fuzzi" (Z. 11) veranschaulicht.

Der folgende Abschnitt beginnt mit dem Blick auf ein geschichtliches Ereignis, die Wende im Jahre 1989. Enzensberger erklärt, dass damals „mehr als eine Mauer fiel" (Z. 12), und er erwähnt in diesem Zusammenhang Transparente, die in der ehemaligen DDR die Bevölkerung von der Macht der Sowjetunion überzeugen sollten. Funktionäre, die diese Sprüche, also diese Werbung kreierten, waren zuständig für Agitation und Propaganda, daher nennt Enzensberger sie kurz „Agitprop-Fachleute" (Z. 13 f.). Diese waren es, die aufgrund ihrer – hier in einem Wortspiel eindeutig negativ besetzten – „Wendigkeit" (Z. 14) nach neuen Betätigungsfeldern suchten und sie auch fanden.

Über die Feststellung, dass Werbespezialisten schon früher benötigt wurden, leitet Enzensberger über zur **Geschichte der Reklame**. Er führt aus, dass seit dem Aufkommen von Massenmedien im **19. Jahrhundert** nach Möglichkeiten gesucht wurde, den Verkauf von Zeitungen profitabel zu gestalten. Ein Zuwachs an Reklame in Zeitungen und Zeitschriften habe schließlich zu den gewünschten Gewinnen geführt. Enzensberger belegt diese Aussage, indem er zwei französische Autoren – Balzac und Zola – nennt, denen das schon im 19. Jahrhundert bewusst gewesen sei (vgl. Z. 19).

Auch Rundfunk und Fernsehen, die Massenmedien des **20. Jahrhunderts**, machten sich bald die Werbung zunutze: „Filme und Nachrichtensendungen wurden routinemäßig durch Reklameblöcke unterbrochen und gestreckt." (Z. 23 f.) Von Amerika ausgehend sei diese Methode bald überall in der Welt angewandt worden.

Inzwischen sind laut Enzensberger **neue Weltkonzerne** entstanden, die bezüglich der Börsenwerte „die alten Monster der Schwerindustrie und des Finanzkapitals in den Schatten stellen" (Z. 27 f.). Die Metapher der „alten Monster" zeigt, dass es für Enzensberger nun „neue Monster" gibt. Der Autor erzeugt Spannung, indem er eine Anapher einsetzt und im parallel aufgebauten Satz „Jeder gehört zu ihren Kunden, jeder kennt ihre Namen: Google, Facebook, Yahoo & Co." (Z. 28 f.) den Leser unmittelbar in seine Ausführungen einbezieht. Die Personifikation „Diese Konzerne sterben, wenn sie nicht werben" (Z. 33) zeigt, wie gewaltig dieser Geschäftszweig ist. Durch einen Reim wird die Gegenüberstellung der Wörter „sterben" und „werben" noch verstärkt. **Der eigentliche Sinn dieser Konzerne sei es zu werben**, denn die Inhalte von Google, Facebook und Co. generierten letztlich die Nutzer selbst (vgl. Z. 29 ff.). Drei in einer asyndetischen Reihung aufgezählte Maßnahmen der Unternehmen sollen die von Enzensberger aufgestellte Behauptung belegen: Durch manipulierte Updates, gefälschte Kaufempfehlungen und Gewinnspiele für Kinder würden die großen Konzerne versuchen, Kunden anzuwerben (vgl. Z. 35 f.).

Um Werbung gezielt einsetzen zu können, ist es nötig, möglichst viele **Informationen über die Nutzer zu sammeln**. Daher stellt Enzensberger fest, dass Unternehmen wie Amazon, Microsoft oder Apple sich zwar noch mit dem Verkauf oder Versand „materieller Güter […] abplagen" (Z. 37 f.) müssten, das möglichst umfassende Sammeln persönlicher Daten aber im Vordergrund stünde. Diese würden durch mathematische Methoden erfasst, wodurch die Konzerne die ehemaligen Giganten der Datenspeicherung wie Gestapo, KGB und Stasi weit in den Schatten stellten, so der Autor (vgl. Z. 41 ff.).

Im nun folgenden Abschnitt bezeichnet Enzensberger die Reklame als **politisches Instrumentarium**, das diese amerikanischen Konzerne und die Geheimdienste verbinden würde. Um diese Verflechtung zu verdeutlichen, spricht er sogar von einem „tiefen Staat[ ]" (Z. 45), also einem Staat im Staate, der die Internetgiganten zu Verbündeten habe. Er begründet diese Aussage mit der Feststellung, dass sowohl die Konzerne als auch die Geheimdienste nur mit so vielen Informationen wie möglich eine Kontrolle über die Bevölkerung hätten. Einst garantierte Grundrechte würden dabei als Relikte vergangener Zeiten betrachtet werden. Als Beispiel nennt er Facebook-Gründer Mark Zuckerberg, der seine Meinung, „dass das Zeitalter der Privatheit vorbei sei" (Z. 51), offen ausgesprochen habe.

Ein kritischer Seitenhieb Enzensbergers auf die **europäische Politik** zeigt, dass er dieser vorgegaukelte **Ahnungslosigkeit und duckmäuserisches Verhalten** unterstellt (vgl. Z. 52). Ausgerechnet einige Amerikaner seien es, die zur Verfassung ihres Landes stünden: Dem Begriff „Verräter" (Z. 54), mit dem man diese „**Pfeifenbläser**" (Z. 54) bezeichnet habe, stellt Enzensberger das Wort „Treue" (Z. 56) entgegen, welche die Whistleblower gegenüber der Verfassung gezeigt hätten. Dies belegt er durch die Erwähnung verschiedener Namen, wobei insbesondere Edward Snowden für viel Aufregung im Jahr 2013 sorgte. Resignierend stellt Enzensberger aber fest, dass die eigentlichen Urheber der Überwachung nicht oder zumindest nur schwer auffindbar seien. Ein expressives Adjektiv verleiht den „monströsen Diensten" (Z. 61), die sich als Herren der Regierungschefs zeigten, etwas Unantastbares. Und Enzensberger erweitert seine Überlegungen dahingehend, dass er Einrichtungen wie beispielsweise NSA oder BND als Hauptverantwortliche benennt beziehungsweise die Internetkonzerne als ihre Komplizen. Dabei kommt er unweigerlich zu dem Schluss, dass in jedem Fall **demokratische Strukturen unterlaufen** würden.

Im folgenden Abschnitt erwähnt der Autor noch einen dritten Verbündeten: die **Organisierte Kriminalität** (vgl. Z. 68 ff.). Jeder Internetnutzer wisse um deren Machenschaften; Phishing-Attacken, Spam, Viren und Trojaner seien die üblichen Mittel der Kriminellen. Doch die Grenzen zwischen zivilen und militärischen Geschäften seien fließend, konstatiert Enzensberger, denn alle Beteiligten arbeiteten mit den gleichen Methoden und bezögen ihre Fachleute aus denselben Kreisen (vgl. Z. 73 ff.).

Im nächsten Absatz erwähnt der Autor den bei Weitem kleinsten Teilnehmer im Internet – die „**Netzguerilla**" (Z. 78), eine „Form des zivilen Widerstandes" (Z. 80). Diese halte, so die Hoffnung Enzensbergers, sicher noch „manche unangenehme Überraschung bereit" (Z. 80 f.). Ironisch konstatiert der Autor im Anschluss, das „Schöne" (Z. 82) an dem „postdemokratischen" (Z. 82) System, in dem wir lebten, sei die Tatsache, dass dieses uns still und heimlich überwache – ein Gegensatz zum eingangs besonders herausgestellten Wort „[l]aut" (Z. 1), mit dem die Werbung charakterisiert wurde. In diesem Zusammenhang greift er auf die **deutsche Vergangenheit** zurück und stellt einen Vergleich zum „**Blockwart[ ]**" (Z. 83) an, welcher im Dritten Reich ein Instrument der Überwachung war. Ein Blockwart beobachtete die Menschen, spionierte sie aus und denunzierte sie. Diese Aufgaben haben heute laut Enzensberger „Millionen von Überwachungskameras und Mobiltelefonen" (Z. 83 f.) übernommen. Auch sie würden uns und unsere Aktivitäten beobachten, uns also ausspionieren. Und sie würden uns auch denunzieren, indem sie die gesammelten Informationen über uns preisgeben würden. Enzensberger vergleicht aber nicht nur mit der Vergangenheit, er wirft auch einen Blick auf die Gegenwart, wenn er davon spricht, dass wir kaum zu befürchten hätten, durch eine **Drohne** ermordet zu werden (vgl. Z. 86). Drohnen dienen vor allem der Überwachung und werden unter anderem für wissenschaftliche, aber auch für militärische Einsätze verwendet. Gerade Letzteres ist immer wieder Gegenstand öffentlicher Diskussionen geworden, speziell bezüglich ihres Einsatzes zur Tötung von Terrorverdächtigen. Eine Ermordung durch Drohnen oder die Internierung in einem Konzentrationslager aufgrund der gesammelten Informationen müssten wir, so der Autor, jedoch kaum befürchten (vgl. Z. 85 ff.).

Nachdem er dieses **Bild der Überwachung mit Todesfolge** aufgeworfen hat, stellt Enzensberger die Frage, ob wir nicht froh sein könnten, dass Überwachung und Kontrolle heute mit „relativ gewaltlosen, relativ unblutigen Mitteln möglich" (Z. 89 f.) seien – ein Ergebnis der Herrschaft der von ihm im Vorfeld benannten Dienste und ihres Bündnisses mit der Reklame. Durch die Wiederholung des Wortes „relativ" schränkt der Autor die vermeintliche Harmlosigkeit bewusst ein; anstelle des Ausdrucks „friedlich" verwendet er die Begriffe „gewaltlos" und „unblutig", womit er suggeriert, dass es durchaus in gewissem Maße zu Gewalt und Blutvergießen kommt. Mit dieser Argumentationslinie bestätigt er die These seiner Überschrift: „Vom Terror der Reklame".

Argumentationsaufbau und sprachliche Gestaltung
Enzensberger versucht also, dem Leser die Gefahren der Reklame zu verdeutlichen, indem er die gesellschaftliche Wirklichkeit beschreibt und geschichtliche Vergleiche anführt. So beginnt er seinen Text mit einem **scheinbar neutralen Vergleich** der Werbung von früher und heute. Dem fügt er einen kurzen **geschichtlichen Abriss** über die Entwicklung bei, der aber schon ansatzweise die Einstellung des Autors zu dieser Problematik zeigt, ehe er zur **Kritik der aktuellen Situation** übergeht. Anhand des vorwiegend hypotaktischen Satzbaus wird beim Leser der Eindruck erweckt, dass es sich nur um die Aneinanderreihung von Informationen handelt. Dieser **angeblichen Nüchternheit** stehen aber zahlreiche **sprachliche Auffälligkeiten** gegenüber, wie beispielsweise aussagekräftige Attribute (zum Beispiel „[d]ie als Verräter gebrandmarkten Pfeifenbläser", Z. 54), expressive Verben (zum Beispiel „abplagen", Z. 38) und saloppe Formulierungen (zum Beispiel „Fuzzi", Z. 11). Vor allem greift Enzensberger auf ein Vokabular aus dem Bereich des Krieges (etwa „überleben", Z. 19; „Bündnis", Z. 23; „Verbündete", Z. 45; „Verräter", Z. 54; „zivile[r] Widerstand[ ]", Z. 80) und der Kriminalität („manipulieren", „fälschen", vgl. Z. 35 f.; „Komplizen", Z. 65; Bündnispartner Organisierte Kriminalität, vgl. Z. 68 ff.) zurück, um zu unterstreichen, wie drastisch die Entwicklungen aus seiner Sicht sind.

Indem er so die Verbindung zwischen Internetkonzernen und der Werbung offenlegt, gelingt es ihm, ein wahres **Schreckensszenario der Datenspeicherung** bis hin zur totalen Überwachung des Menschen zu entwerfen.

Ist die moderne Form der „totalen Überwachung" ein „historischer Fortschritt"?
Was aber sollte man Enzensberger auf seine rhetorische Frage im letzten Absatz des Textes entgegnen? Handelt es sich bei der Entdeckung, dass die „totale Überwachung und Kontrolle der Bevölkerung [...] mit relativ gewaltlosen, relativ unblutigen Mitteln möglich" (Z. 89 f.) sei, um einen historischen Fortschritt?

Blickt man auf den vom Autor angeführten Verweis auf die **Zeit des Nationalsozialismus**, so muss man eindeutig feststellen, dass die Form heutiger Kontrolle nicht mit dieser Zeit vergleichbar ist. Denn wir als Bürger sind diesen Machenschaften nicht schutzlos ausgeliefert. Sicher birgt der Umgang mit dem Internet Gefahren, aber dies sollte man nicht überbewerten. Die meisten Nutzer von Internetdiensten wissen um diese Risiken und sind in der Lage, ihnen zu begegnen. So kann man beispielsweise bei Facebook genau einstellen, wem man welche Informationen mitteilen möchte. **Jeder kann selbst bestimmen, was er in sozialen Netzwerken über sein Leben öffentlich macht** und was nicht. Auch kann man in den meisten Staaten davon ausgehen, dass die von Internetkonzernen gespeicherten Daten **nicht das Wohl des Menschen ernsthaft bedrohen** – in der Regel beeinflussen sie vielmehr die Auswahl an Werbeanzeigen, die bei Facebook erscheinen, oder die Kaufempfehlungen bei Amazon. Sofern man sich dessen bewusst ist, stößt der Einfluss von Werbung hier an seine Grenzen.

Trotz Enzensbergers – sicher zu recht geäußerten – Befürchtungen sollte man das Internet also nicht nur negativ beurteilen. Schließlich bietet es **vielfältige Erleichterungen**, in vielerlei Hinsicht. Ein umsichtiger Umgang mit Google ermöglicht es beispielsweise, in kürzester Zeit einen Überblick zu Referatsthemen zu erhalten. Mithilfe von sozialen Netzwerken können Freunde in Kontakt bleiben und zum Beispiel Fotos oder Links austauschen, obwohl sie in weit entfernten Städten leben (etwa bei Freundschaften, die durch einen Schüleraustausch entstanden sind). Durch die Nutzung von Internetdiensten können wir uns in Schule, Beruf und Freizeit vieles vereinfachen, wenn nicht gar erst ermöglichen.

Andererseits handelt es sich bei der Speicherung von Daten im Internet um einen ernsthaften **Eingriff in die Persönlichkeitsrechte des Einzelnen**, und kaum jemand weiß ganz genau, welche Daten von welchem Konzern gespeichert werden. Wenn die Menschen hier nicht protestieren, wird sich die Missachtung von Grundrechten bald vielleicht nicht mehr nur auf die Anzeige von Kaufempfehlungen auswirken. Zudem erklärte erst kürzlich der ehemalige Chef der NSA, dass Metadaten, die im Internet gesammelt wurden, als **Grundlage für bewaffnete Drohneneinsätze** dienten – geht also doch eine Gefahr für das persönliche Leben von der Datenspeicherung aus? Sicherlich handelt es sich hier keineswegs um einen „Terror der Reklame", doch können – wie Enzensberger herausstellt – die Grenzen zwischen „zivilen und militärischen Geschäften" (Z. 73) fließend sein.

Kann man also von einem historischen Fortschritt sprechen? Nicht unbedingt, denn Aufgabe der Privatsphäre, Verlust staatlicher Kontrollen und Unterlaufen demokratischer Strukturen können kein Fortschritt sein.

Abschließende Gedanken
Dennoch leben wir in einer Zeit, in der die meisten Menschen im Internet nach Informationen googlen, bei Amazon einkaufen, bei Facebook registriert sind und auf diese Weise viele Informationen von sich preisgeben. An dieser Stelle zeigt sich die Intention Enzensbergers: Wir müssen im Umgang mit dem Internet vorsichtig sein. **Wir müssen unsere Daten so weit wie möglich schützen.** Dafür ist es hilfreich, wenn Kinder und Jugendliche durch Eltern oder Lehrer auf die Gefahren der digitalen Medien vorbereitet werden und den verantwortungsbewussten Umgang damit lernen. Wenn auch das Internet viele Vorteile aufweist, muss sich jeder der Risiken bewusst sein, die eine Weitergabe von persönlichen Daten mit sich bringt.

Und so schließt der Artikel Enzensbergers mit der Warnung: „[W]er sich mit diesem Regime abfindet, der tut es auf eigene Gefahr." (Z. 92)

> **Deutsch (Thüringen): Abiturprüfung 2014**
> **Aufgabe 3: Interpretation eines epischen Textes**

Eibe Meiners (geb. 1978)
Die Musiker

Es war einmal ein Mädchen, dessen größter Schatz ein Kontrabaß war. Jeden Tag stand es stundenlang auf einem Hocker in einer traurigen Dachkammer und schrubbte mit dem Bogen über die Saiten des Instruments. Was das Mädchen nicht wußte: Es war vollkommen unmusikalisch. Daher fiel es auch niemandem ein, das Mädchen als Musikerin einzustellen, und so blieb es arm.

Nur gelegentlich bekam es von den anderen Mietern ein paar Geldstücke zugesteckt – damit es beim Üben eine Pause machte. Das reichte natürlich kaum zum Essen, einen Arzt konnte sich das Mädchen auch nicht leisten, und trotz Hungers und schweren Fiebers stand es auf seinem Hocker und übte, übte, übte.

Da wurde es nun Zeit für den lieben Gott, den Tod zu dem Mädchen zu schicken. Der hörte von weitem das Kontrabaßspiel. Ehe er in die Dachkammer trat, verhüllte er sein Schädelgesicht mit der Kapuze, um das Mädchen nicht zu erschrecken. Das Mädchen hatte nur selten Besuch. Es freute sich über den Ankömmling, wollte besonders ausdrucksvoll spielen und schrubbte noch emsiger über die Saiten.

Der Tod setzte sich in eine Ecke und hörte dem Mädchen zu. Dann öffnete er seine Kutte und begleitete die Musik des Mädchens, indem er mit seinen Knochenfingern auf seinen Rippen kratzte. Das Knirschende, Sägende der Rippenharfe kam zu dem Schrammelnden, Krächzenden des Kontrabasses, und da der Tod und das Mädchen gleichermaßen unmusikalisch waren, war es für sie das schönste Konzert, das sie je erlebt hatten.

Plötzlich wurden sie jedoch unterbrochen. Es hämmerte an der Tür, und eine grobe Stimme brüllte:

„Aufhören! Aufhören! Ich will schlafen!"

„Das ist mein Vermieter", flüsterte das Mädchen, „er darf nicht wissen, daß ich Herrenbesuch habe."

Der Tod trat an die Tür, öffnete sie und schob seine Kapuze zurück. Dem Vermieter sprang die Bleiche ins Gesicht, als er den Gast des Mädchens sah. Er taumelte zurück, stürzte die Treppe hinunter und brach sich das Genick.

„Das hat der Zufall gut getroffen", dachte der Tod bei sich und beschloß, dem lieben Gott die Seele des Vermieters statt des Mädchens zu bringen. Er verhüllte wieder sein Gesicht und trat zu dem Mädchen. Er legte ihm die knöcherne Hand auf den Rücken und zog ihm das Fieber aus dem Körper. Dann gab er ihm einen Goldklumpen, verabschiedete sich und steckte auf dem Rückweg die Seele des Vermieters ein.

Bald kamen dem Tod jedoch Bedenken, der liebe Gott könne den Betrug bemerken: Die Seele des Mädchens war blütenweiß und warm gewesen und hatte nach Aprikose geduftet. Die Seele des Vermieters dagegen war aschgrau, kühl und roch nach Zwiebeln. Da nahm der Tod Pinsel, Farbe und strich die Seele weiß an. Er tunkte sie in Aprikosensaft, wärmte sie mit Kerzenlicht und brachte sie in den Himmel.

Der liebe Gott war weit davon entfernt, sich von solchen Tricks täuschen zu lassen – aber weil der Tod etwas aus Liebe getan hatte, tat er so, als würde er den Trug nicht merken.

Meiners, Eibe: Die Musiker. In: Sinn und Form. 1. Heft/2013, Berlin, Akademie der Künste, S. 121 f.

Material 1:

„Der Tod und das Mädchen",
Brunnenskulptur des Schweizer
Bildhauers Rolf Brem (geb. 1926),
Standort: Stans, Schweiz

Abbildung: © Arthur Baumgartner

Material 2:

Matthias Claudius (1740–1815)
Der Tod und das Mädchen

Mädchen: Vorüber, ach! vorüber
  Geh, wilder Knochen-Mann!
  Ich bin noch jung; geh lieber!
  Und rühre mich nicht an.
5 Tod: Gib Deine Hand, Du zart und schön Gebild!
  Bin Freund und komme nicht zu strafen.
  Sei gutes Muts, ich bin nicht wild;
  Sollst sanft in meinen Armen schlafen.   (1775)

Claudius, Matthias: Der Tod und das Mädchen.
In: Perfahl, Jost (Hrsg.): Sämtliche Werke.
Emil Vollmer Verlag, Wiesbaden 1968, S. 86 f.

Arbeitsanweisung

Interpretieren Sie den epischen Text.
Vergleichen Sie die Intention dieses Textes mit den Aussageabsichten der Materialien 1 und 2.

Hinweise und Tipps

Voraussetzungen
Die Arbeitsanweisung verlangt von Ihnen eine Interpretation des Prosatextes sowie einen Vergleich mit den Aussageabsichten von zwei gegebenen Materialien, einem Gedicht und dem Foto einer Brunnenskulptur.
Wie bei **Interpretationen** üblich, beginnen Sie mit der Inhaltsangabe, erarbeiten sich die Charakterisierung der vier Figuren und fahren fort mit erzähltechnischen Merkmalen, wie der Raum- und Zeitgestaltung, der Erzählperspektive sowie sprachkünstlerischen Besonderheiten.
Im Anschluss stellen Sie die Aussageabsicht des Textes von Eibe Meiners **Material 1 und 2** gegenüber. Es ist nicht notwendig, diese beiden Materialien im Detail zu analysieren. Konzentrieren Sie sich lediglich auf die Intention der Werke.

Erläuterung der Aufgabenstellung
Die Handlungsträger haben eindeutig gute beziehungsweise schlechte **Charaktere:** Das Mädchen ist arm und krank. Zudem hat es einige Eigenschaften, die auch der personifizierte Tod aufweist: Beide sind einsam und unmusikalisch. Der Tod ist entgegen sonstiger Lesegewohnheiten einfühlsam sowie kreativ – und er tut etwas aus Liebe. Gott erscheint als der typische „liebe Gott". Der Vermieter schließlich ist als Kontrastfigur ungehobelt und kaltherzig.
Etwas länger werden Sie über die **Textsorte** nachdenken. Einerseits erkennen Sie sicher schnell, dass Merkmale des Märchens vorhanden sind, andererseits passen modern anmutende Elemente nicht dazu, sodass Sie sich auf die Bezeichnung „Märchen mit parabelhaften Zügen" festlegen können.
Die Analyse des Textes führt zu der Erkenntnis, dass in dem Text der Tod nicht der unbarmherzige Vollstrecker ist, als den die Menschen ihn sich landläufig vorstellen. Hier wird dieses Bild also ins Gegenteil verkehrt.
Wie in der Aufgabenstellung angewiesen, kommen Sie nach der Textinterpretation zu einem Vergleich mit den **beiden Materialien.** Sowohl im Gedicht als auch in der Skulptur tritt der Tod wohl als Vollstrecker auf. Allerdings trifft in Material 1 ein wollüstiger Tod auf ein offenbar selbstverliebtes Mädchen und in Material 2 ein gnädiger Tod auf ein um Verschonung bittendes. Durch die unterschiedlichen Aussageabsichten zwischen Ausgangstext und Materialien wird eine Kontrastierung der Funktion des Todes erreicht.
In einer weitergehenden **Deutung** können Sie die Handlung aus der märchenhaften Welt in die Realität holen und heutige Betrachtungen über den Tod anstellen. Scheuen Sie sich dabei nicht, die Figur des Mädchens, das verbohrt an seinem schlechten Kontrabassspiel festhält, kritisch zu betrachten.
Nun fehlen noch Ideen für **Anfang und Schluss.** Möglich wäre hier der Hinweis auf ein aktuelles Buch oder einen Film, der das Thema „Tod" behandelt. Wie wäre es zum Beispiel, dafür den Roman „Die Bücherdiebin" von Markus Zusak zu nehmen, der kürzlich verfilmt wurde? Dort tritt der Tod ebenfalls personifiziert, sogar als Ich-Erzähler auf. Er wirkt wie im Text von Eibe Meiners sympathisch und nachsichtig. Durch einen solchen Verweis geben Sie Ihrem Aufsatz einen Rahmen und ordnen Ihre Ausführungen in einen größeren Zusammenhang ein.

Lösungsvorschlag

Einleitung
Die meisten Menschen hätten einen tief sitzenden Widerwillen gegen ihn. Sie glaubten nicht, dass er auch fröhlich und angenehm sein könne. – So spricht der Tod in Markus Zusaks Roman „Die Bücherdiebin" zu den Menschen. In diesem Werk fungiert er als allwissender Erzähler. Entgegen sonstiger Lesegewohnheiten ist er ein **menschlicher, staunender Tod**, welcher den Schrecken des Krieges, durch den er unverhältnismäßig viel zu tun bekommt, mit Trotz begegnet und sich selbst beweisen will, dass die Menschen ungeachtet ihrer Gräueltaten eine Existenz verdienen. In seiner Rührseligkeit erscheint er dem Leser fast sympathisch. Eine ähnliche Erfahrung macht der Rezipient in Eibe Meiners 2013 veröffentlichter Geschichte „Die Musiker", in welcher der Tod ebenfalls menschliche Züge annimmt.

Analyse des Textes „Die Musiker"
Der Tod bekommt von Gott den Auftrag, die Seele eines kranken Mädchens zu holen. Inkognito besucht er dieses in seiner Dachkammer, wo es laut und falsch Kontrabass spielt. Es glaubt unverdrossen an seine Talente auf dem Instrument, was den Tod rührt. Sie musizieren gemeinsam, bis sie der Vermieter unterbricht, welcher sich durch den Lärm gestört fühlt. Im Gegensatz zum Mädchen erkennt der Mann den Tod sofort und stürzt vor Schreck die Treppe hinunter. Diesen Zufall nutzt der Tod, um dessen Seele gegen die des Mädchens einzutauschen und es so zu verschonen. Obwohl sich der Tod bemüht, die schmutzige Seele zu präparieren, bemerkt Gott den Betrug. Er duldet diesen aber, da der Tod aus Liebe gehandelt hat.

Der Leser wird durch **märchenhafte Elemente** in eine Illusion hineingezogen, die maßgeblich von den handelnden Figuren getragen wird. Das **Mädchen** lebt einsam, arm und krank in einer personifizierten „traurigen Dachkammer" (Z. 2). Obwohl es „vollkommen unmusikalisch" (Z. 3 f.) ist, spielt es jeden Tag auf seinem Kontrabass, zur Verzweiflung der anderen Mieter, die ihm Münzen geben – nicht für die Darbietung der Musik, sondern damit es „beim Üben eine Pause macht[ ]" (Z. 7). Während die Protagonistin eigentlich wegen ihres mangelnden Talentes beschämt das Instrument beiseitelegen müsste, tritt das Gegenteil ein. Sie steht auf ihrem Hocker und „übt[ ], übt[ ], übt[ ]" (Z. 9). Das Mädchen bekommt selten Besuch, weshalb es sich über den Gast freut und seinem Aussehen gegenüber unkritisch ist. Denn den mit einer Kapuze leidlich verhüllten Kopf hätte es wohl als Totenschädel erkennen können.

Der **Tod** teilt einige der Eigenschaften des Mädchens. Auch er ist einsam und unmusikalisch. Er begibt sich inkognito in die Dachkammer, die das Mädchen bewohnt, um auftragsgemäß dessen Seele zu holen. Wäre er der unbarmherzige Vollstrecker, für den er in der Regel gehalten wird, wäre er mit seinem Auftrag schnell fertig. Stattdessen entdeckt er jedoch seinerseits Freude am Spiel und begleitet das Mädchen, „indem er mit seinen Knochenfingern auf seine Rippen kratzt[ ]" (Z. 16 f.). Das künstlerische Ergebnis ist sicherlich ein schrecklicher Lärm, für das Duo jedoch ist es „das schönste Konzert" (Z. 19), das es je erlebt hat. Diese Selbstvergessenheit und Einmütigkeit im **gemeinsamen Musizieren** ist der **Höhepunkt der Geschichte**. Der Leser vergisst, dass hier der Tod zu Besuch ist. Auch die weitere Handlung unterstreicht die menschlichen Züge des Protagonisten. Als der Vermieter die Treppe hinunterstürzt und stirbt, nimmt der Tod dessen Seele und will sie statt der des Mädchens Gott präsentieren. Bevor er die Dachkammer verlässt, zieht er das Fieber aus dem Körper des Mädchens und schenkt ihm einen Goldklumpen – dies erinnert den Leser an das Märchen „Hans im Glück", in dem der Meister der Hauptfigur einen solchen als Lohn nach beendeter Lehre auf den Nachhauseweg mitgibt. Anschließend versucht der Tod, die Seele des Vermieters so zu bearbeiten, dass sie der des Mädchens gleicht. Dafür muss er eine Seele, die „aschgrau, kühl" (Z. 35) ist und nach Zwiebeln riecht, in eine „blütenweiß[e] und warm[e]" (Z. 34), nach Aprikosen duftende verwandeln. Der Tod wird kreativ, streicht die dunkle Seele weiß an, tunkt sie in Aprikosensaft, wärmt sie mit Kerzenlicht (vgl. Z. 36 f.) – und hat letztlich Erfolg mit seiner Tat.

Der **Vermieter**, der selbst aus der „traurigen Dachkammer" (Z. 2) Profit ziehen will, ist ein unfreundlicher und kaltherziger Mensch, vor dem das Mädchen Angst hat. Als er unbarmherzig an die Tür hämmert und mit grober Stimme lautstark seine Missbilligung der Musik kundtut, fallen seiner Mieterin sogleich Verhaltensregeln ein, die ihr auferlegt worden sind, nämlich keinen Herrenbesuch zu empfangen. Dem Mann erschließt sich – anders als dem Mädchen – die wahre Identität des Besuchers sofort, als hätte er ein schlechtes Gewissen. Erschrocken stürzt er die Treppe hinunter und bricht sich das Genick. Die Beschreibung der Seele des Vermieters (vgl. Z. 35) verstärkt das Gefühl des Lesers, durch den tödlichen Sturz habe dieser seine gerechte Strafe erhalten.

Gott wird so dargestellt, wie es dem vorherrschenden Bild entspricht: als allmächtig und allwissend, als „liebe[r] Gott" (Z. 10). Er hat es in seiner Hand, die Geschicke der Menschen zu leiten und zu lenken, er kann bestimmen, wann das Leben des Mädchens zu Ende gehen soll. Aber offensichtlich hat er nicht mit der Emotionalität seines Gehilfen, des Todes, gerechnet, der ihm eine falsche Seele unterschieben will, und augenscheinlich gibt es trotz Allwissenheit Zufälle, die Gott nicht beeinflussen kann, wie den plötzlichen Tod des Vermieters. Der Leser erwartet kaum, dass Gott die Manipulation des Todes nicht bemerkt, so dilettantisch stellt sich dieser bei seinem Verschleierungsversuch an – ein bisschen Farbe, Geruch und Wärme helfen nicht, eine verdorbene Seele zu reinigen. Verblüffend jedoch ist die Erklärung, warum Gott seinen Gehilfen gewähren lässt: „weil der Tod etwas aus Liebe getan hatte" (Z. 39). Somit erscheint der Schöpfer als nachsichtig und gütig.

Die Handlung spielt nach einer Einführung, in welcher das Mädchen vorgestellt wird, von Zeile 10 bis 32 in der kleinen **Dachkammer**. Der Besuch des Todes hier ist offenbar nur von kurzer Dauer. Wie viel Zeit bis zum folgenden „Bald" (Z. 33) vergeht, als dem Tod Bedenken kommen, erfährt der Leser nicht. Ebenso wenig weiß er, wo genau der Tod die Seele des Vermieters bearbeitet – es bleibt ein imaginärer Ort. Insgesamt wird die Geschichte in **Zeitraffung** erzählt.

Der Text ist also einerseits ein Märchen, da er die **typischen Elemente dieser Textsorte** enthält: Er beginnt wie die meisten Märchen mit den Worten „Es war einmal" (Z. 1); er ist in einer abstrakten Welt angesiedelt, in der Tod und Gott als Protagonisten agieren; Ort und Zeit sind unbestimmt; ein Protagonist, in diesem Falle der Tod, bekommt eine Aufgabe gestellt, nämlich die Seele des Mädchens zu holen; und er endet glücklich, da das Mädchen überlebt. Andererseits weist die Geschichte jedoch Elemente auf, die nicht in dieses Schema passen, zum Beispiel die **fehlende Musikalität** der Hauptfigur und ihr beharrliches Ignorieren dieses Mangels. Eine gewisse **Gesellschaftskritik** ist enthalten, wenn die anderen Mieter im Haus nicht barmherzig sind und, wie man es erwarten würde, dem Mädchen Brot oder Geld schenken, damit es überleben kann, sondern ihm die Geldstücke nur zustecken, damit es aufhört zu spielen. In diese Kategorie fällt ebenfalls die realistische Gestaltung des Vermieters, der kaltherzig und widerwärtig gezeichnet wird, aber prompt seine Strafe bekommt. Man könnte also sagen, der Text ist ein **Märchen mit parabelhaften Zügen**.

Der Autor arbeitet mit vielfältigen sprachkünstlerischen Mitteln, um seine Botschaft zu transportieren. Ein **auktorialer Erzähler** führt durch die Geschichte, in der häufige Satzreihungen die Dynamik verstärken. Die Musik, die eine große Rolle spielt, wird **lautmalerisch** beschrieben: Das Mädchen „schrubbt[ ] mit dem Bogen über die Saiten des Instruments" (Z. 2 f.), es will „besonders ausdrucksvoll spielen und schrubbt[ ] noch emsiger über die Saiten" (Z. 13 f.). Diese Beschreibung erinnert an die alte Methode, Wäsche auf einem Waschbrett sauber zu schrubben. Dabei entsteht ein monotones, kratzendes Geräusch, das wenig mit der Erzeugung harmonischer Töne gemein hat. Der Tod kratzt über seine Rippen und wird so metaphorisch zum Spieler einer „Rippenharfe" (Z. 17). Der Parallelismus „[d]as Knirschende, Sägende der Rippenharfe kam zu dem Schrammelnden, Krächzenden des Kontrabasses" (Z. 17 f.) unterstreicht die schrecklich klingenden Töne des ungewöhnlichen Konzerts, aber auch das auf eine gewisse Weise harmonische Zusammenspiel von Tod und Mädchen. Ein Musiker übertrifft den anderen in Geräuschen, die aus handwerklichen Bereichen stammen, wie Knirschen und Sägen, oder Tieren zugeschrieben werden, wie Krächzen. Schrammeln gehört immerhin in den musikalischen Bereich und bezieht sich ursprünglich auf eine für Wien typische Musikgattung des 19. Jahrhunderts, die Schrammelmusik. Der Begriff kann jedoch auch umgangssprachlich als abwertende Bezeichnung für das Spielen eines Saiteninstrumentes benutzt werden.

Der Autor arbeitet mit **Gegensätzen und Farben**, um seine Figuren kontrastierend zu kennzeichnen. Das **Mädchen** wird als liebenswert dargestellt. Es ist zwar unmusikalisch, aber wie es sein Ziel verfolgt, durch fleißiges Üben eine gute Musikerin zu werden, nötigt dem Leser Respekt ab. Man hat eine zarte Erscheinung vor Augen, zumal das Mädchen hungert und fiebert. Eigentlich passen die lauten und schrägen Töne, die es seinem Instrument entlockt, nicht dazu. Beim Üben steht es auf einem Hocker, es ist also zu klein, um den Kontrabass ohne Erhöhung zu spielen. Demgegenüber wird der **Vermieter** grobschlächtig gezeichnet. Er hämmert an die Tür und brüllt zweimal „Aufhören!" (Z. 22).

Besonders deutlich wird der Gegensatz der beiden Figuren in der **Beschreibung ihrer Seelen**. Die Seele des Mädchens ist weiß, sogar „blütenweiß" (Z. 34), warm und nach Aprikosen duftend. Das deutet auf dessen Unschuld hin, da Weiß als Farbe der Reinheit, Sauberkeit und Leichtigkeit gilt. Aprikosen wecken die Assoziation mit einem Geschmack von Süße und Saftigkeit, was auf die Jugend und Unberührtheit des Mädchens schließen lässt. Die Seele des Vermieters dagegen ist „aschgrau" (Z. 35). Meiners beschränkt sich hier nicht auf die Angabe „grau", sondern nimmt einen Vergleich mit Asche vor, einem Abfallprodukt, das beim Verbrennen von Kohle oder Holz entsteht und mit dem man nichts weiter anfangen kann, als es zu entsorgen. Die Seele ist außerdem „kühl" (Z. 35) und riecht „nach Zwiebeln" (Z. 35). Die Zwiebeln sollen wohl den abstoßenden Charakter des Mannes veranschaulichen, denn sie erzeugen einen beißenden Geruch und reizen die Augen zu Tränen. Von so einem Menschen ist keine Güte zu erwarten.

Der Rezipient könnte das Märchen nun lesen und damit zufrieden sein, dass die Hauptfigur als Gewinnerin daraus hervorgeht. Sie ist zwar am Ende immer noch unmusikalisch, aber gesund und im Besitz eines Klumpens Gold, der es ihr ermöglicht, ein neues Leben zu beginnen. Allerdings könnte sich der Leser auch weiterführende Gedanken machen und kritisch hinterfragen, welches Bild vom Tod und dem Mädchen hier transportiert wird – auch im Vergleich zu anderen Darstellungen dieser beiden Figuren.

Vergleich des Textes mit Material 1 und 2
Der Tod hat viele **Namen**. Bei den Gebrüdern Grimm heißt er *Gevatter Tod*, im Norden *Freund Hain*, im Süden *Boandlkramer*, auch als *Sensenmann* oder *Schnitter* ist er bekannt. Die **Figur des Todes** tritt in vielen Märchen und Geschichten auf, weil sich die Menschen noch nie mit dessen Endgültigkeit abfinden konnten. In der Literatur hat das Motiv des Todes eine lange Tradition. Es kommt in seiner Personifizierung in vielfältiger Weise vor, als Protagonist, als Strafe für das Böse, als Scheintod, auf den neues Leben folgt; ebenso als Schlaf, als Verwandlung, als Entrückung und als Durchgangsstadium zum ewigen Leben.

Sowohl im Text von Meiners als auch in den Materialien treten der Tod und ein Mädchen in Beziehung – ein häufiges Motiv in der Malerei und der bildenden Kunst verschiedener Epochen. Bei Meiners kommt die **Funktion des Todes als Vollstrecker** abhanden, denn als solcher hätte er unverzüglich die Seele des Mädchens mitnehmen müssen. In den Materialien scheint er hingegen seinen Auftrag auszuführen, jedoch auf unterschiedliche Art und Weise.

Material 1 zeigt eine Brunnenskulptur des 1926 geborenen Schweizer Bildhauers Rolf Brem. Der mit einem Hut statt mit einer Kapuze bekleidete Tod steht hinter einem Mädchen und umfasst wollüstig seine Hüften. Die junge Frau kämmt gerade ihr Haar und blickt dabei in einen

Spiegel. So, wie sie ihren Spiegel hält, muss sie den Tod darin erblicken, allerdings zeigt sie sich gänzlich unberührt. Entweder ist dem Mädchen der Tod also gleichgültig oder **es bemerkt ihn gar nicht**, weil es so sehr mit sich selbst und seinem Aussehen beschäftigt ist. Auch Meiners Musikerin fürchtet den Tod nicht, als dieser zu ihr kommt, obgleich er auf seinen Rippen spielt, also auch hier eigentlich erkennbar ist. Anders als bei Brem ist das Mädchen bei Meiners jedoch arm und krank und erscheint nicht selbstverliebt. Seine Gedanken kreisen vor allem um die Musik und die blütenweiße, duftende Seele vermittelt den Eindruck von Unschuld. Der Tod bei Meiners ist hierzu passend nicht wollüstig, sondern verständnisvoll und liebend.

Beim **zweiten vorliegenden Material** handelt es sich um das Gedicht „Der Tod und das Mädchen" von Matthias Claudius, einem Dichter der Empfindsamkeit. Es sind acht Verse in Rede und Gegenrede, die vom Mädchen (V. 1–4) und vom Tod (V. 5–8) bestritten werden. Das Mädchen ist **ängstlich** und bittet den Tod um Verschonung. Es nennt ihn „wilder Knochen-Mann" (V. 2) und führt seine Jugend als Argument dafür an, dass es nicht sterben möchte: „Ich bin noch jung; geh lieber!" (V. 3) Der Tod bezeichnet sich als „Freund" (V. 6), der nicht zu strafen komme, er sei nicht wild, sondern gnädig. Er beschwichtigt, um den Schmerz des endgültigen Verlustes zu mildern. Sein Anliegen, das Mädchen zu holen, kleidet er in den Euphemismus „Sollst sanft in meinen Armen schlafen" (V. 8). Auf einen solchen Tod, **dem alles Bedrohliche fehlt**, solle das Mädchen sich ruhig einlassen. Es antwortet nicht mehr. So bleibt einerseits die Hoffnung bestehen, das Mädchen könne noch leben, andererseits ist es aber auch möglich, dass der Tod sein Vorhaben vollendet hat. Wie in Eibe Meiners' Text wird im Gedicht der Tod personifiziert, er kommuniziert mit einem Mädchen. Bei Meiners führt er sein Vorhaben, eine Seele mitzunehmen, anders aus als geplant; das Mädchen wird verschont. Dies kann bei Claudius nicht eindeutig gesagt werden. Während das Mädchen im Gedicht den „Knochen-Mann" sofort erkennt, bleibt er im Märchen ein unerkannter Besucher. Glaubt man den Worten des Todes, so ist er aber auch hier gütig und mitfühlend, anders als bei Material 1.

Lohnenswert erscheint auch ein genauer Blick auf die **Titel** der drei Werke. Eibe Meiners gibt seiner Geschichte die Überschrift „Die Musiker" und fasst damit beide Protagonisten als Interessengemeinschaft zusammen. Der Titel suggeriert demnach, dass sich Figuren begegnen, die eine harmonische Einheit bilden. Sowohl der Bildhauer Rolf Brem als auch der Dichter Matthias Claudius führen im Gegensatz dazu jeweils den Tod und das Mädchen einzeln auf, verbunden durch die Konjunktion *und*, wobei der Eindruck eines ungleichen Paares erweckt wird. Hier stehen sich zwei getrennte Figuren gegenüber.

Übertragung des Märchens in die heutige Zeit
In unserer heutigen modernen Zeit wird das Thema Sterben beziehungsweise Tod weitgehend **aus der Mitte der Gesellschaft verbannt**. Wo früher das Sterben im Kreis von Familienmitgliedern stattfand, werden heute Kranke in Kliniken oder Hospize gebracht. Das ist verständlich, da die Voraussetzungen, einen Kranken über längere Zeit in seiner gewohnten Umgebung sorgsam zu pflegen, kaum gegeben sind. Die Angehörigen können und wollen ihr eigenes Leben meist nicht aufgeben, sind jedoch im Beruf und in ihrem Alltag zu sehr eingespannt, als dass sie die Krankenpflege zusätzlich übernehmen könnten.
Zudem sind wir es schlichtweg nicht mehr gewohnt, den Anblick von Sterbenden oder Toten zu ertragen, und wollen mit möglicherweise gar tödlichen Krankheiten nicht konfrontiert werden. Der Tod, der im Märchen von Meiners so sympathisch daherkommt, ist in unserem Empfinden grausam, unerwartet oder erbarmungslos. Wenn ein Mensch mit 80 Jahren stirbt, dann hat er sein Leben gelebt und den Hinterbliebenen fällt es, trotz aller Trauer, leichter, sich mit dem Verlust abzufinden. Wenn jedoch ein Kind tödlich verunglückt oder eine schlimme Krankheit wie Leukämie nicht besiegen kann, dann empfinden wir den Tod als ungerecht. Der Tod als Schicksal, Zufall oder Notwendigkeit? Jeder wird sich dazu eine eigene Meinung bilden müssen.

Die jenseitige Welt wird im Märchen oft wie eine diesseitige dargestellt. Eibe Meiners geht den umgekehrten Weg. Er stellt die diesseitige Welt in eine jenseitige Szenerie. Der Leser könnte die Handlung **aus der märchenhaften Illusion lösen:** Ein Mädchen lebt in ärmlichsten Verhältnissen, spielt so schlecht Kontrabass, dass es von keinem Orchester angestellt wird. Die junge Frau verrennt sich in die Idee, dass sie durch Üben besser spielen könne, sodass sie mit dem Krach ihren Nachbarn furchtbar auf den Geist geht. Sie führt, nüchtern betrachtet, ein ödes Dasein. Eines Tages bekommt sie Besuch, der wider Erwarten Gefallen am Kontrabassspiel findet. Durch einen Zufall stirbt ihr Vermieter, der ihr das Leben zusätzlich schwer gemacht hat. Nachdem der Besuch gegangen ist, haben sich der gesundheitliche sowie die finanzielle Zustand des Mädchens plötzlich deutlich gebessert.

Es stellt sich jedoch die Frage, wie es nun wohl weitergeht. Sicherlich ist es eine gute Eigenschaft, zielstrebig auf etwas hinzuarbeiten, wie Kontrabassspielen zu lernen. Aber wenn sich kein Erfolg einstellt, dann sollten Überlegungen folgen, **ob das Ziel richtig gewählt ist**. Angeblich hat das Mädchen nicht gewusst, dass es völlig unmusikalisch ist (vgl. Z. 3 f.), aber das ist kaum zu glauben. Denn die Tatsache, dass die Musikerin in keinem Orchester und auf keiner Bühne spielen darf, spricht eine deutliche Sprache, die jeder halbwegs selbstkritische Mensch versteht. Das Mädchen könnte nun, da es gesund sowie finanziell vorerst abgesichert ist, die Gelegenheit nutzen und **nach seinen wahren Talenten** suchen. Denn es kann sich nicht ewig darauf verlassen, von anderen Menschen ein paar Münzen zugesteckt zu bekommen. Während es erfolglos am Kontrabassspielen festhält, verkümmert vielleicht ein noch nicht entdecktes wirkliches Talent.

Schluss
Die Protagonistin des eingangs erwähnten Romans „Die Bücherdiebin", anfangs Analphabetin, schreibt selbst ein Buch. Der Tod nimmt es an sich und gibt es ihr erst viele Jahre später, als er sie holen kommt, zurück. Sie ist zu diesem Zeitpunkt eine alte Frau und lebt mit ihrer Familie in Australien. Das Buch ist ihre Autobiografie, in der sie ihre Gedanken, Erinnerungen und Hoffnungen festgehalten hat. Vielleicht findet das Mädchen aus Eibe Meiners' Märchen mithilfe der gewonnenen Gesundheit und des Goldes auch ein Talent, mit dem es sich verwirklichen kann; das muss nicht das Kontrabassspiel sein. Der nur knapp an ihr vorübergehende Tod hätte dann – trotzdem er unerkannt geblieben ist – dazu geführt, dass das Mädchen **sein Leben ändert** und nach neuen Wegen der Erfüllung sucht.
Die Einbandillustration des Romans von Zusak zeigt den Tod, wie man ihn sich landläufig vorstellt: mit der Protagonistin tanzend im Kapuzenmantel. Dabei hat er selbst klargestellt, er habe keine Sense und er trage, wie die Menschen auch, nur dann einen Kapuzenmantel, wenn es kalt sei. Man dichte ihm gern ein Totenschädelgesicht an. Auch das sei falsch. Aber wie soll man sich den Tod ohne diese typischen Attribute vorstellen? Er selbst gibt die bestürzende Antwort: Wer wissen will, wie der Tod wirklich aussieht, solle in den Spiegel schauen.

Deutsch (Thüringen): Abiturprüfung 2014
Aufgabe 4: Interpretation eines dramatischen Textes

Gerhard Polt (geb. 1942) **und Hanns Christian Müller** (geb. 1949)
MAI LING

(Herr Grundwirmer und Mai Ling sitzen in einer fürs Fernsehen extra drapierten Möbel-Krügel-Sofaecke. Grundwirmer blickt in die Kamera. Mai Ling starrt unverwandt vor sich hin)

GRUNDWIRMER: Sag amal schön Grüß Gott, Mai Ling, Grüß Gott! – Ich hab's erst seit
5 drei Wochen. – Grüß Gott, sag amal schön Grüß Gott. Das sind die Herren vom Fernsehen. – Mai Ling hoaßt's, des is – des hoaßt – ich heiß ja eigentlich Grundwirmer, und sie natürlich jetzt aa. Oiso sozusagen Mai Grundwirmer, geborene Ling. – 2 758 Mark und a bisslwas, ab Bankog Airport, hab ich bezahlt, ah, hab ich kommen lassen. Ich muß sagn, des is relativ preiswert, wenn man bedenkt ... ah ... Sie is aus
10 der Provinz. Weil, in Bankog selber kauft net amal mehr der Amerikaner ein. Des is alles zu verseucht, rein marktmäßig. Freilich, 500 Demark mehr, und ich hätt a Fitnamesin habm kenna, – de san noch etwas robuster – des mag sein, da gehen jetzt die Meinungen auseinander, aber schaun se's an, de is doch net schlecht, oder? Also, ich bin sehr zufrieden. Sie ist äußerst sauber, sie schmutzt nicht, wie der Asiate anund-
15 fürsich überhaupt nicht schmutzt. Ich mein', ich bin sehr zufrieden, wissen Sie, – ge, Mai Ling, simmer sehr zufrieden, hahaha, ge, ja ... Freilich, Anpassungsschwierigkeiten lassen sich nicht ganz vermeiden. Rein küchenmäßig betrachtet, ich vertrag ja des Chinesische net a so, mir ham ja da ganz andere Vorstellungen, schon beim Besteck.
20 I hob glei g'sagt, Mai Ling, diese Staberl da, – ich hab's dann eing'schürt[1], a paar hab ich ihr g'lassen, da kann's dann Micado spuin damit. Nix dagegen. Aber des geht ja ned, bei unserer Ernährungsform, hat doch der Stab nix zum Suchen. Ich hab g'sagt, Messer und Gabel, anders eß ich nicht. Und ich muß sagen, sie is da sehr flexibel und anschmiegsam. Überhaupts, des Schlafzimmer, da san's ja berühmt, die
25 Asiatinnen, da kannten's Deitsche sei. Ich hab ein Schleiflackschlafzimmer, wissen Sie, und ich muß sagen, pikobello, es spiegelt sich alles darin. Und sie is auch ausgesprochen leise. Wenn's irgendwo knarzt oder so ein kleines Pochen, gel, könnt ma moana, des is a Mäuserl, des is sie. –
Sie tritt ja fast kaum auf, sie schwebt förmlich, weil's aa nix wiegt, sie sehen's ja sel-
30 ber, jetzt woaß i's net genau, was sie wiegt, jetzt müaßad i glatt amal nachschaugn, im Katalog, was gsagt habm, daß sie wiegt, oder i müaßad's amal nachwiegen. – Ah, hol amal den Proschbekt, Mai Ling, den Prospekt, Mai Ling.
(Mai Ling steht auf, geht zum Tisch und sucht ...)
GRUNDWIRMER: Ja, da den Proschpekt, net, wo du drin warst im Katalog. Hol ihn amal.
35 De Herren wolln doch, – mei, des Deitsche, des ham's no net a so, den Prospekt, Mai Ling! Net! Ich hab ja ...
(Mai Ling hat den Prospekt gefunden, apportiert ihn und setzt sich wieder ...)
GRUNDWIRMER: Endlich, net ja, des is aso, ah, der Prospekt war schwarzweiß, da schaugn's her – ah, brav Mai Ling, ah, da, schwarz-weiß-Fotos, des kommt natürlich
40 bei dem Katalog net aso raus, sie is a bissl gelb, ah, i moan, des woaß ma ja von de Asiaten, aber sie is scho sehr gelb ausg'fallen, obwohl sie paßt hier sehr gut rein. Da schaun's her, Seite 4, alles da, – Größe, Maße, Gewicht, Kostenberechnung, Stammbaum, wann's geborn is, geimpft is aa, geht ja net anders, ich mein, bei Importen is

des immer so, da werd sehr drauf g'schaut. – Sehen Sie, der Katalog is jetzt drei Jahre alt, also die Daten sind nicht mehr ganz korrekt. Im Katalog steht jetzt z. B. 1 Meter 49 is sie groß. Sie is aber 3 cm länger ankemma, als ma z'erscht gedacht hätt, weil ich hab gmeint, a Verwandte von mir, de Anni, de hat a Kinderbett ghabt, da hab i glaubt, daß ich s reinbring, na ja, vom Mobilar her hab ich halt a bissl – umdisponieren müssen. Des sind halt amal Kosten, mein Gott, die kann man halt sozusagen als Anschlußkosten, äh, ich muß überhaupt sagen, diese Kosten, Taxi vom Flughafen, Anfahrtswege, Standesamt, Gsundheitspaß, Ausweisgebühren, sie werd ja nachad a Deitsche, des wird extra berechnet. Ich sag des nur für weitere Interessenten, – es gibt da Leute, die sind dann doch überrascht, was für eine Kostenlawine sich da auf sie zubewegt. Ich möcht auf alle Fälle sagen, ich bin sehr zufrieden, obwohl ich Einzelabnehmer bin. Auch diese Flitterwoche, die sozusagen absolviert worden ist, hat eigentlich unsere Erwartungen durchaus, – Sie verstehen. Ich war sehr überrascht, diese enorme Exotik, die da plötzlich auf einen zukommt, und des, früher, äh, wenn man sich quasi Witze erzählt hat, genau da ist der Asiate, er springt da rein in diesen Bedarf. Da ist er genau richtig, und drum hat er auch diese Nachfrage, äh, diese Resonanz in breitesten Kreisen der Bevölkerung. Jetzt passen's amal auf: Mai Ling, hol amal Zigaretten, da drüben sind's, Zigaretten, – gel, sie versteht schlecht, – Zigaretten, und Zündhölzer – die da am Tisch liegen, hol's amal her, da, brings's her Mai Ling ... die Zigaretten sollst holen, Zigaretten ...

(Mai Ling steht auf und holt Zigaretten und Zündhölzer ...)

GRUNDWIRMER: Schauns, ich hab früher an Ding g'habt, an Schäferhund, der is ungern in's Wasser g'hupft, ge, wenn ma ihm an Stecka neigschmissen hat, is er auch ... Mai Ling, Zigaretten! Ja, also, sehen Sie, es geht, es ist ein Geduldspiel, die ham ja ein ganz anderes Zeitgefühl. Ma muaß a Geduld habn und a gewisse praktische Psychologie, nachad geht ois. Jetzt brav, Mai Ling, derfst di wieda hinsetzen. Sammer sehr zufrieden.

MAI LING: Darf ich auch mal etwas sagen ...

GRUNDWIRMER: Ge, sei stad[2], des vastehet ja doch koa Mensch. Ja, ich kann's nicht anders sagen, ich halt des für eine runde Sache, rundherum.

(Mai Ling gibt Grundwirmer Feuer ...)

GRUNDWIRMER: Ja, brav, so is recht, Mai Ling, schön, ge, ja ...

Polt, Gerhard/Müller, Hanns Christian: Mai Ling. In: Gilmer, Lutz R. (Hrsg.): Ausgesuchte Einakter und Kurzspiele. Zweiter Band. 19 Stücke moderner Autoren. Grafenstein Verlag, Straubing 1981, S. 297–299.

1 verbrannt
2 sei ruhig

Arbeitsanweisung

Interpretieren Sie den Text und erörtern Sie dessen Intention.
oder
Interpretieren Sie den Text und schreiben Sie anschließend einen inneren Monolog Mai Lings.

Hinweise und Tipps

Voraussetzungen
Die Aufgabe verlangt die **Interpretation** des Textes sowie entweder die Auseinandersetzung mit dessen **Intention** oder das Schreiben eines **inneren Monologs** der Mai Ling. In jedem Fall ist der Text also zunächst zu interpretieren. Entscheiden Sie sich für die Aufgabe, welche die Erörterung der Absicht des Textes verlangt, können Sie die entsprechenden Gedanken durchaus bereits in die Interpretation einfügen.
Wählen Sie die zweite Aufgabe, muss im Anschluss an die Interpretation ein innerer Monolog Mai Lings als eigenständiger Text folgen. Dieser Teil der Aufgabe kann als eine Art Ergänzung zum Interpretationsteil gestaltet werden und sollte einen dementsprechenden Umfang nicht überschreiten. Zudem ist es empfehlenswert zu berücksichtigen, dass der Sketch in einer anderen als der Ihnen vertrauten gesellschaftlichen Situation spielt.
Auf grundlegende Ausführungen zu den Besonderheiten eines dramatischen Textes können Sie weitgehend verzichten. Auf die Betrachtung der **sprachlichen Gestaltung der Szene** sollten Sie hingegen eingehen, denn für die Charakterisierung der Hauptfigur spielt ihre Sprache eine wesentliche Rolle. Dies gibt Ihnen vielfältige Impulse für die deutende Erschließung des Textes, welche der Operator „Interpretieren Sie" verlangt.
Ihre Interpretation kann sich am Gesprächsverlauf orientieren, sollte aber keinesfalls die **Situation** der Charaktere außer Acht lassen. Die Redeanteile der Figuren sind ebenso zu berücksichtigen wie ihre Selbstdarstellung und ihr Umgang miteinander. Die Positionen der Protagonisten müssen nicht nur dargestellt, sondern auch erläutert und im Falle einer Erörterung bewertet werden. Zur Untermauerung Ihrer Ausführungen sind Textzitate geschickt in Ihre Darlegungen einzufügen.

Erläuterung der Aufgabenstellung
Der zu bearbeitende Text wird Ihnen eventuell als Bühnen- oder Fernsehfassung bekannt sein, womöglich in der originalen Darstellung durch Gerhard Polt, einen der Autoren. Im anderen Fall wird sich Ihnen die Aussage des Textes wahrscheinlich erst nach dessen vollständiger Lektüre erschließen. Die **Besonderheiten** – der Dialekt, die überaus ungleiche Verteilung der Redeanteile sowie die dargestellte Situation (welche die Anwesenheit der „Herren vom Fernsehen" als dritte, allerdings nicht sprechende und nicht sichtbar agierende „Person" beinhaltet) – werden Sie schnell als wesentliche charakterisierende Merkmale erkennen. Sowohl für die Interpretation als auch für die Erörterung oder das Verfassen eines inneren Monologes ist die Berücksichtigung des **zeitlichen Kontextes** von Bedeutung. Obwohl auch heute immer wieder über den als „Heiratsvermittlung" bezeichneten Verkauf von jungen asiatischen Mädchen in andere Länder berichtet wird, dürfte die dargestellte Situation doch befremdlich wirken und sollte als Kritik an der Gesellschaft der 1970er-Jahre gewertet werden.

Lösungsvorschlag 1: Interpretation und Auseinandersetzung mit der Intention

Einleitung
Im Sketch „Mai Ling" von Gerhard Polt und Hanns Christian Müller, welcher 1981 veröffentlicht wurde, wird auf satirische Weise Kritik an der damaligen deutschen Gesellschaft geübt, die als vermeintlich tolerant, tatsächlich aber mit Vorurteilen behaftet und unmoralisch gezeichnet wird. Der Protagonist Herr Grundwirmer und seine thailändische Ehefrau Mai Ling haben ein Fernsehteam zu Gast. Für die Filmaufnahmen wurde das Paar in eine „extra drapierte" Sofa-Ecke gesetzt, wo es interviewt werden soll. Im Verlauf der Szene zeigt sich auf erschreckende Weise, wie es zur Ehe von Herrn Grundwirmer und Mai Ling gekommen ist und wie sich die Beziehung der beiden offenbar gestaltet.

Textanalyse

Während Herr Grundwirmer zu Beginn der Szene **selbstbewusst** in die Kamera blickt, „starrt" seine Frau „unverwandt vor sich hin" (Z. 2 f.). Ihr scheint die Angelegenheit unangenehm zu sein; dass sie um ihr Einverständnis zu den Aufnahmen nicht gefragt wurde, ist spätestens am Ende klar. So führt auch der Hausherr von Anfang an das Wort, nicht einmal das Fernsehteam kann Fragen anbringen.

Im **breiten bayerischen Dialekt** fordert Grundwirmer seine Frau auf, die Herren des Fernsehteams und damit die künftigen Zuschauer zu grüßen. Seine Aufforderung wiederholt er dreimal, er formuliert sie eindringlich, als spräche er zu einem Kind. Als Mai Ling nicht reagiert, wendet sich Grundwirmer erklärend an die Fernsehleute – dabei spricht er in der dritten Person über seine Frau und lässt den Eindruck entstehen, es handle sich um einen **Gegenstand**: „Ich hab's erst seit drei Wochen." (Z. 4 f.) Der Satz entlarvt Grundwirmer als selbstgefällige und überhebliche Person. Ungefragt erzählt er, wie Mai Ling zu ihm kam: Er hat offenbar für seine künftige Frau bezahlt und stolz erklärt er, Mai Ling „relativ preiswert" (Z. 9) bekommen zu haben. Weltläufigkeit sollen seine nächsten Erklärungen vortäuschen, allerdings deckt Grundwirmers Gerede gerade dessen **Beschränktheit** auf. Er vergleicht Frauen verschiedener asiatischer Herkunft, obwohl er keine Erfahrungen mit ihnen hat, und findet nichts dabei, sich um Zustimmung heischend an das Fernsehteam zu wenden: „aber schaun se's an, de is doch net schlecht, oder?" (Z. 13) Wieder ist ihm seine Frau nicht einmal eine vernünftige Anrede wert.

Der unrühmliche Höhepunkt dieser ersten Ausführungen Grundwirmers ist seine Aussage „sie schmutzt nicht" (Z. 14). Vermeintlich weltmännisch gibt er einen Kommentar über „de[n] Asiate[n] anundfürsich" (Z. 14 f.) ab. Grundwirmer merkt nicht, dass seine scheinbar lobende Bemerkung etwas ganz anderes offenbart, nämlich seine **fremdenfeindlichen Vorurteile**. Auch dass er seine Zufriedenheit mit Mai Ling ausdrückt und seine Frau zum ersten Mal um ihre Meinung zu bitten scheint, kann das Bild nicht ändern, im Gegenteil: Er wartet gar nicht auf Mai Lings Antwort, sondern setzt ihre Zustimmung voraus und bezieht sie in sein selbstgefälliges Lachen mit ein: „ge, Mai Ling, simmer sehr zufrieden, hahaha" (Z. 15 f.). Allerdings gebe es auch „Anpassungsschwierigkeiten", räumt er ein. Selbstverständlich meint Grundwirmer damit nicht seine eigenen Probleme, sondern die seiner Frau. „Rein küchenmäßig" (Z. 17) müsse Mai Ling sich umstellen, denn weder vertrage er „des Chinesische" (Z. 18), noch hätten Essstäbchen etwas in seiner Küche zu suchen. Das „Entgegenkommen", sie könne einige Stäbchen zum Mikadospiel behalten (vgl. Z. 20 f.), zeigt seinen **ignoranten Umgang mit der Kultur seiner Frau**. Der Zuschauer/Leser fragt sich spätestens jetzt, warum Grundwirmer sich ausgerechnet eine asiatische Frau ausgesucht hat. Die Antwort lässt nicht lange auf sich warten: Mai Ling sei „sehr flexibel und anschmiegsam" (Z. 23 f.), außerdem „ausgesprochen leise" (Z. 26 f.). Im Verhalten seiner Frau sieht Grundwirmer den „Ruf" der Asiatinnen als sanft, anschmiegsam, sich – auch in sexueller Hinsicht – unterordnend bestätigt und er preist seine Frau wie einen zum Verkauf stehenden Gegenstand an.

Das wird weiterhin deutlich, als er sich über Mai Lings Körpergewicht auslässt. Nicht nur stellt die Tatsache, dass dies eine sehr private Angelegenheit ist, für ihn kein Tabu dar. Er lässt sich auch zu lauten Überlegungen herab, Mai Ling – **wie eine Ware** – nachzuwiegen, und verlangt von seiner Frau, den Katalog zum Vergleich zu holen. Er bittet nicht darum, sondern fordert sie in einer herablassenden Art dazu auf: „Ah, hol amal den Proschbekt, Mai Ling" (Z. 31 f.). Sicherheitshalber wiederholt er den wichtigen Teil seiner Forderung mehrmals, auch auf Hochdeutsch. Schließlich erklärt er: „mei, des Deitsche, des ham's no net a so" (Z. 35). Der Dialekt des Hausherrn macht das Komische beziehungsweise das Absurde und Groteske der Situation schnell sichtbar. Besser als die Hochsprache das vermag, kann der Dialekt hier den **Sprecher** treffend **charakterisieren**, ihn **entlarven** und als borniertem Menschen bloßstellen.

Laut Regieanweisung findet Mai Ling den Prospekt und „apportiert ihn" (Z. 37). Die Verwendung des Wortes **„apportieren"** erscheint dem Leser befremdlich, wird es doch gewöhnlich in einem anderen Zusammenhang gebraucht. Aber mit diesem unaufdringlichen Vergleich machen die Autoren klar, dass Mai Ling von ihrem Mann so ähnlich behandelt wird wie ein Tier, das eben gehorchen muss und dafür gelobt wird („ah, brav Mai Ling", Z. 39; „Jetzt brav", Z. 69; „Hol ihn", Z. 34). Damit wird Grundwirmers Verhalten weiter bloßgestellt. Später zieht Grundwirmer einen direkten Vergleich zwischen dem „Lernprozess" seiner thailändischen Ehefrau und dem seines Schäferhundes (vgl. Z. 65 ff.). Andererseits wird hier auch deutlich, dass Mai Ling sich in das ihr auferlegte Rollenbild fügt, wenn sie den Prospekt tatsächlich „apportiert".

Grundwirmer zeigt den Fernsehleuten den „schwarzweiß" (Z. 38) gehaltenen Prospekt und lässt sich über Mai Lings Hautfarbe aus. Sie sei „scho sehr gelb ausg'fallen", passe aber „hier sehr gut rein" (Z. 41). Meint er mit „hier" das Zimmer, den Ort oder die westdeutsche Gesellschaft? Wieder redet er jedenfalls über seine Frau, als sei sie nicht dabei, und beurteilt sie wie eine Ware. Offensichtlich ist Mai Ling das für ihn auch, denn er hat sie – wie er den Fernsehleuten vorführt – tatsächlich nach den detaillierten Angaben eines Katalogs („Größe, Maße, Gewicht, Kostenberechnung, Stammbaum", Z. 42 f.) gekauft. Die **entwürdigende Darstellung** setzt sich fort, indem Grundwirmer erklärt, Mai Ling habe auch alle Impfungen vor ihrem Flug erhalten – wie dies „bei Importen" (Z. 43) vorgeschrieben sei.

Wenn der Zuschauer/Leser meint, Grundwirmer könne sich nicht noch weiter blamieren, irrt er. Der Hausherr räumt ein, dass der Katalog, nach dem er seine Frau ausgesucht hat, nicht aktuell gewesen sei, deshalb seien „die Daten [...] nicht mehr ganz korrckt" (Z. 45). So sei seine Frau „3 cm länger ankemma" (Z. 46) als angenommen. Wundert sich der Zuschauer zunächst über diesen Hinweis, bleibt ihm bei Grundwirmers folgender Erklärung das Lachen im Halse stecken: Dieser hatte seine Frau in ein Kinderbett stecken wollen, um das Geld für die Anschaffung eines zweiten Bettes zu sparen. Dass Mai Ling zu groß dafür war und er bezüglich des Mobiliars „umdisponieren" (Z. 48 f.) musste, verbucht Grundwirmer als **Anschlußkosten**" (Z. 50), ebenso wie die Aufwendungen für „Taxi vom Flughafen, Anfahrtswege, Standesamt, Gsundheitspaß, Ausweisgebühren" (Z. 50 f.). Als „erfahrener" Mann gibt er diese Informationen ganz selbstlos vor der Kamera preis, „für weitere Interessenten" (Z. 52 f.).

Sein Fazit, um das ihn niemand gebeten hat, fällt also durchweg positiv aus: „[I]ch bin sehr zufrieden" (Z. 54). Es folgt ein Nachsatz: „obwohl ich Einzelabnehmer bin" (Z. 54 f.). Soll das bedeuten, er hätte sich auch mehrere Frauen „kommen lassen" können? Sein Vokabular (vgl. auch „Importe[ ], Z. 43; „Anschlußkosten", Z. 50) deutet jedenfalls darauf hin, dass sich die Suche deutscher Männer nach einer ausländischen Ehefrau zu einer gewinnbringenden Branche entwickelt. Es geht hier nicht um Liebe, sondern um Handel. Über „diese Flitterwoche, die sozusagen absolviert worden ist" (Z. 55 f.), lässt sich der Ehemann ebenfalls aus. Kein Wort von Romantik oder gar von Liebe, der Zuschauer/Leser weiß längst, dass Grundwirmer **mit Mai Lings „Einkauf" ein Geschäft gemacht** hat. Im besten Fall ist er nun nicht mehr einsam, wird aufmerksam versorgt und muss sich nicht weiter um eine Ehefrau bemühen.

Grundwirmer prahlt zwar damit, **intime Erfahrungen** mit seiner thailändischen Ehefrau gemacht zu haben, verkneift sich allerdings zu direkte Äußerungen und gefällt sich in Andeutungen, indem er sich kumpelhaft an die Fernsehleute wendet: „Sie verstehen. Ich war sehr überrascht, diese enorme Exotik, die da plötzlich auf einen zukommt" (Z. 56 f.). Dem Hausherrn ist sein Verhalten absolut nicht peinlich, er kommt gar nicht auf die Idee, es zu hinterfragen, geschweige denn Rücksicht auf seine Frau zu nehmen.

Vielleicht angespornt vom Schweigen der Fernsehleute, das er wohl als Zustimmung auslegt, will er nun vielmehr seine „Errungenschaft" vorführen: „Jetzt passen's amal auf" (Z. 60). Er fordert seine Frau auf, ihm Zigaretten und Zündhölzer zu holen. Weil Mai Ling offensichtlich nicht sofort reagiert, wiederholt er seine Forderung. Man kann sich auch als Leser den Ton, in welchem sich Grundwirmer an seine Frau wendet, vorstellen – so würde man seinen Hund auffordern, einen Gegenstand zu bringen. Als Mai Ling aufgestanden ist, um das Gewünschte zu holen, zieht Grundwirmer den bereits angesprochenen **Vergleich zur Erziehung seines Schäferhundes**. Es seien Geduld „und a gewisse praktische Psychologie" (Z. 68 f.) im Umgang mit seiner Frau nötig, wie er – stolz auf sein Können – betont. Als Mai Ling die Zigaretten bringt, wird sie wie wohl vormals der Schäferhund gelobt und ihr wird erlaubt, sich wieder zu setzen.

Da passiert das „Unerhörte": **Mai Ling sagt etwas**, sie bittet höflich und in einwandfreiem Hochdeutsch um das Wort! Jedoch bleibt dieser Versuch der einzige, denn Grundwirmer schneidet ihr sofort schroff das Wort ab („Ge, sei stad", Z. 72), es könne sie ohnehin niemand verstehen. Mai Ling diskutiert nicht, sondern gibt Grundwirmer Feuer, worauf er sie erneut lobt – so sei sie brav, so sei es recht.

Die Autoren des Sketches lassen ihre Hauptfigur im Dialekt sprechen. Diesen benutzt man in der Regel im Alltag, er hat etwas Vertrautes, Gemütliches, schränkt aber den Radius auch ein, in dem er verstanden wird. Die **Figurensprache** ist ein geeignetes Mittel zur Charakterisierung – zu Grundwirmers Auffassungen und Überzeugungen passt keine Hochsprache, er scheint ohnehin davon überzeugt zu sein, jede(r) könne ihn verstehen. Grundwirmers Dialekt betont den Unterschied zwischen Regionalem und Globalem, er entlarvt die Beschränktheit des sich weltmännisch gebenden Protagonisten und die Vorurteile des vermeintlich toleranten Mannes.

Der Zuschauer/Leser fungiert als das eigentliche Fernsehteam, als **Beobachter**, der sich nicht einmischt, dem wohl vor Erstaunen über das selbstgefällige Verhalten des Hausherrn die Worte fehlen. Das Lachen der Rezipienten ist die Reaktion auf das spießige, engstirnige, sich unwissentlich selbst entlarvende Verhalten Grundwirmers. Dieser steht für einen überheblichen, sein eigenes Verhalten und Denken kaum reflektierenden Mann, der glaubt, weltmännisch und modern zu sein, in Wirklichkeit aber ein **Muster an Beschränktheit** darstellt.

Weiterführende Beschäftigung mit der Intention des Textes
Die Autoren zeigen eine Situation, in welcher der Protagonist – trotz des Fernsehteams – keine Scheu davor zeigt, offen zu sprechen. Ganz im Gegenteil: Grundwirmer ist vermutlich stolz darauf, dass man ihn und seine Frau bald im Fernsehen betrachten kann, und er ist sich seiner Außenwirkung nicht bewusst. Mai Ling hingegen hält sich zurück. Sie hat womöglich resigniert oder wartet noch auf den passenden Moment, um sich zu wehren.

Die joviale, gönnerhafte Hinwendung Grundwirmers zu seiner Ehefrau stellt für ihn schon das Maximum an Aufmerksamkeit dar. Dass er **seine Frau wie einen Hund oder einen Gegenstand behandelt**, fällt ihm vielleicht nicht einmal auf, und falls doch, würde es ihn vermutlich eher amüsieren. Er könnte vor seinen „Spezln" am Stammtisch damit angeben und sich deren kumpelhafter Zustimmung sicher sein. Selbstzweifel sind diesem Mann fremd, dem Leser/Zuschauer allerdings drängt sich die Frage auf, warum er sich nicht eine Frau aus seiner Umgebung genommen hat. Allerdings lässt sich diese Frage schnell selbst beantworten: Welche Frau würde solch einem selbstgefälligen Kerl ihre Aufmerksamkeit schenken? Welche Frau würde sich von ihrem Ehemann behandeln lassen, als wäre sie ein Haustier, ein Gegenstand, mit dem sich der Mann schmücken kann, um sich selbst aufzuwerten?

Es stellt sich die **Frage, warum Mai Ling nicht aufbegehrt**, warum sie diesem Mann überhaupt gefolgt ist, ja was sie dazu brachte, sich in einem Katalog anzubieten und dann quasi nach Europa verkaufen zu lassen. Vermutlich will Mai Ling aus ihrem Land in den vielversprechenden Westen Europas, der Weg der Heirat ist für sie womöglich nur ein Umweg. Vielleicht will sie ihre Familie unterstützen, Gelegenheit zur Umsetzung eigener Pläne herbeiführen, auf jeden Fall verspricht sie sich wohl bessere Lebensumstände als in ihrer Heimat. Dass Mai Ling womöglich nicht das schüchterne, unauffällige, stets dienstbare „Frauchen" ist, das Grundwirmer glaubt eingekauft zu haben, lassen die Autoren am Ende mit Mai Lings fehlerfrei gesprochenem Satz durchscheinen. Sie widerspricht ihrem Ehemann zwar nicht, doch vielleicht ist ihre Art, nicht sofort zu reagieren, eine Form von stummem Protest gegen ihn und geht nicht auf fehlende Sprachkenntnisse zurück. Die wirklich Überlegene könnte somit die Ehefrau sein – es ist gut vorstellbar, dass sie es nur noch so lange wie nötig (vielleicht wegen der Papiere, des Bleiberechtes?) bei diesem Mann aushalten wird.

Die Intention der Autoren wird mit dieser kurzen Szene prägnant und effektvoll dargestellt: **Fremdenfeindlichkeit, Überheblichkeit und Intoleranz**, die sich eben auch oder gerade im Alltäglichen verstecken können, werden schonungslos bloßgestellt und verurteilt.

Lösungsvorschlag 2: Interpretation und innerer Monolog

Die Interpretation kann sich an den Ausführungen auf S. 28–30 orientieren. Sollten Sie sich dafür entscheiden, einen inneren Monolog auszuarbeiten, wird die Interpretation knapper ausfallen, Sie müssen das Verhalten der Protagonisten dann nicht bewerten. Es entfällt die ausführliche Beschäftigung mit der Intention des Textes. Ein innerer Monolog könnte wie das folgende Beispiel aussehen.

Jetzt geht es also los, die Kameras sind ja schon aufgebaut. Wie breit er grinst! Wo das wohl gesendet wird? Und jetzt soll ich brav „Grüß Gott" sagen, als wäre ich ein Tier, das vorgeführt wird. Er weiß ja gar nicht, ob ich an seinen Gott glaube, er hat mich noch nie danach gefragt, redet überhaupt mit mir, als sei ich ein dummes Kind.

Die Fernsehleute schauen auch schon ganz komisch, er quatscht ja ohne Punkt und Komma, sie kommen nicht mal dazu, ihm eine Frage zu stellen. Vietnamesinnen sind „robuster"? Ich „schmutze nicht"?! Was glaubt er denn, über wen er da redet?! Ich bin doch keine Zimmerpflanze oder irgendein Haustier, sondern seine Ehefrau! Dabei hieß es, Ehepartner in Deutschland würden respektvoll miteinander umgehen – die Frauen in Deutschland haben doch inzwischen die gleichen Rechte wie die Männer!

Was will er? Den „Proschbekt"? Ach, den Prospekt, warum holt er ihn nicht selber? Soll ich jetzt wirklich aufstehen? Aber wenn ich's nicht tu, wer weiß, was dann kommt, und noch dazu vor den Fernsehleuten ... Ja, zeig ihn nur her, diesen Prospekt, all die jungen Frauen, meine Freundin Sarinee ist auch drin abgebildet – wie es ihr jetzt wohl geht? Ob sie glücklicher ist als ich? – Wie hoffnungsfroh wir waren, als wir uns dafür haben fotografieren lassen, alles wird gut, dachten wir, wir werden reich, können unseren Eltern und den Geschwistern jeden Monat Geld schicken, damit es ihnen endlich besser geht! Ich dachte, vielleicht kann ich mir hier sogar einen guten Beruf suchen, Lehrerin, das wäre ich gerne, ich habe doch sogar extra angefangen, Deutsch zu lernen, damit ich hier Fuß fassen kann ... Und nun?

„Import" – „Anschlußkosten" – „Einzelabnehmer" – als sei ich eine Ware, mit der man einfach handeln kann! Und jetzt macht er auch noch schlüpfrige Kommentare, meint, er muss mit sowas vor der Kamera prahlen. Vielleicht hätte ich genauer überlegen sollen, was das wohl für Männer sind bei der Heiratsvermittlung ... Das darf so nicht weitergehen, das halte ich auf die Dauer nicht aus – aber wenn er wütend wird? Was dann? Kann ich ihm denn einfach so widersprechen?

Jetzt soll ich schon wieder was holen, Zigaretten, als ob er die jetzt wirklich bräuchte! Nein, ich verstehe überhaupt nicht schlecht, ich verstehe sogar sehr gut, was du willst, da, hier hast du deine Zigaretten! – Wie er mich lobt, als sei ich ein gut dressierter Hund! „Sammer sehr zufrieden"?! Jetzt muss ich doch was sagen. –

Deutsch (Thüringen): Abiturprüfung 2014
Aufgabe 5: Interpretation eines lyrischen Textes

Novalis (1772–1801)
Kenne dich selbst
Freyberg, 11. Mai 1798

Eins ist, was der Mensch zu allen Zeiten gesucht hat;
    Ueberall, bald auf den Höhn, bald in dem Tiefsten der Welt –
Unter verschiedenen Namen – umsonst – es versteckte sich immer,
    Immer empfand er es noch – dennoch erfaßt er es nie.
5 Längst schon fand sich ein Mann, der den Kindern in freundlichen Mythen
    Weg und Schlüssel verrieth zu des Verborgenen Schloß.
Wenige deuteten sich die leichte Chiffre der Lösung;
    Aber die wenigen auch waren nun Meister des Ziels.
Lange Zeiten verflossen – der Irrthum schärfte den Sinn uns –
10   Daß uns der Mythus selbst nicht mehr die Wahrheit verbarg.
Glücklich, wer weise geworden und nicht die Welt mehr durchgrübelt,
    Wer von sich selber den Stein ewiger Weisheit begehrt.
Nur der vernünftige Mensch ist der ächte Adept[1] – er verwandelt
    Alles in Leben und Gold – braucht Elixire nicht mehr.
15 In ihm dampfet der heilige Kolben – der König ist in ihm –
    Delphos[2] auch und er faßt endlich das: *Kenne dich selbst.*

Novalis: Kenne dich selbst. In: Sprachspeicher. 200 Gedichte auf deutsch vom achten bis zum zwanzigsten Jahrhundert. DuMont Buchverlag, Köln 2001, S. 164.

1 Bezeichnung für eine Person, die in eine Geheimlehre, Geheimwissenschaft oder in Mysterien eingeweiht ist
2 griechische Stadt Delphi

Arbeitsanweisung

Interpretieren Sie das Gedicht.

Hinweise und Tipps

Voraussetzungen
Die Aufgabe verlangt die Interpretation des Gedichts. Das heißt, Sie beschreiben **Form und Inhalt** und erklären beziehungsweise deuten die **Aussage des Gedichts**. Da Form und Inhalt eine ästhetische Einheit bilden, sollte die Analyse beider miteinander verbunden werden. Betrachten Sie die verwendeten sprachkünstlerischen Mittel also nicht losgelöst von ihrer Funktion und ihrer Wirkung.
Die Herstellung eines **persönlichen Bezuges** im Schlussteil bietet sich an, sollte jedoch nur ergänzend wirken. Möglich, aber nicht obligatorisch ist es auch, das **Rahmenthema** aufzugreifen. Sowohl in der Einleitung als auch im Schlussteil können Sie sich darauf beziehen, dass der Mensch laut Novalis nach Erkenntnis nicht in der Außenwelt, sondern in sich selbst suchen muss, er sich also „das Interessanteste" ist.

Erläuterung der Aufgabenstellung
Wahrscheinlich ist Ihnen der Name des Dichters Novalis aus dem Literaturunterricht bekannt, weshalb Ihnen auch die Einordnung des Gedichts in die Epoche der Frühromantik leichtfallen sollte. Die Herstellung eines biografischen Bezuges zu Friedrich Freiherr von Hardenberg, der sich das Pseudonym Novalis gab, dürfte sich schwieriger gestalten. Das Wissen um die biografischen Hintergründe von Novalis ist für die Interpretation des Gedichts nicht zwingend erforderlich, jedoch ebenso hilfreich wie grundlegende Kenntnisse zur Epoche der (Früh-)Romantik.
Einige nützliche **Informationen zum Kontext** sind die folgenden: Die Angabe des Ortes und der Jahreszahl ermöglichen es, das Gedicht in die Zeit einzuordnen, zu der Novalis an der Bergakademie im sächsischen Freiberg Bergwerkskunde, Chemie und Mathematik studierte. Er befasste sich also selbst damit, die Natur wissenschaftlich zu erforschen. Wesentlich für die Philosophie Novalis' war seine Beschäftigung mit der Lehre Johann Gottlieb Fichtes und dessen Auffassung vom Ich, was sich wiederum in der Auseinandersetzung mit dem Thema „**Selbsterkenntnis**" zeigt.
Gut wäre es, wenn Sie erkennen, dass Novalis hier Begriffe aus der **Alchemie** verwendet. Dabei müssen Sie nicht die einzelnen Bedeutungen der Worte erläutern, aber das Vokabular in den entsprechenden Kontext stellen: Alchemisten versuchten seit dem Mittelalter mithilfe eines sogenannten „Steins der Weisen", eines noch unbekannten Stoffes aus der Natur, Silber oder gar Gold herzustellen. So waren sie stets auf der Suche nach diesem „Stein der Weisen", der die Umwandlung möglich machen könnte. Mit dem Aufkommen der empirischen Wissenschaften im 18. Jahrhundert endete die Zeit der Alchemisten, Novalis bezieht sich hier also auf eine Praxis, die nicht mehr aktuell ist.
Darüber hinaus ist es hilfreich, wenn Sie die Anspielung auf **Delphi** im letzten Vers zuordnen können: In der Antike suchten die Menschen in Griechenland Rat bei einem Orakel, das im Apollontempel in Delphi seine Prophezeiungen aussprach. Diesen Tempel zierte der Spruch „Kenne dich selbst".
Auch ohne dieses Wissen wird es Ihnen möglich sein, das Gedicht zu interpretieren. Allerdings ist die Lösung der Aufgabe in diesem Falle eine sehr anspruchsvolle Herausforderung.
Bei dieser Aufgabe ist es besonders wichtig, entsprechende **Vorüberlegungen** anzustellen: Wann verfasste Novalis sein Gedicht? Was wissen Sie über diese Epoche? Kennen Sie möglicherweise bereits andere Werke von Novalis? Welche Worte wählt der Dichter? Was schildert er inhaltlich? Achten Sie darauf, Ihre Ausführungen logisch zu begründen und am Text durch direkte sowie indirekte Zitate zu belegen. Denken Sie daran: Gedichte können auf verschiedene Weise ausgelegt werden, wichtig ist eine **überzeugende Argumentation**.

Lösungsvorschlag

Einleitung

Der Titel des frühromantischen Novalis-Gedichts aus dem Jahr 1798 gleicht einer Aufforderung: „Kenne dich selbst" – es fehlt im Grunde nur das Ausrufezeichen. Der Leser wird also bereits mit dem Titel darauf eingestimmt, dass er es auch mit einem **Blick auf sein eigenes Inneres** zu tun bekommt. Dieser Eindruck bestätigt sich spätestens nach dem Lesen der letzten Worte des Gedichts, die mit denen des Titels identisch sind.

Äußere Form

Das aus 16 reimlosen Versen bestehende Gedicht wurde vorwiegend in Daktylen verfasst, teilweise griff Novalis auch auf Trochäen zurück (vor allem in V. 1). Abgesehen von diesen kleineren Unregelmäßigkeiten kann man daher von Hexametern und Pentametern sprechen, also von sechshebigen Versen, die sich aus Daktylen mit und ohne Zäsur zusammensetzen. Je ein Hexameter und ein Pentameter bilden wiederum ein Distichon, eine in der Antike beliebte Strophenform. Durch den weitgehend regelmäßigen Rhythmus wirken die geäußerten Überlegungen **ruhig, fließend und auf das Fazit der letzten Verse zulaufend**. Die abschließenden Worte – „*Kenne dich selbst*" (V. 16) – werden besonders betont, da die Zäsur im Metrum später erfolgt als in den übrigen Versen.

Abgesehen von den ersten vier zusammengehörenden Versen bilden je zwei Zeilen einen Satz. Besonders stark tritt eine Verbindung der Verse durch das Enjambement in Vers 13 f. hervor. Dass es sich hier um eine **Schlüsselstelle** handelt, lässt sich also bereits anhand des Aufbaus vermuten.

Sowohl die Reimlosigkeit als auch die Wahl des Metrums lassen einen Bezug zur **Antike** erkennen, der inhaltlich im letzten Vers mit dem Hinweis auf Delphi aufgegriffen wird.

Inhaltliche und sprachliche Gestaltung

Der letzte der 16 Verse in dieser Gedankenlyrik bildet mit dem ersten Vers einen Rahmen. Die erste Zeile deutet rätselhaft an, der Mensch sei immer auf der Suche gewesen („was der Mensch zu allen Zeiten gesucht hat", V. 1). Den **Gegenstand dieser Suche** beschreibt der Dichter als „*Eins*" (V. 1). Das Unbestimmte, Geheimnisvolle wird nicht näher benannt, der Rezipient begibt sich mit dem Weiterlesen selbst auf die Suche danach, um am Ende des Gedichts die Lösung des Rätsels zu erfahren: „*Kenne dich selbst.*" (V. 16) Erkenne, wer du bist, dann hast du das Wissen erlangt, welches du gesucht hast. Verstärkt wird die Verbindung auch optisch: Sowohl das erste Wort als auch die Aufforderung in Vers 16 sind kursiv gesetzt.

Die Verse innerhalb des Rahmens streben diesem Schlusssatz zu, sie laufen auf ihn hinaus, denn er bildet gewissermaßen den Höhepunkt der gedanklichen Auseinandersetzung, die im Gedicht gestaltet wird.

Nachdem am Anfang der **Impuls zur Suche** gegeben worden ist (vgl. V. 1), wird diese in den folgenden Versen beschrieben. Wo man auch suchte, ob „auf den Höhn" oder „in dem Tiefsten der Welt" (V. 2), also an den gegensätzlichsten Orten, man fand das „Eine" nicht. Wie man es auch benannte, „[u]nter verschiedenen Namen" (V. 3), alle Suche war vergebens, denn „es versteckte sich immer" (V. 3). Obwohl der Mensch eine Ahnung von dem, was er suchte, hatte, „erfaßt[e] er es nie" (V. 4). Das vergebliche und qualvolle Suchen des Menschen nach dem Einen wird durch den Gebrauch von **Antonymen** verstärkt: die „Höhn" und das „Tiefste[ ] der Welt" (V. 2), „[i]mmer" und „nie" (V. 4). Der Superlativ „das Tiefste" betont diesen Gegensatz und damit die Intensität der Anstrengungen noch. Der **Chiasmus** in Vers 4 stellt dem (erfolgreichen) Empfinden das (erfolglose) Erfassen gegenüber.

Das lyrische Ich verweist darauf, dass der Schlüssel zum Gesuchten dem Menschen in seiner **Kindheit** bereits verraten wurde. In „freundlichen Mythen" (V. 5), die den Kindern erzählt wurden, hätten sich „Weg und Schlüssel […] zu des Verborgenen Schloß" (V. 6) gezeigt. Wenige nur konnten die Mythen deuten und zur Lösung des Rätsels gelangen, sagt das lyrische Ich: „Aber die wenigen auch waren nun Meister des Ziels." (V. 8)

Dabei verwendet Novalis das Wort „**Chiffre**" (V. 7), also geheimes Zeichen, und spricht so die Problematik an, in kunstvolle Worte gekleidete Botschaften entschlüsseln zu müssen. Mit dieser Schwierigkeit sieht sich nun auch der Leser von Novalis' Gedicht konfrontiert, denn es stellt sich die Frage, wie die Verse gemeint sind. Man kann sie so lesen, dass die Suche nach dem „es" (V. 3) durchaus nicht vergeblich bleiben muss. Es ist ganz im Gegenteil eigentlich sogar einfach, die Aussagen richtig zu deuten, denn es handelt sich um eine „leichte Chiffre der Lösung" (V. 7). Warum gelingt es dann aber nur wenigen Menschen, „Weg und Schlüssel" (V. 6) zum Versteck des Gesuchten zu finden?

Das lyrische Ich gibt die Antwort darauf und bezieht den Leser in seine Überlegungen mit ein, indem es ihn in ein „uns" (V. 9) einschließt: Erst mit den Erfahrungen, die ein Mensch im Laufe seines Lebens macht, stellt sich ihm das Gesuchte klarer dar, denn „**der Irrthum schärfte den Sinn uns**" (V. 9). Das lyrische Ich nimmt sich nicht aus, es gehört nicht zu den Wenigen, welche die Zeichen recht bald richtig deuten konnten, sondern es ist ebenfalls – wie wohl die meisten Menschen – auf die Zeit angewiesen, der es seine Einsichten verdankt.

Aus Fehlern lernen wir, diese Wahrheit ist auch uns bekannt. Erst mit einiger Lebenserfahrung kann der Mensch so entdecken, dass in den Mythos, den er als Kind vernahm, bereits der Schlüssel verborgen, der Weg beschrieben war. Tatsächlich handelt es sich bei Mythen ja um erdachte Geschichten, denen jedoch reale Begebenheiten zugrunde liegen. Diese Erzählungen gilt es zu durchschauen, um an den **wahren Kern** der Mythen zu gelangen. Jetzt kann der Mensch „die Wahrheit" im „Mythus" (V. 10) erkennen, dessen Botschaft also verstehen.

Und eben jener Botschaft widmet sich der lyrische Sprecher nun. Er preist denjenigen als „[g]lücklich", der „weise geworden" (V. 11), der also etwas erkannt hat: Es geht nicht darum, Überlegungen über die Außenwelt anzustellen, in Novalis' Worten „die Welt [zu] durchgrübel[n]" (V. 11). Vielmehr findet derjenige das Glück, welcher den Blick auf das eigene Ich richtet. In diesem Sinne sollte also auch nicht in der Natur nach dem „Stein ewiger Weisheit" (V. 12) gesucht werden, sondern im Inneren des Menschen.

Diese Erkenntnis leitet über zu den letzten vier Versen, die sich geradezu wie ein **Fazit** der bisher entwickelten Gedanken lesen. Das lyrische Ich lobt den „vernünftige[n] Mensch[en]" (V. 13) und meint, dieser sei als „[e]chte[r] Adept" (V. 13) eingeweiht in die Mysterien. Mithilfe zahlreicher Metaphern aus dem Bereich der Alchemie erklärt der Sprecher hier, dass die **Vernunft** – und nicht der Rückgriff auf „Elixire" (V. 14), also eher magisch anmutende Mittel, – zur Lösung des Rätsels führe: **Das Ziel der Suche sei schließlich die Selbsterkenntnis.**

Wie bereits angesprochen wird diese Aussage durch ein **Enjambement** besonders hervorgehoben: Die Erklärung, inwiefern eine vernünftige Person in das geheime Wissen eingeweiht sei, folgt hier am Übergang von Vers 13 zu Vers 14: Sie kann ohne jegliche Hilfsmittel „[a]lles" (V. 14) zu Gold verwandeln, also zu etwas Edlerem machen.

Damit ist die Suche abgeschlossen, welche sich in **drei wesentlichen Schritten** vollzogen hat: Zunächst glaubt der Mensch, in der Natur des Rätsels Lösung zu finden (V. 2 – 4), dann versucht er, mithilfe von „Mythen" (V. 5), also sozusagen über den Weg der Poesie, dem Ziel näher zu kommen (V. 5 – 8), ehe er letztlich erkennt, dass in ihm selbst der Schlüssel zur Weisheit liegt (V. 9 – 16). Diese Suche kann nun einerseits den Entwicklungsprozess in einem einzelnen Menschenleben spiegeln, von der Kindheit über die Irrtümer im Laufe des Lebens bis hin zur Weisheit mit zunehmendem Alter. Es ist aber auch möglich, dass Novalis hier von der gesamten Menschheitsgeschichte spricht.

Weiterführende Deutungsansätze
Novalis verwendet bewusst Begriffe aus der Alchemie: „Stein ewiger Weisheit" (dem „Stein der Weisen" entsprechend), „Adept", „Gold", „Elixiere", „heiliger Kolben" oder „König" (vgl. V. 12 ff.). Er stellt damit einen Bezug zur Epoche des Mittelalters her, in der man alchemistische Experimente durchführte und die von den Romantikern als Ideal betrachtet wurde. Denn zu dieser Zeit hatte es aus Sicht der Autoren des 18./19. Jahrhunderts noch keine Spaltung in Vernunft- und Gefühlswelt gegeben, welche die Vertreter der Romantik aufzuheben bemüht waren. So ist „der vernünftige Mensch" für Novalis gleichzeitig eine Person, die in Geheimlehren eingeweiht ist (vgl. V. 13). **Vernunft und Mysterium sind keine unvereinbaren Gegensätze**, bilden keinen Widerspruch.

Zudem verbindet Novalis hier die **Außen- mit der Innenwelt:** Erst durch die vergebliche Suche in der Natur und auf dem Wege der Mythen erkennt der Mensch, dass er im Inneren suchen muss. Die Erfahrung, Irrtümer begangen und an den falschen Orten gesucht zu haben, ist in der Regel also die Voraussetzung für diese Weisheit.

Das Gedicht von Novalis spiegelt teilweise den historischen Kontext um 1800 wider: Die Selbsterkenntnis spielte eine entscheidende Rolle für das Streben nach Höherem. Um sich weiterzuentwickeln und zu **vervollkommnen**, sollte der Mensch sich selbst befragen, den eigenen moralischen Zustand, seine Neigungen und Pflichten kennen. Hierzu passend wählt Novalis die Bilder der letzten vier Verse: Der „Stein der Weisen", also das Mittel, um in einen edleren Zustand übergehen zu können, liegt im Inneren; der „Kolben" (V. 15), in dem die Substanzen gemischt werden, findet sich im Menschen selbst.

Interessant ist in diesen letzten Versen auch der **Verweis auf Delphi** (vgl. V. 16). Hier schlägt Novalis nicht nur einen Bogen zum Mittelalter, sondern sogar bis in die **Antike**, denn damals befragten die Menschen in dieser griechischen Stadt ein Orakel auf der Suche nach der Wahrheit und dem richtigen Weg. Damit zeigt Novalis, dass die Frage der Selbsterkenntnis sich schon seit Menschengedenken stellt.

„*Kenne dich selbst*" (V. 16), baut Novalis also eine Verbindung zum ersten Vers. Mit dieser Aufforderung löst er die Spannung auf und regt den Leser an, die Frage nach dem eigenen Ich zu stellen.

Schlussgedanke
Sich selbst zu kennen ist eine wesentliche Voraussetzung für die Gestaltung eines gelingenden Lebens. Mit den Fragen *Wer bin ich? Was macht mich aus? Was will ich?* sieht sich wohl jeder Mensch mehrmals im Laufe seines Lebens konfrontiert. Wer sich gut kennt und weiß, was er will, kann sein Leben bewusst gestalten.

Deutsch (Thüringen): Abiturprüfung 2015
Aufgabe 1: Materialgestützte Erörterung

Material 1:

Gerechtigkeit

[…] Seit Aristoteles wird zwischen ausgleichender und austeilender G[erechtigkeit] unterschieden. Ausgleich wird im Verhältnis zwischen den Individuen geschaffen, wenn z. B. geschlossene Verträge eingehalten werden (der Verkäufer übergibt die Ware, der Käufer zahlt den Kaufpreis; die geleistete Arbeit wird entlohnt) oder Schadensersatz
5 geleistet wird (auch: Tausch-G.).

Die austeilende G. bezieht sich auf das Verhältnis des Individuums zur Gemeinschaft: Das Individuum trägt (entsprechend seinen Kräften) zum Wohle der Gemeinschaft bei, erfüllt die staatsbürgerlichen Pflichten, zahlt Steuern etc., und die Gemeinschaft sorgt dafür, dass dem Individuum sein (verhältnismäßig) gerechter Anteil (z. B. Fürsorge) bzw.
10 seine gerechte Strafe (bei Verstoß gegen die Ordnung) zukommt. Traditionell gehört damit die Aufrechterhaltung einer gerechten Ordnung zu den Pflichten der Herrschenden bzw. kommt den Beherrschten bei Unrecht ein Widerstandsrecht zu. […]

Schubert, Klaus/Klein, Martina (Hrsg.): Das Politiklexikon. Bonn: Dietz 2011.
http://www.bpb.de (21. 10. 2014)

Gerechtigkeit

Kurzerklärung

Gerechtigkeit regelt die Beziehungen von Menschen zu anderen Menschen, sie betrifft also Interaktionen, und sie enthält immer ein Moment von Gleichheit. Zentrale Frage ist,
15 wie das „ius suum", „sein Recht", bestimmt wird. […]

Springer Gabler Verlag (Herausgeber), Gabler Wirtschaftslexikon, Stichwort:
Gerechtigkeit, online im Internet: http://wirtschaftslexikon.gabler.de/Definition/
gerechtigkeit.html (Autor: Lin-Hi Nick)

Material 2:

Gleichheit, 1) *allg.* 1) die bei einem Vergleich von Gegenständen oder Sachverhalten auffindbare Übereinstimmung; negativ ausgedrückt: das Fehlen von Unterschiedsmerkmalen; 2) gleiche Stellung und Rechte.

2) *Ethik und Staatsphilosophie:* Geschichtlich stellt die heutige G.-Idee eines der Grund-
5 prinzipien der modernen Demokratie („Freiheit, Gleichheit, Brüderlichkeit") dar. Sie beruht auf der Überzeugung, daß die Menschen ihrer allgemeinen leiblich-seel. Natur nach gleich sind und daß jeder von ihnen als sittl. Person einen absoluten Wert darstellt. Mit den tatsächlich vorhandenen Ungleichheiten zw. den Menschen – nach Geschlecht, Alter, Besitz, Bildung, Begabung und sozialer Leistung – steht die G.-Idee demnach in
10 einer offensichtl. Spannung; gerade darum hat sie in der Geschichte der sozialen Ideen und Bewegungen immer wieder eine (großenteils revolutionäre) Rolle gespielt.
[…]

Brockhaus Enzyklopädie in vierundzwanzig Bänden. Achter Band. F. A. Brockhaus
GmbH. Mannheim 1989, S. 580.

Material 3:
Florian Gasser und Stefan Müller
Interview mit dem Historiker Roman Sandgruber
„Absolute Gleichheit ist eine Illusion"

DIE ZEIT: Herrr Sandgruber[1], kennen Sie einen Millionär?

Roman Sandgruber: Ich hatte zum Beispiel Kontakt mit Mitgliedern der Familie Manner, die schon 1910 zu den Millionären zählte und sich bis heute ihre Stellung bewahrt hat. Josef Manner habe ich ein paarmal besucht, ein wirklich sehr bescheidener Mann.

ZEIT: Bescheidenheit ist eine neue Zier der Reichen. Früher wurde Vermögen zur Schau gestellt.

Sandgruber: Für den mitteleuropäischen Raum stimmt das. Die Zurückhaltung begann in der Zwischenkriegszeit. Die wohlhabenden Juden hatten die berechtigte Angst, dass ihr Vermögen geraubt wird. Dazu musste man befürchten, dass die öffentliche Hand zugreift. Die Einkommensteuer stieg von fünf Prozent vor dem Ersten Weltkrieg auf 60 Prozent Anfang der 1920er Jahre, und auch die Vermögensteuer wurde kräftig erhöht.

ZEIT: Sie schreiben, dass schon damals Vermögen ins Ausland gebracht wurde, um dem Fiskus zu entgehen. Das ist heute wieder aktuell. Die Debatte wird teils mit einer gewissen Häme geführt, erkennen Sie darin einen Reichenhass?

Sandgruber: Hass nicht, aber die Einkommens- und Vermögensverteilung ist in den vergangenen Jahrzehnten weltweit ungleicher geworden. Das ist auch eine Folge langer Friedenszeiten, in denen Vermögen aufgebaut wird.

ZEIT: Und das führt zu Neid?

Sandgruber: Bei den unteren Schichten, ja. Andererseits kann es bei den Reichen zu Gier führen. Mit Vermögen lassen sich rasch neue, arbeitslose Einkommen und damit neue Vermögen schaffen. [...]

ZEIT: Sie stellen die Frage, ob sich die Geschichte wegen der zunehmenden Ungleichheit wiederhole. Wollen Sie andeuten, es könnte wieder krachen?

Sandgruber: Nein, vor allem in der EU fehlt die Kriegsbereitschaft, die es 1914 gab. Trotzdem könnten die sozialen Konflikte größer werden – die gab es auch vor dem Ersten Weltkrieg.

ZEIT: Gehört eine gewisse Ungleichheit zum kapitalistischen System nicht einfach dazu?

Sandgruber: Natürlich, und bis zu einem gewissen Grad muss es sie geben, um Anreize zu bieten, sonst funktioniert der Kapitalismus nicht – altruistisch sind nämlich nur die wenigsten. Aber es ist eine Frage der Ausgewogenheit.

ZEIT: Es geht also um Gerechtigkeit und nicht um Gleichheit?

Sandgruber: Absolute Gleichheit ist eine Illusion und nicht erstrebenswert. In einer ungleichen Gesellschaft können außerordentliche Leistungen geschaffen werden. Was wir heute am Wien der Ringstraßenzeit[2] bewundern, würde es ohne die damalige große Ungleichheit nicht geben. [...]

ZEIT: Ein Sozialstaat funktioniert nur mit einem Mindestmaß an gesellschaftlichem Zusammenhalt. Ist er gefährdet, wenn alle auseinanderdriften?

Sandgruber: Das birgt Gefahrenpotenzial. Ohne eine annähernde Ebenbürtigkeit aller funktioniert Demokratie nicht. Völlig ungleiche Staaten wie Russland haben auch keine echte Demokratie.

ZEIT: In den USA gibt es eine große Ungleichheit, aber keine großflächigen Sozialproteste.

Sandgruber: Die USA sind ungleich auf hohem Niveau. Solange der Amerikanische Traum vermittelt werden kann, funktioniert das.

ZEIT: Die Frage ist also, wie arm die Ärmsten sind?

Sandgruber: Nein, die Spannweite spielt schon eine Rolle. Es können die Ärmsten sehr arm sein und nicht revoltieren. Bei den Bauernkriegen der Feudalzeit stellte sich diese Frage. Das waren keine Armenaufstände. Die Aufrührer waren Großbauern, die ihren Lebensstandard bedroht sahen.

ZEIT: Bedeutet Verteilungsgerechtigkeit „das größte Glück aller", wie der Ökonom John Stuart Mill im 19. Jahrhundert schrieb?

Sandgruber: Das ist zu allgemein und sagt nichts über Verteilung aus. Wie soll dieses Glück aussehen? Aber die Frage ist berechtigt: Misst das Volkseinkommen das Wohlergehen? Wenn das BIP um zwei Prozent steigt, heißt das nicht, dass es uns nun um zwei Prozent besser geht. Daher wird oft versucht, andere Wohlstandsindikatoren zu finden, wie Umweltfaktoren oder die Landschaft.

ZEIT: Jemandem, der hungert, können Sie nicht sagen, er habe zum Ausgleich eine hübsche Landschaft vor der Haustür.

Sandgruber: Natürlich nicht. Aber das absolute Existenzminimum und Hunger spielen bei uns keine Rolle.

ZEIT: Das hätte ein griechischer Ökonom vor einiger Zeit über sein Land auch gesagt.

Sandgruber: Ich würde nicht ausschließen, dass sich die Entwicklung bei uns ebenfalls umkehrt, dass die Gesellschaft ärmer wird und Teile, die heute als relativ arm gelten, dann absolut arm sind. [...]

ZEIT: Werden die künftigen Verteilungskämpfe zwischen Jung und Alt ausgefochten werden?

Sandgruber: Die Altersverteilung ändert sich dramatisch. Als Politiker hütet man sich noch davor, den Alten etwas wegzunehmen, sie stellen den Großteil der Wähler. Die ökonomischen Realitäten werden aber anderes erzwingen.

ZEIT: Wann?

Sandgruber: Nächstes Jahr gehe ich in Ruhestand und habe statistisch noch fast zwanzig weitere Jahre vor mir. Ich gebe mich keinen Illusionen hin, meine Pension wird nicht halten. Irgendwann werden die, die arbeiten und die Steuer aufbringen, revoltieren, weil sie nicht mehr dazu bereit sind. Wenn es wirklich hart auf hart kommt, dann sitzen wir, die Alten, am kürzeren Ast.

ZEIT: Weil sie zwar mehr an der Zahl sind, aber in einer Revolte körperlich unterlegen wären?

Sandgruber: Genau. Aber bevor es dazu kommt, zahle ich lieber.

Quelle: DIE ZEIT, Nr. 13/2014 vom 25. 03. 2014.

1 Leiter des Instituts für Sozial- und Wirtschaftsgeschichte der Universität Linz
2 1857–1914: Prachtboulevards: symbolisch für die Ära der späten Monarchie, als Schauplatz des Aufstiegs des Großbürgertums, einer Welt des Sehens und Gesehenwerdens und einer blühenden Kunst- und Kulturszene

Material 4:
Donella Meadows
Wenn die Welt ein Dorf ... mit nur 1 001 Einwohnern wäre ... (Auszug)
Auf unserer Erde leben derzeit über 6 Milliarden Menschen. Die Zahl 6 000 000 000 ist für viele Menschen keine vorstellbare Größe. Die Autorin und Wissenschaftlerin Donella Meadows (1941–2001) machte es sich zur Aufgabe, komplizierte Thesen und Formeln für jeden verständlich zu formulieren. Sie illustrierte abstrakte Zahlen mit einem Gedankenspiel: Wie sähe unsere Welt aus, wenn sie ein Dorf mit nur 1 001 Einwohnern wäre.

Krankheiten

Ein Drittel, also **330 Dorfbewohner**, haben keinen Zugang zu sauberem Trinkwasser.

600 können hygienische sanitäre Anlagen wie Dusche, Toilette und Badewanne benutzen, der Rest hat **keinen Zugang** zu solchen Anlagen.

Nahrung

Im Dorf gibt es
1 890 Hühner
310 Schafe und Ziegen
230 Rinder
150 Schweine
und dennoch:
über **600 Menschen** leiden ständig unter Hunger, davon sind **260 ernstlich** unterernährt.
160 leiden zeitweise an **Hunger**.
Nur 240 haben immer genug zu essen.

Bildung

Von den **640 Erwachsenen** in diesem Dorf wären die Hälfte Analphabeten und könnten weder lesen noch schreiben.

Im Dorf befinden sich **380 Kinder und Jugendliche** im schulfähigen Alter zwischen fünf und 24 Jahren;

davon gehen **310** zur Schule,

70 jedoch aufgrund ihres sozialen Umfeldes **nicht**.

Meadows, Donella: Wenn die Welt ein Dorf ... mit nur 1001 Einwohnern wäre ... Bombus-Verlag, München 2003, S. 23–29.

Arbeitsanweisung

Verfassen Sie auf der Basis der Materialien 1–4 und Ihrer eigenen Erfahrungen einen Essay zum Thema „Gerechtigkeit und Gleichheit".

oder

Verfassen Sie auf der Basis der Materialien 1–4 und Ihrer eigenen Erfahrungen einen Artikel für Ihre Schülerzeitung zum Thema „Gerechtigkeit und Gleichheit".

Ergänzung zur Arbeitsanweisung: Die der gesamten Prüfung vorangestellten Anmerkungen weisen darauf hin, dass Sie bei der von Ihnen gewählten Aufgabe über die Einbeziehung des Rahmenthemas „Es gibt nichts Stilleres als eine geladene Kanone" entsprechend der Aufgabe entscheiden sollen, sofern dessen Berücksichtigung nicht ausdrücklich verlangt ist.

Hinweise und Tipps

- Bei der **materialgestützten Erörterung** müssen Sie sich mit einer festgelegten Thematik (hier „Gerechtigkeit und Gleichheit") auseinandersetzen. Dazu sind in der vorliegenden Aufgabe vier **Materialien** vorgegeben, die in die eigene Argumentation einzubeziehen sind. In welchem Umfang Sie das tun, ist Ihnen selbst überlassen. Wichtig ist, dass Sie **alle Materialien** verwenden. Eine detaillierte Analyse der Materialien wird nicht verlangt.
- Die Aufgabenstellung enthält zwei Varianten, von denen Sie eine wählen müssen: das Verfassen eines Essays oder das Verfassen eines Artikels für Ihre Schülerzeitung. Beiden gemeinsam ist, dass Sie sich argumentativ mit der Thematik auseinandersetzen sollen.
- Der Essay wird oft als „**Gedankenspaziergang**" bezeichnet, bei dem der Verfasser seine Überlegungen frei fließen lässt. Ihr Text darf also gedankliche Sprünge enthalten, dennoch ist es ratsam, die Gestaltung des Aufsatzes zu planen. Sie können hier selbst Schwerpunkte wählen und Ihrer Darstellung eine **subjektive Note** geben. Jedoch gilt es auch hier, mit Sachwissen zu operieren und sich kontrovers mit der Thematik auseinanderzusetzen. Außerdem sind Essays in der Regel **sprachlich attraktiv** gestaltet, enthalten Stilmittel und geistreiche Wendungen und schlagen zuweilen einen ironischen Tonfall an.
- Sollten Sie sich für den Artikel als Darstellungsform entscheiden, ist insbesondere der **Adressatenbezug** zu beachten. Geben Sie Ihrem Text eine aussagekräftige Überschrift, um Ihre Mitschüler zum Lesen zu animieren. Schreiben Sie aus der Position eines Abiturienten heraus und begeben Sie sich nicht auf das Sprachniveau eines Fünftklässlers. Auch wenn Sie für Ihre Schülerzeitung schreiben, ist eine Häufung umgangssprachlicher Wendungen fehl am Platz. Besonders müssen Sie bei dieser Darstellungsform auf Einleitung und Schluss achten, da Sie mit einem Artikel ein bestimmtes Ziel verfolgen: Aufklärung, Reaktion auf bestimmte Vorkommnisse an Ihrer Schule oder in den Medien, Motivation o. Ä.
- Machen Sie sich zunächst die **Thematik „Gerechtigkeit und Gleichheit"** klar. Die ersten beiden Materialien enthalten Definitionen der Begriffe „Gleichheit" und „Gerechtigkeit". Es geht hier um den aristotelischen Grundgedanken von „ausgleichender und austeilender Gerechtigkeit" und die zentrale Frage, wie individuelles Recht bestimmt werden kann oder soll. Material 3 enthält Auszüge aus einem Interview mit dem Historiker Roman Sandgruber, das sich vordergründig dem Thema „Verteilungsgerechtigkeit" widmet. Sandgruber betrachtet Ungleichheit als Triebfeder von Entwicklung im Kapitalismus und kommt zu der These: „Absolute Gleichheit ist eine Illusion […]." (M 3, Z. 33) Das Gedankenspiel in Material 4 illustriert die globale Ungleichheit an den Beispielen Wasserversorgung, Ernährung und Bildung.
- Bei der Auseinandersetzung mit dem Thema dürfen Sie selbstverständlich auch Kritik an den vorgegebenen Quellentexten üben und auf diese Weise zeigen, dass Sie Standpunkte hinterfragen und eine eigene Meinung vertreten können.
- Die Anlage Ihres Aufsatzes erfordert eine Schwerpunktsetzung, um einen Zusammenhang zwischen den einzelnen Materialien, dem Thema und Ihren eigenen Gedanken herzustellen.
- Da Sie sich sowohl beim Verfassen eines Essays als auch eines Artikels persönlich mit der Thematik auseinandersetzen sollen, ist es ratsam, eigene Überlegungen in den Mittelpunkt zu rücken und diese anhand der Materialien zu stützen.
- In Ihrer Darstellung gilt es, die **Gedankengänge präzise und nachvollziehbar** zu entwickeln. Im Fazit können Sie den **eigenen Platz als Individuum** in der Gesellschaft reflektieren und Konsequenzen für sich selbst ableiten.
- Der nachfolgende **Essay** ist als Vorschlag zu betrachten. Andere Denk- und Lösungsansätze sind durchaus vorstellbar.

Lösungsvorschlag

Wie gleich sind wir noch gleich? – Reflexionen zu Gerechtigkeit und Gleichheit

„All animals are equal." – Alle Tiere sind gleich. So formulierte George Orwell das siebte derjenigen Gebote, die sich die Tiere in seinem 1945 erschienenen Buch „Animal farm" selbst geben, nachdem sie sich der Gewaltherrschaft der Menschen entzogen haben. „Welche Errungenschaft!", möchte man ausrufen. Beim weiteren Lesen erfolgt die Ernüchterung: „Manche sind gleicher." – Manche sind gleicher?! Das war es dann wohl schon wieder mit der Gleichheit.

„Alle Menschen sind vor dem Gesetz gleich." So proklamiert Artikel 3 des Grundgesetzes der Bundesrepublik Deutschland den **allgemeinen Gleichheitssatz**, der laut der Brockhaus Enzyklopädie als „eines der Grundprinzipien [jeder] modernen Demokratie" (M 2, Z. 4 f.) nicht nur in der deutschen Staatsverfassung eine grundlegende Rolle spielt.

Vor dem Gesetz – das muss betont werden. Das Gesetz soll die gleichen **rechtlichen Voraussetzungen** für alle Bürger schaffen; niemand soll benachteiligt oder bevorzugt werden. Jeder hat aber auf dieser Grundlage die Freiheit, sein Leben nach den eigenen Vorstellungen zu gestalten. Das Ziel des Gleichheitssatzes ist daher nicht eine **Gleichmacherei** im Sinne einer Egalisierung individueller Unterschiede, in der jeder das Gleiche anzieht, verdient, fühlt, denkt und tut. Einem gesellschaftlichen System, das sich einer solchen Ide(ologi)e verschreibt, muss auf Dauer der Erfolg versagt bleiben. Allein ein Blick in die jüngere Vergangenheit zeigt, dass auch ein **Staatsgefüge wie die DDR**, in dem beispielsweise jedermann ein Grundrecht auf Arbeit zugestanden, großbäuerlicher Grundbesitz zugunsten von Zwangskollektivierungen aufgelöst, auf Kosten der beruflichen Selbstständigkeit die Einkommensverhältnisse egalisiert, auch sonstiges Privateigentum beschränkt wurde, nicht von zeitlosem Bestand sein kann. Hier hat der Wille zur Gleichheit zu Gleichmacherei und damit zu Stillstand geführt – und sich im Übrigen mit dem Willen zur Macht der politischen Eliten gepaart. Wer sollte die Einhaltung der sozialistischen Ordnung auch kontrollieren, ohne sich dem durchaus berechtigten Vorwurf ausgesetzt zu sehen, außerhalb – oberhalb – des Systems zu stehen und so „gleicher" zu sein wie manche der Tiere in Orwells Roman? Ein „Haus" absoluter Gleichheit lässt sich auf derartigem „Sand" nicht bauen.

Bei der Beurteilung von Gleichheit als gesellschaftlicher Kategorie kann es daher nicht darauf ankommen, im Sinne der allgemeinen Brockhaus-Definition „bei einem Vergleich von Gegenständen oder Sachverhalten [...] Übereinstimmung [oder] das Fehlen von Unterschiedsmerkmalen" (M 2, Z. 1 ff.) zwischen den Menschen zu finden. Eine **uniformierte Gesellschaft gleichgeschalteter Gleicher** kann nicht das Ziel sein – und wäre auch herzlich langweilig.

Insofern bleibt ein **Spannungsverhältnis** bestehen zwischen der gleichen Achtung jedes Menschen als Person bei gleichzeitiger Achtung der individuellen Unterschiede, die laut Brockhaus Enzyklopädie (M 2, Z. 8 f.) in „Geschlecht, Alter, Besitz, Bildung, Begabung und sozialer Leistung" liegen können. Denn wenn man sich den einzelnen Unterschieden zuwendet, dann stellt sich die Frage immer wieder neu: Wie viel **Gleichheit**, wie viel **Ungleichheit** wollen wir eigentlich?

Da wäre zum Beispiel die Frage nach dem Geschlecht. Laut Grundgesetz sind Männer und Frauen gleichberechtigt, und auch sozial wird die Umsetzung der **Gleichberechtigung** vorangetrieben. Noch zu Beginn des Jahrtausends wurden Frauen und Männer in der Bundeswehr ungleich behandelt: Dem sogenannten „schwachen Geschlecht" war der Dienst an der Waffe schlicht versagt. Heutzutage sind selbst weibliche Offiziere auch außerhalb vom militärischen Sanitäts- und Musikdienst keine Seltenheit.

Der gesellschaftliche Fortschritt in der Gleichberechtigung von Mann und Frau äußert sich auch jenseits der Bundeswehr in einer zunehmenden Veränderung der Berufswelt: Dass Frauen sich nur auf Kinder, Küche, Kirche konzentrieren, ist Schnee von gestern. Viele Hebel werden in Bewegung gesetzt, um Frauen die **gleichen beruflichen Chancen** zu ermöglichen wie Männern. Inzwischen drängt sich leise aber sicher eher eine andere Frage ins Bewusstsein: Erhalten Frauen, welche sich frei dazu entscheiden, zugunsten ihrer Kinder keiner beruflichen Tätigkeit nachzugehen, überhaupt noch die ihnen gebührende gesellschaftliche Achtung oder drohen sie Opfer gesellschaftlicher Ächtung zu werden?

Neben dem Geschlecht als individuellem Unterschied bietet die Brockhaus Enzyklopädie außerdem „**Begabung**" als Kriterium an. Auch hier kann sich die Verwirklichung von Gleichheit als schwieriges Unterfangen erweisen: Breiter Konsens ist es, dass alle Kinder – egal, in welchen Bereichen sie begabt sind – grundsätzlich die gleiche Schulbildung erhalten können. Sie dürfen – sehen wir einmal über die nicht ins Gewicht fallenden Wahlmöglichkeiten in den höheren Klassenstufen hinweg – alle gleich viele Mathematik-Aufgaben lösen und materialgestützte Erörterungen schreiben. Sogar der kreative Kopf, der weder besonders logisch denkt noch gerne strukturierte Aufsätze schreibt, genießt in diesem Fall **Gleichbehandlung**. Wie großzügig ... Und wie ungerecht!

Und schon hat sich ein neuer Begriff in die Diskussion eingeschlichen, der von dem Begriff der Gleichheit kaum zu trennen ist: **Gerechtigkeit**. Gleichheit kann also ungerecht sein? Was heißt das dann überhaupt – Gerechtigkeit? Das Wirtschaftslexikon des Gabler Verlags definiert den Begriff folgendermaßen: „Gerechtigkeit regelt die Beziehungen von Menschen zu anderen Menschen, sie betrifft also Interaktionen, und sie enthält immer ein Moment von Gleichheit. Zentrale Frage ist, wie das ‚ius suum', ‚sein Recht', bestimmt wird." (M 1, Z. 13 ff.) – Wenn also das Recht des Schülers nicht darin bestünde, genauso viel Mathematikunterricht zu besuchen wie die anderen, sondern darin, in seiner individuellen Begabung gefördert zu werden, dann würde ihm das gerecht. Das „Moment von Gleichheit" ließe sich dann in der gleichen Wertschätzung der Individualität finden. Diese scheint mir in der gegenwärtigen Bildungslandschaft nicht ausreichend verwirklicht.

Befasst man sich aus **philosophischer Perspektive** mit Gerechtigkeit, dann lässt sich mit dem griechischen Philosophen Aristoteles „zwischen ausgleichender und austeilender G[erechtigkeit]" (Politiklexikon des Dietz-Verlags, M 1, Z. 1) unterscheiden. Ausgleich werde „im Verhältnis zwischen den Individuen geschaffen, wenn z. B. geschlossene Verträge eingehalten werden" (M 1, Z. 2 f.). Man darf sich diese Form der Gerechtigkeit als Waage vorstellen, auf der Leistung und Gegenleistung sich aufwiegen – ob diese Waage richtig eingestellt ist, dürfte hier der Knackpunkt sein.

Komplizierter noch erscheint die **austeilende Gerechtigkeit**, die sich „auf das Verhältnis des Individuums zur Gemeinschaft" (Politiklexikon des Dietz-Verlags, M 1, Z. 6) bezieht. Wir sollen alle entsprechend unseren Kräften zum Wohle der Gemeinschaft beitragen, unsere staatsbürgerlichen Pflichten erfüllen, Steuern zahlen und im Gegenzug sorgt dann die Gemeinschaft – also wieder wir – dafür, dass uns unser verhältnismäßig gerechter Anteil zukommt (vgl. Politiklexikon des Dietz-Verlags, M 1, Z. 7–10). Es findet ein an der individuellen Leistungsfähigkeit ausgerichteter, gerechter Ausgleich statt. Man schenkt also jedem Menschen in seiner Individualität die gleiche Beachtung und daraus kann eine ungleiche Behandlung erwachsen, die dann aber gerecht ist.

Nur so ist etwa zu verstehen, weshalb sich staatliche Fürsorgeleistungen wie die Altersrente im Grunde an dem individuell (durch vorherige Beitragszahlung ersichtlichen) Geleisteten ausrichten. Nur so ist zu verstehen, weshalb leistungsfähige Schulabgänger, deren Eltern nicht genug verdienen, um ihnen eine weiterführende Ausbildung zu ermöglichen, durch das Bundesausbildungsförderungsgesetz (BAföG) unterstützt werden. Nur so ist zu verstehen, weshalb beispielsweise Geldstrafen für vergleichbare Delikte gegenüber unterschiedlich gut situierten Tätern in ihrer absoluten Höhe unterschiedlich ausfallen können. Die aus der Gemeinschaft heraus legitimierte Bestrafung muss den Wohlhabenden ebenso milde oder hart treffen wie in vergleichbaren Fällen den weniger gut Betuchten.

Komplexer wird es bei der immer wieder heiß diskutierten Idee des **Grundeinkommens**. Natürlich ist es Menschen, die täglich arbeiten gehen, schwer zu vermitteln, dass andere, die den ganzen Tag über (vermeintlich) nichts tun, dasselbe (staatliche) Grundgehalt bekommen sollen. Der Grundgedanke der „austeilenden Gerechtigkeit" bleibt dabei in meinen Augen allerdings gewahrt: Denn die Arbeitenden würden von ihrem Arbeitgeber weiterhin gemäß der individuellen Leistungsfähigkeit entlohnt (ob sich ein solches System finanzieren ließe, steht auf einem anderen Blatt) – wenn auch nicht direkt vom Staat.

Die **Triebfeder der Marktwirtschaft**, mehr verdienen zu wollen, sich mehr leisten zu können als andere, ungleich zu werden in dem Sinne, sich von anderen abzuheben, würde dadurch nicht angetastet. Für Roman Sandgruber, Leiter des Instituts für Sozial- und Wirtschaftsgeschichte der Universität Linz, ist **Ungleichheit** geradezu eine **Bedingung** für einen funktionierenden **Kapitalismus**. In einem Interview in „Die Zeit" behauptet er, dass „bis zu einem gewissen Grad" geben müsse, „um Anreize zu bieten" (M 3, Z. 29 f.). Das klingt erst einmal nachvollziehbar. Doch fügt er an, es sei eine „Frage der Ausgewogenheit" (M 3, Z. 31). – Und schon ringt man wieder mit dieser **Spannung zwischen Gleichheit und Ungleichheit**. Wie ausgewogen ist es, wenn in Deutschland laut einer Studie der OECD zehn Prozent der Bevölkerung über 60 Prozent des Vermögens verfügen oder wenn man das Vermögen eines Mark Zuckerberg dem großen in absoluter Armut lebenden Teil der Weltbevölkerung gegenüberstellt? Können wir die Berichte und Statistiken, die die **Notlage von Millionen von Menschen** in Zahlen mit vielen Nullen festhalten, überhaupt begreifen? – Nein, genau das können wir nicht. Aus diesem Grund wohl hat Donella Meadows das Gedankenspiel „Wenn die Welt ein Dorf ... mit nur 1 001 Einwohnern wäre ..." (M 4) entwickelt. Diese Zahlen sind greifbar und doch ist es schwer zu verstehen, wie sie zustande kommen. Wenn es in diesem Dorf zum Beispiel „1 890 Hühner[,] 310 Schafe und Ziegen[,] 230 Rinder [und] 150 Schweine" (M 4) gibt – wieso leiden dann 600 Menschen ständig Hunger, und warum sind davon 260 sogar ernstlich unterernährt (vgl. M 4)? „Nur 240 haben immer genug zu essen" (M 4), hält Meadows fest – so viel zur „Verteilungsgerechtigkeit, [dem] größte[n] Glück aller', wie der Ökonom John Stuart Mill im 19. Jahrhundert schrieb" („Zeit"-Interview, M 3, Z. 51 f.). Warum revoltieren die Ärmsten nicht? Vermutlich, weil den 600 Hunger leidenden Menschen nur grob geschätzte 0,00000000000001 Panzer zur Verfügung stehen – eine Zahl mit vielen Nullen hinter dem Komma.

Ungleichheit führt aber auch aus anderen Gründen nicht zwangsläufig zu Revolten. Sandgruber sagt, dass die USA ungleich seien auf hohem Niveau. Solange der Amerikanische Traum vermittelt werden könne, funktioniere das aber (vgl. M 3, Z. 44 f.). Entscheidender als die Spannweite der Unterschiede scheint zu sein, wie **glücklich** die Menschen mit dem sind, was ihnen zugestanden wird. Wer weniger hat, kann genauso zufrieden sein wie jemand, der viel besitzt. Doch sollte man sich – besonders im globalen Kontext – davor schützen, deshalb die **Gerechtigkeitsfrage** im Sinne des Sprichworts „Geld macht nicht glücklich" als weniger relevant zu betrachten. Denn spätestens dort, wo es um das Existenzminimum, ja sogar um das nackte Überleben geht, ist dies menschenverachtender Zynismus.

Auch wenn das absolute Existenzminimum bei uns keine Rolle spielt (vgl. Sandgruber, Z. 60 f.), sieht die **Realität in Deutschland** nicht rosig aus: Viele Hartz-IV-Empfänger können sich kaum gesunde Lebensmittel leisten, weil gerade frisches Obst und Gemüse sehr teuer sind. Sie können oft keine hochwertigen Kleidungsstücke kaufen und weichen deshalb auf

Billiganbieter aus. Wie diese niedrigen Preise zustande kommen, interessiert sie in der Regel nicht – haben sie ja ohnehin keine große Wahl. Und schon müssen wir wieder über den eigenen Tellerrand schauen, weil in einer globalisierten Welt auch die Probleme globaler werden: Arbeiterinnen in Bangladesch sorgen dafür, dass Billigläden in Deutschland ein breites Angebot haben, und erhalten dafür einen Hungerlohn. Viele der Familien dieser Arbeiterinnen gehören vermutlich zu den „330 Dorfbewohner[n]", die „keinen Zugang zu sauberem Trinkwasser" (M 4) haben. Sicher sind auch sie zu einem Großteil Analphabeten und können weder lesen noch schreiben. Bekannt ist auch, dass die Kinder der Ärmsten oft keinen Zugang zu Bildung haben – bei ungefähr einem Fünftel der Heranwachsenden ist dies der Fall, wie Donella Meadows veranschaulicht.

Das Anliegen Meadows ist es, „komplizierte Thesen und Formeln für jeden verständlich zu formulieren" (M 4). Ihr Gedankenspiel erschöpft sich allerdings in einem reinen Herunterbrechen der durch die reale Welt vorgegebenen Parameter. Der nächste Schritt muss darin bestehen, sich Gedanken zu machen über **Ursachen, Hintergründe, Abhilfemöglichkeiten**. Es ist sicher nicht realistisch, anzunehmen, man könne eine Reset-Taste drücken und alles Vermögen gerecht auf die gesamte Weltbevölkerung aufteilen. Die Ausbeutung armer Länder könnte aber, wenn auch nicht ohne Weiteres beseitigt, so doch vermindert werden. Dazu müssten die reicheren Länder bereit sein, Opfer zu bringen: Wir müssten für viele Dinge wesentlich mehr bezahlen, damit eine gewisse Gerechtigkeit entstehen könnte. Sind wir dazu bereit? Dann wäre es eben nicht mehr möglich, bei KIK ein Sommerkleid für 6,99 Euro oder im Primark für 20 Euro ein komplettes Outfit zu kaufen. Eine gewisse Bescheidenheit würde uns guttun, damit andere etwas mehr Wohlstand haben könnten. Thomas Hobbes sagt: „Der Mensch ist dem Menschen ein Wolf." Mit Friedrich Schiller könnte man dagegenhalten: „Der brave Mann denkt an sich selbst zuletzt." Vielleicht sollten wir weniger Wolf sein und Schillers Worten wieder mehr Leben geben.

Erstrebenswert ist der **Einsatz** eines Jeden für eine **gerechte Welt**, in der „immer ein Moment von Gleichheit" enthalten ist – ein Moment von Gleichheit, das uns gleichwohl unsere individuellen Unterschiede bewahren lässt. Die Welt wird eben nicht dadurch eine bessere, dass Orwells Schweine plötzlich auf zwei Beinen gehen, Kleidung tragen und sich im Streit von den Menschen nicht mehr zu unterscheiden scheinen. Wir sind keine Gemeinschaft von Gleichen, von denen manche gleicher sind. Es gilt, das Ungleiche, das uns individuell Unterscheidende, gerecht auszugleichen.

Deutsch (Thüringen): Abiturprüfung 2015
Aufgabe 2: Textgebundene Erörterung

Reiner Kunze
Jahrhundertvergehen

In einem Aufsatz des Philologen Robert Mildenberger heißt es: „Ein Kulturverband wird durch einen gemeinsamen, über die persönliche Lebensgrenze der Kulturträger räumlich und zeitlich hinausgehenden, verbindlichen geistigen Besitz konstituiert. Bildung bedeutet die Fähigkeit, an diesem Besitz selbständig und unmittelbar teilzuhaben ... In dem Augenblick, in dem wir uns von unserer Hochsprache verabschieden, beginnen Kant und Des Knaben Wunderhorn zu verstummen."

Um die Schülerinnen und Schüler davor zu bewahren, sich mit einem Wort abmühen zu müssen, unter dem sie sich vermeintlich nichts mehr vorstellen können, werden in den Klassikerbearbeitungen für den Deutschunterricht Wörter wie „schalkhaft" oder „durchtrieben" ersetzt durch „lustig" oder „pfiffig", und eine nicht alltägliche Wendung wie „daß dergleichen in dieser Stadt ... nicht angeht" wird umgeschrieben zu „daß so etwas in dieser Stadt ... nicht möglich ist". So geschehen in Gottfried Kellers Novelle „Kleider machen Leute". Selbst das Wort „demütig" wird eliminiert und, man möchte es nicht glauben, ersetzt durch „unterwürfig". Der Abschied von der Hochsprache beginnt mit der Verabschiedung von ihren Wörtern, die einhergeht mit dem Verlust von Humanem.

Ob in riesigen Metallbuchstaben an Großmarktfassaden oder als Massenwarenetikett an der Tür des Friseursalons – landauf, landab lesen wir den Gruß „Herzlich Willkommen". Er ist nach der traditionellen Rechtschreibung ebenso falsch geschrieben wie nach der reformierten. Wenn das Wort „willkommen" mit großem Anfangsbuchstaben geschrieben wird, ohne daß es am Satzanfang oder für sich allein steht, ist es ein Substantiv, dem man ein „das" voranstellen kann. „Herzlich (das) Willkommen" ist auf deutsch aber nicht denkbar. Deutsch wäre „Herzliches Willkommen" oder „Herzlich willkommen", da in dieser Verbindung „willkommen" ein Adjektiv ist und Adjektive klein geschrieben werden. Das falsch geschriebene „Herzlich Willkommen" führt nicht nur Schulkinder in die orthographische Irre, auf der Internetseite eines Bad Lobensteiner Hotels war am 5.7.2014 zu lesen: „... wir würden uns freuen, Sie herzlich Willkommen zu heißen". Nach 20 Jahren neuer Rechtschreibungen ist das Sprachgefühl, die intuitive, vom Regelwissen unabhängige Sprachkompetenz, bei einem Großteil der Bevölkerung ausgehebelt. Statt „recht haben" galt von 1996 bis 2004/2006 als allein richtig „Recht haben". Heute gelten als richtig „recht haben" und „Recht haben". Der Satz „du hast nicht Recht" wäre aber kein muttersprachliches Deutsch (wer sagt schon „du hast nicht Freude"), auf deutsch könnte der Satz nur lauten „Du hast kein Recht ..." oder „Du hast nicht das Recht ...", was in beiden Fällen jedoch etwas anderes bedeuten würde als „Du hast nicht recht". Die „Deregulierung der Herrschaftssprache", durch die die Gesellschaft dereguliert werden sollte, ist, was die Sprache betrifft, gelungen. Der Rechtschreibexperte Peter Eisenberg sagte vor kurzem in einem Interview der Zeitung „Sprachnachrichten": „Die sog. Orthografiereform war nicht von der Sache her, sie war politisch motiviert. An der Rechtschreibung selbst gab es ja ... kaum etwas auszusetzen." Die Mehrheit der Deutschsprechenden hat resigniert oder dämmert in einer Art Rechtschreibdemenz vor sich hin.

Was nicht heißt, das Bildungsniveau könne nicht weiter gesenkt werden. Auf einer Sitzung des Rates für deutsche Rechtschreibung wurde allen Ernstes erwogen, das Wort „rangieren" mit „sch" zu schreiben. Zum Glück hätten sich „die Schweizer und Österreicher ... hinreichend dagegen gewehrt".

Die reformpädagogische Methode „Lesen durch schreiben", derzufolge die Erst- und Zweitklässler nur nach Gehör schreiben lernen sollen, ohne daß Lehrer und Eltern die Fehler korrigieren, führe, so der Schweizer Sprachwissenschaftler Rudolf Wachter, zu „orthographischer Verwahrlosung". Die Tochter des brandenburgischen CDU-Abgeordneten Henryk Wichmann, eine Viertklässlerin, hatte ihrem Vater geschrieben: „Lieba Fata ales gute zum Fatatag. Ich hab dich lib." Wie die Zeitung „Deutsche Sprachwelt" meldete, besucht das Kind jetzt eine Privatschule.

Die Schreibschrift, die Grundlage für eine persönliche Handschrift, für überflüssig und nicht mehr unterrichtenswert zu erklären, zeugt von einem Kulturverlust, der die Menschenwürde tangiert, und der Sprachfeminismus erläßt bereits Vorschriften, die, gelangten sie zu allgemeiner Geltung, alle bisherigen Versuche ideologischer Sprachzersetzung in den Schatten stellen würden. Kant und Des Knaben Wunderhorn würden dann nicht zu verstummen beginnen, sondern zu lallen.

Schon vor einigen Jahren erfuhr die Öffentlichkeit aus berufenem Mund, die Kultusminister wüßten längst, daß die Rechtschreibreform falsch war, aber aus Gründen der Staatsräson sei sie nicht zurückgenommen worden. Solange das Argument „Staatsräson" davor schützt, ein Jahrhundertvergehen an der Sprache, nämlich die teilweise Rücknahme von zweihundert Jahren differenzierender Orthographieentwicklung, offiziell als ein Jahrhundertvergehen anerkennen und die nötigen Schlüsse daraus ziehen zu müssen, wird das Sprachniveau schon deshalb weiter sinken, weil die Sprache nicht als ein ebenso hohes Gut gilt wie die Staatsräson. Das prägt.

Der Schriftsteller Reiner Kunze ist Kritiker der Rechtschreibreform.
Ein wichtiges Dokument dazu ist seine Denkschrift „Die Aura der Wörter".

Kunze, Reiner: Jahrhundertvergehen.
http://www.deutscherarbeitgeberverband.de (01. 12. 2014)

Arbeitsanweisung

Analysieren Sie Kunzes Auffassung zum Umgang mit der deutschen Sprache und setzen Sie sich mit seiner These auseinander: „Der Abschied von der Hochsprache beginnt mit der Verabschiedung von ihren Wörtern, die einhergeht mit dem Verlust von Humanem." (Zeilen 14–15)

Ergänzung zur Arbeitsanweisung: Die der gesamten Prüfung vorangestellten Anmerkungen weisen darauf hin, dass Sie bei der von Ihnen gewählten Aufgabe über die Einbeziehung des Rahmenthemas „Es gibt nichts Stilleres als eine geladene Kanone" entsprechend der Aufgabe entscheiden sollen, sofern dessen Berücksichtigung nicht ausdrücklich verlangt ist.

Hinweise und Tipps

Die **textgebundene Erörterung** verlangt einerseits eine detaillierte **Analyse** des vorliegenden Textes von Reiner Kunze und andererseits die **Erörterung** der darin enthaltenen These: „Der Abschied von der Hochsprache beginnt mit der Verabschiedung von ihren Wörtern, die einhergeht mit dem Verlust von Humanem." Die **Einleitung** Ihres Aufsatzes sollte möglichst sowohl in das **allgemeine Thema einführen** als auch den zu analysierenden **Text vorstellen**.
Im Hauptteil Ihrer Darstellung müssen Sie zunächst auf Kunzes Auffassung zum Umgang mit der deutschen Sprache eingehen und erklären, wie seine **Position** zu verstehen ist. Der Autor beschreibt die Ursachen von **Hochsprachverlust** am Beispiel von Klassikerbearbeitungen, der Rechtschreibreform, sogenannten Experimenten beim Schreiberwerb und der Staatsräson. Dabei zeigt er auf teils ironische Art die Folgen auf, wie z. B. Kulturverlust, orthografische Verunsicherung und Beliebigkeit, Persönlichkeitsverlust durch fehlende Ausprägung der Handschrift und Verringerung des anwendungsbereiten Wortschatzes. Arbeiten Sie bei der Analyse mit Textbelegen und zeigen Sie auf, wie der Text inhaltlich und formal strukturiert ist. Untersuchen Sie außerdem die sprachliche Gestaltung des Textes. Indem Sie darauf eingehen, wie die Sprache den Inhalt des Textes unterstützt, zeigen Sie die Fähigkeit, selbstständig **funktionale Zusammenhänge** zu erschließen.
So wie Kunze sich mit dem Wert der Hochsprache beschäftigt, müssen auch Sie sich im **zweiten Teil** Ihres Aufsatzes mit dieser Thematik **auseinandersetzen**. Gehen Sie dabei darauf ein, was unter dem „Humanen" zu verstehen ist. Legen Sie Ihre **begründete Position** zur These dar, indem Sie beispielsweise über eigene Spracherfahrungen reflektieren. Denkbar sind auch Beispiele aus der Geschichte, die die Wichtigkeit korrekten Spracherwerbs und sprachlicher Variabilität unterstreichen (z. B. antike Rhetoriker, Luther, verschiedene Ideologien). Stellen Sie z. B. dar, wie wichtig für Sie persönlich korrekter Umgang mit Sprache ist (z. B. in Bewerbungsschreiben, bei Präsentationen, im Umgang mit anderen Menschen im Alltag, als Mittel zur Motivation). Selbstverständlich können Sie dem Autor auch **widersprechen** und eine **andere Position einnehmen**, wenn Sie diese gut begründen. Indem Sie nicht nur Ihren eigenen Standpunkt darlegen, sondern auch **Gegenargumente** berücksichtigen, stellen Sie unter Beweis, dass Sie zu kritischem und differenziertem Denken fähig sind. In jedem Fall müssen Ihre Gedankengänge präzise und nachvollziehbar entwickelt werden.
Beachten Sie, dass sich der Erörterungsauftrag nicht auf den gesamten Text, sondern auf eine **konkrete These** aus diesem Text bezieht. Andere Aspekte des Textes sollten Sie nicht in den Mittelpunkt Ihrer Ausführungen stellen.
Im Schlussteil Ihres Aufsatzes können Sie wesentliche Gedanken nochmals **zusammenfassen**, aber auch Hoffnungen, Befürchtungen oder Wünsche bezüglich des Umgangs mit Sprache formulieren. Im Fazit lässt sich beispielsweise reflektieren, wie der Hochsprachverlust in der Gesellschaft vermieden werden kann.
Die nachfolgende Darstellung ist als Vorschlag zu betrachten. Andere Denk- und Lösungsansätze sind durchaus vorstellbar.

Lösungsvorschlag

„Jahrhundertvergehen" – so lautet der Titel eines Textes des **Schriftstellers Reiner Kunze**. Die Vermutung liegt nahe, dass es sich hierbei um etwas ganz Schreckliches handeln wird: um den Holocaust, um den 11. September 2001, um die Gräueltaten der Boko Haram. Doch nichts davon ist Gegenstand des am 01. 12. 2014 auf der Internetseite des Deutschen Arbeitgeberverbandes erschienenen Artikels. Es geht nur um unsere **Sprache** und unseren **Sprachgebrauch**.

Kaum jemand macht sich über so etwas Selbstverständliches wirklich Gedanken. Viele reden und schreiben so vor sich hin, finden Fehler nicht so wichtig und verstehen mittlerweile auch nicht mehr alles, was in Büchern geschrieben steht. Bemerkenswert daran ist, dass die meisten das nicht schlimm finden. Über den heutigen Umgang mit der Sprache lässt sich Kunze, ein hartnäckiger Kritiker der Rechtschreibreform, in seinem Artikel aus.

Der Beitrag Kunzes ist sowohl optisch als auch inhaltlich in **sieben Abschnitte** gegliedert. **Zu Beginn zitiert** der Autor aus einem Aufsatz des Philologen Robert Mildenberger, der behauptet, ein **Kulturverband** werde durch einen gemeinsamen, über die persönliche Lebensgrenze räumlich und zeitlich hinausgehenden, verbindlichen **geistigen Besitz** konstituiert (vgl. Z. 1 ff.). Seine Ausführungen gipfeln in der Behauptung: „In dem Augenblick, in dem wir uns von unserer Hochsprache verabschieden, beginnen Kant und Des Knaben Wunderhorn zu verstummen." (Z. 4 ff.) Kant und *Des Knaben Wunderhorn* stehen hier beispielhaft für den geistigen Besitz des deutschsprachigen Kulturverbandes. Beherrscht man die Hochsprache nicht, kann man – so das Zitat – Kants Schriften und die Volksliedsammlung Clemens Brentanos und Achim von Arnims nicht mehr verstehen. Kunze geht nicht weiter auf das Zitat ein und lässt so Mildenbergers Kritik an der Vernachlässigung der Hochsprache **für sich selbst sprechen**. Die Hochsprache ist für den Philologen wie für den Schriftsteller offenbar etwas **Bewahrenswertes**, das mit Geschichte und Tradition zu tun hat und für das **neuere sprachliche Entwicklungen** zur **Bedrohung** werden.

Im **zweiten Abschnitt** verdeutlicht Kunze die Problematik, indem er einen ersten Bereich anführt, in welchem ihn der aktuelle Umgang mit der Sprache stört: die **Vereinfachung des Vokabulars in Klassikerlektüren**. Dabei klingt die Formulierung „Um die [...] Schüler davor zu bewahren, sich [...] abmühen zu müssen" (Z. 7 f.) **ironisch**. Hier geht es in Kunzes Augen lediglich um den vermeintlichen Schutz der Schüler vor Anstrengungen beim Verstehen von klassischen, d. h. nicht umgangssprachlichen Wendungen. Kunzes Missbilligung zeigt sich insbesondere, wenn er spöttisch schreibt: „man möchte es nicht glauben" (Z. 13 f.). Er versteht nicht, dass es der jungen Generation nicht zuzumuten sein soll, Wörter wie „schalkhaft", „durchtrieben" oder „demütig" (Z. 9–13) zu erfassen. Seine Frustration führt zu der These: „Der Abschied von der Hochsprache beginnt mit der Verabschiedung von ihren Wörtern, die einhergeht mit dem Verlust von Humanem." (Z. 14 ff.) Für den Autor liegt in den Wörtern der Hochsprache offenbar etwas „Humanes": Sie spiegeln eine Kultur und eine Denkart wider. Hinter diesen stehen letztlich die Menschen, welche die Wörter verwenden.

Im **dritten Abschnitt** widmet sich Kunze fast akribisch der **problematischen Schreibung** der Wendungen „Herzlich willkommen" und „Recht/recht haben". Ausführlich zeigt er die falschen Varianten auf und begründet seine Ausführungen mit grammatischen und orthografischen Regeln. Stellenweise wirken seine Ausführungen **schulmeisterlich**. Er kritisiert die diversen Reformversuche bezüglich der Rechtschreibung, welche laut Peter Eisenberg politisch motiviert gewesen seien (vgl. Z. 37). Fazit seiner Kritik ist, dass die Mehrheit der Deutschsprechenden resigniert habe. Durch den **sarkastischen Neologismus** „Rechtschreibdemenz" (Z. 39) wird Kunzes **beißende Kritik** am Regelverlust in der Sprache besonders deutlich.

Im **vierten Abschnitt**, der geradezu **spöttisch** klingt, steigert er die Aussage durch den einleitenden Satz: „Was nicht heißt, das Bildungsniveau könne nicht weiter gesenkt werden." (Z. 40) Dabei bezieht er sich auf weitere, in seinen Augen offenbar abstruse Reformüberlegungen, deren Umsetzungen glücklicherweise durch „die Schweizer und Österreicher" (Z. 42 f.) verhindert worden seien.

Reformpädagogische Versuche thematisiert der Schriftsteller im **fünften Textabschnitt**. Er geht hier auf die äußerst populäre **Methode „Lesen durch schreiben"** (Z. 44) und ihre – in seinen Augen – teils verheerenden Folgen ein. Er zitiert den Schweizer Sprachwissenschaftler Rudolf Wachter, der diese Methode als „orthographisch[e] Verwahrlosung" (vgl. Z. 47) bezeichnet, und einen sehr fehlerhaften Brief, den das Kind eines brandenburgischen CDU-Abgeordneten auf der Grundlage dieser Methode geschrieben hat. Die Sprache des Autors wirkt sehr nüchtern, wenn er direkt im Anschluss konstatiert, dass das Kind jetzt eine Privatschule besuche (vgl. Z. 47–50.). Er stellt hier eine **kausale Verbindung** zwischen dem **Brief** und dem **Schulwechsel** her, ohne diese explizit zu machen. Diese Auslassung verschärft den **pointierten Stil** des Textes.

Gegenstand des **sechsten Abschnitts** ist Kunzes fehlendes Verständnis für ernsthafte Überlegungen, die Schreibschrift, die „die Grundlage für eine persönliche Handschrift" (Z. 51) bilde, „für überflüssig und nicht mehr unterrichtenswert zu erklären" (Z. 51 f.). Für Kunze zeugt dies „von einem Kulturverlust, der die Menschenwürde tangiert" (Z. 52 f.). Wie schon zuvor bringt der Autor auch hier Sprache wieder in Verbindung mit dem **Humanen**, dem **Menschlichen**. Eine persönliche Schreibschrift gehört seiner Meinung nach zur Menschenwürde. Ferner greift er die **Personifikation** der Schriften Kants und der Sammlung „Des Knaben Wunderhorns" wieder auf: Wenn die Reformvorschläge des Sprachfeminismus umgesetzt würden, dann begännen diese Werke zu lallen (vgl. Z. 53–56). Diese **Steigerung des Bildes** drückt einmal mehr die **Schärfe der Kritik** aus.

Höhepunkt seiner Ausführungen ist der **siebte** und damit letzte **Textabschnitt**. Kunze klingt hier ironisch, fast schon sarkastisch, wenn er sagt, dass „die Öffentlichkeit aus berufenem Mund" (Z. 57) erfahren habe, dass die Verantwortlichen längst wüssten, dass die **Rechtschreibreform falsch** war, aber aus Gründen der **Staatsräson** darauf beharren würden (vgl. Z. 57 ff.). Resignierend stellt der Autor fest, dass „das Sprachniveau schon deshalb weiter sinken [wird], weil die Sprache nicht als ein ebenso hohes Gut gilt wie die Staatsräson" (Z. 64 f.). Aus Kunzes Sicht ist die Rechtschreibreform ein „Jahrhundertvergehen" (Z. 63), welches jedoch nicht als solches anerkannt wird. Die **gleichgültigen Haltungen** einem bedeutsamen Kulturgut gegenüber kann er nicht begreifen.

Insgesamt analysiert Kunze die Situation der deutschen Sprache genau und lässt seine **Kritik** in einem **pointierten, ironisch-spöttischen Tonfall** deutlich werden.

Man könnte jetzt fragen, was diese ganze Aufregung soll. Schließlich geht es doch „nur" um Sprache. Man könnte aber auch fragen, inwiefern die Kritik des Autors vielleicht doch berechtigt ist, inwiefern ihm zuzustimmen ist, wenn er sagt: „Der Abschied von der Hochsprache beginnt mit der Verabschiedung von ihren Wörtern, die einhergeht mit dem Verlust von Humanem." (Z. 14 f.) Wie schon erläutert, ist die Hochsprache für Kunze eine Sprache mit Tradition, eine Sprache, die Wörter aus mehreren Jahrhunderten kennt und pflegt. Auf den ersten Blick erscheint der Schritt von dem **Verlust hochsprachiger Wörter hin zum Verlust des Humanen** groß, zumal Kunze den behaupteten Zusammenhang nicht weiter begründet – Grund genug, sich im Folgenden mit seiner These auseinanderzusetzen.

Der Autor stellt dar, wie **Klassiker** für die Schüler **verändert** werden, damit sie leichter verständlich sind. Diese Tendenz gibt es erst seit wenigen Jahren. Früher war es den Lernenden offenbar zuzumuten, unbekannte Wörter nachzuschlagen, einen Lehrer zu fragen o. Ä. Warum soll das heute nicht mehr möglich sein? Wollen wir wirklich auf klassische Texte verzichten, nur weil sie so ungewöhnlich, oft anspruchsvoll klingen? Der Inhalt der Texte ändert sich unweigerlich bei solchen Anpassungen, wie Kunze sie darstellt, und sie drohen so ihren **Aussagegehalt zu verlieren.** Klassische Texte bewahren in ihrer Sprache zudem **historisches Wissen:** Es macht eben einen Unterschied, ob Faust in Goethes Drama mit den höflichen Worten „Mein schönes Fräulein, darf ich wagen, meinen Arm und Geleit Ihr anzutragen?" oder mit einem hingeworfenen „Komm'ste mit?" um Gretchens Begleitung bittet. Die Höflichkeit in der ersten Formulierung sagt nämlich viel über die **damaligen Gepflogenheiten** zwischen Mann und Frau aus. Wenn wir Klassiker durch Sprachanpassungen verändern, dann laufen wir daher auch Gefahr, unser **kulturelles Erbe** zu verlieren.

Nun ließe sich einwenden, dass gerade die **Fähigkeit zur Veränderung** – auch der eigenen Sprache – menschlich ist. Sprache verändert sich so, wie sich unsere Gesellschaft verändert. Das gehört zu ihrer Natur. Wenn dies nicht so wäre, würden wir uns auch nicht an Goethes Sprache orientieren, sondern an noch älteren Sprachstufen des Deutschen. Man könnte ebenso erwidern, es sei an der Zeit, weniger Klassiker und mehr zeitgenössische Werke zu lesen. Außerdem dient Sprache hauptsächlich einer verständlichen Kommunikation zwischen Menschen. Was spricht dann gegen ihre Vereinfachung zu **Zwecken der Verständlichkeit?**

Der Mensch gilt aber als **vernunftbegabtes Wesen.** Darin unterscheiden wir uns vom Tierreich, darin liegt also auch etwas „**Humanes**". Würde es nicht von mehr **Intelligenz** zeugen, wenn wir uns der Schwierigkeit stellen, die Welt, wie sie unsere Vorfahren erlebt haben, zu **verstehen?** Auf diese Weise würden wir auch unseren jetzigen Standpunkt und unsere **Identität** besser begreifen können. Vieles von dem, was unsere Vorfahren beschäftigt hat, sind menschliche Fragen, die heute noch aktuell sind – oder mit den Worten Richard von Weizsäckers ausgedrückt: „Wer nicht weiß, woher er kommt, der weiß auch nicht, wohin er geht." Vor diesem Hintergrund ist es intelligenter und vernünftiger, wenn wir uns das Anspruchsvolle zutrauen. Als Menschen sind wir dazu fähig.

Wahrscheinlich liegt es an unserer **Bequemlichkeit,** dass wir uns die Welt immer mehr vereinfachen wollen und auf der ständigen Suche nach dem Weg des geringsten Widerstands sind – auch in der Sprache. Momentan scheint es, als sei Immanuel Kants Forderung „Habe Mut, dich deines eigenen Verstandes zu bedienen!" nicht mehr populär. Die Menschen nehmen vieles einfach hin, stumpfen ab. Beim Verfassen von Texten, beim Schreiben helfen uns schließlich Google und Co., die bei einem vermeintlich falsch geschriebenen Suchbegriff die Ergebnisliste mit den Worten „Meinten Sie …" einleiten. Auch die wirklich geniale Erfindung der sogenannten „**T9**"-**Worterkennung** nimmt dem Schreibenden so einiges ab. Dabei ist im Grunde nichts Verwerfliches daran zu finden, wenn dort, wo es auf Schnelligkeit und Kürze ankommt, ein Text ausschließlich durch Betätigung der neun Zifferntasten eines Mobilgerätes zusammengefügt werden kann. Dass es sogar ausreicht, die jeweilige Taste nur ein einziges Mal zu betätigen, selbst wenn sich der konkret gewollte Buchstabe an zweiter, dritter oder gar vierter Stelle der Tastenbelegung befindet, ist äußerst komfortabel. Und man mag dem Versender derartiger Kurznachrichten verzeihen, wenn die auf diese Weise computergenerierten Texte manchmal hölzern und mit offensichtlich nicht gewollten Wörtern gespickt beim Empfänger eintreffen. **Problematisch** wird es allerdings, wenn dieser **mediale Sprachgebrauch** zu stark auf unser **sonstiges Sprachverhalten abfärbt** und wir so die Fähigkeit einbüßen, uns differenziert auszudrücken. Technischer Fortschritt kann dann mit einem kulturellen Rückschritt einhergehen.

Blicken wir auf einen anderen Bereich des heutigen Sprachwandels, den häufiger werdenden Gebrauch von **Anglizismen,** so lässt sich das Argument ins Feld führen, dass diese **sprachliche Entwicklung natürlich** ist. Wir leben in einer globalisierten Welt, unsere Gesellschaft wird stark durch amerikanische Einflüsse geprägt – da erscheint es doch selbstverständlich, dass sich diese Tendenz auch in der Sprache widerspiegelt. Außerdem sind bereits früher Wörter aus anderen Sprachen in das Deutsche aufgenommen worden. Die Übernahme von französischen Begriffen ins Deutsche ist im 18./19. Jahrhundert ebenfalls als eine Form „kultureller Überfremdung" diffamiert worden, heute sind viele davon zu Lehnwörtern geworden, die aus dem deutschen Wortschatz nicht mehr wegzudenken und eher der Hochsprache zuzurechnen sind: „Melodie", „Allee", „raffiniert".

Dennoch kann man behaupten, dass wir zu nachlässig im Umgang mit unserer Muttersprache sind und vieles **unbedacht in unseren Wortschatz einbeziehen**, was uns angeboten wird. Im Stadtbild finden sich unzählige unsinnige Schilder: Was ist eine „Back-Factory"? Eine Rückwärts-Fabrik vielleicht? Sicher nicht. Bei Europa- oder Weltmeisterschaften verabreden sich Millionen von Deutschen zum „Public Viewing". Das ist ziemlich makaber, bedeutet es doch im Englischen u. a. „Öffentliche Leichenschau". Gerade über die Sprache hätten wir die Möglichkeit, das **„Eigene" unserer spezifischen Kultur zu bewahren**. Ein Volk, welches seine Sprache verliert, verliert sowohl seine Identität als auch seine Individualität. Im Menschlichen liegt nämlich immer auch Vielfalt. Es gilt daher zu vermeiden, dass wir im alltäglichen Umgang mit anderen Menschen die **Wortvielfalt** einbüßen. Wie sähen etwa standardisierte Bewerbungsschreiben aus, die jegliche, auch sprachliche Individualität vermissen ließen? Wer sollte anhand derartiger Schreiben die richtige Auswahl treffen können? Wie würden wir auf einer solchen Basis zusammenarbeiten?

Ein Blick in die **Werbebranche** macht ebenso nachdenklich. Sie arbeitet mit **falschen Schreibungen** (z. B. „Veiern" in der Veltins-Werbung). Regelmäßig möchte man den Blick abwenden angesichts von Werbetafeln wie „Isch bin dir Farfalle".

An dieser Stelle könnte man entgegnen, dass es sich bei diesen Werbesprüchen doch um einen **kreativen Umgang** mit Sprache handle. Die Werbetexter haben sich mit der Sprache auseinandergesetzt und so mit ihren Eigenschaften gespielt, dass eine einprägsame Wendung entstanden ist. Kreativität ist schließlich auch etwas, das dem Mensch eigen ist, das das Humane ausmacht. Es wäre allerdings wünschenswert, wenn diese Kreativität nicht jegliche Regeln in Grammatik und Rechtschreibung ignorierte, sodass Jugendliche sich womöglich ein schlechtes Beispiel daran nehmen. Vielmehr sollte das Potenzial, das der Sprache in natürlicher Weise innewohnt, genutzt werden. „Haribo macht Kinder froh und Erwachsene ebenso" – dieser Slogan ist ziemlich erfolgreich, sprachlich unzweifelhaft und enthält sogar einen Reim, der dazu führt, dass man sich die Worte gut merken kann.

Einen weiteren, nennenswerten Aspekt thematisiert Morten Harket, der Sänger der norwegischen Pop-Band a-ha. Er behauptet, wir seien die einzigen Wesen auf diesem Planeten, die **Fragen stellen** – ein weiteres Moment des „Humanen". Doch wer sich nicht ausdrücken kann, dem wird es schwerfallen, Probleme anzusprechen und zu lösen.

Was in einer Gesellschaft geschieht, die sich ihre Sprache rauben lässt, zeigt **George Orwell** in seinem gesellschaftskritischen Roman **„1984"**. Hier wird durch die Machthaber eine **neue Sprache**, das sogenannte „Neusprech", verbindlich eingeführt. Immer mehr Wörter werden vereinfacht, immer mehr Wörter werden verboten. Ein Volk, welches wenige Wörter hat, kann auch nur **wenige Emotionen** ausdrücken. Somit kann auch Widerstand relativ leicht unterbunden werden.

Allerdings lässt sich berechtigterweise entgegnen, dass Orwells Roman eher ein Drohbild zeichnet, als den aktuellen Sprachwandel widerzuspiegeln. Er weist aber doch bei aller Übertreibung auf einen Aspekt hin, den auch die Geschichte zu Genüge gezeigt hat: **Sprache ist Macht**. In der Zeit der Antike waren die Menschen am angesehensten, die am besten mit Worten umgehen konnten. Schon immer konnte Macht durch Sprache erreicht und umgesetzt werden. Die Nationalsozialisten wären ohne begabte Redner womöglich nie an die Macht gelangt. Propaganda lebt natürlich vom geschickten Umgang mit Sprache, vom Geschick der Sprachführer. Wenn wir **Sprachnuancen** nicht mehr erfassen können, sind wir alle leichter **verführbar** und lassen uns eher **manipulieren**, auch ohne dass es einer historischen Situation wie der zu Beginn des Dritten Reiches bedarf. Dietrich Bonhoeffer, evangelischer Theologe, der im April 1945 wegen seines Widerstandes gegen den Faschismus im KZ Flossenbürg hingerichtet wurde, sagte dazu: „Die Macht der einen braucht die Dummheit der anderen. [...] Es wird wirklich darauf ankommen, ob Machthaber sich mehr von der Dummheit oder von der Selbstständigkeit und Klugheit der Menschen versprechen." Wenn wir zulassen, dass wir immer ungebildeter werden, bliebe eine **sprachliche Begegnung auf Augenhöhe** denjenigen vorbehalten, die sich in sprachlichem Variantenreichtum (noch) auskennen. Die Kenntnis der Hochsprache trägt dazu bei, diesen Variantenreichtum und das Bewusstsein von der Macht der Sprache zu erhalten, und kann deshalb mittelbar auch **vor der Manipulation** durch Sprache und **vor der Verführung zum Inhumanen** schützen. Es gilt daher, schon im Ansatz die „Verabschiedung von ihren [der Hochsprache] Wörtern" (Z. 15) zu unterbinden.

Auch wenn Sprachwandel bis zu einem gewissen Grad natürlich ist, auch wenn Wörter aus anderen Sprachen den Wortschatz bereichern können, Verständnishilfen zu klassischen Texten sinnvoll sein können und der kreative Umgang mit Sprache in der Werbung durchaus seinen Reiz haben kann, so gilt es dennoch, sich bewusst zu machen, welcher Wert der Hochsprache innewohnt – und was uns klassische Texte und Wendungen über uns als Menschen verraten und welche Möglichkeiten in der **differenzierten Sprachverwendung** liegen.

Sophokles lässt den Chor in der Tragödie „Antigone" ein Loblied auf den Menschen singen und behauptet, dass nichts „gewaltiger als der Mensch" sei. Ferner habe er „die Red und den luftigen Gedanken und städtebeherrschenden Stolz" erlernt. Das ist das, was uns vom Inhumanen unterscheidet. Wir müssen bereit sein, Neues, auch Schwieriges, zu erlernen. Wir dürfen uns nicht nur mit Mittelmaß begnügen, um nicht „tierischer als jedes Tier zu sein" (Mephisto, in: Goethe, Faust I).

Wir können unsere Wünsche, Befürchtungen, Pläne klar formulieren. Wir sind in der Lage, unser Zusammenleben bewusst zu gestalten, uns zu ergänzen, voranzubringen, und wir können in unserer schönsten Handschrift herzergreifend schöne Liebesbriefe schreiben. Sorgen wir durch einen **angemessenen Umgang mit Sprache**, durch eine lebhafte Nutzung ihrer Wörter und nicht zuletzt durch eine sich nicht in Zwei-Wort-Sätzen erschöpfende Kommunikation dafür, dass unsere Schreibgerätetastaturen auch weiterhin nicht nur neun Tasten haben.

> Deutsch (Thüringen): Abiturprüfung 2015
> Aufgabe 3: Interpretation eines epischen Textes

Wolfgang Koeppen
Ein Heizer wird toll

Diese unglaubliche Geschichte geschah auf einem Dampfer, der mit Papierholz beladen von Nordfinnland nach einem holländischen Hafen fuhr. Das Schiff gehörte einer deutschen Reederei, und seine Verhältnisse waren die normalen, eben so, wie sie auf deutschen Schiffen sind. Man schuftete für das Bankkonto des Reeders, die Besatzung war
5 mit Recht unzufrieden, und jeder ließ seinen Ärger auf den Schwächeren los, das heißt, der Schiffsjunge steckte die Prügel ein, und die Offiziere, der Alte, der Erste, der Zweite und zwei Maschinisten waren die Herren. Erwähnenswert als besonders wär höchstens, daß zwei Frauen, die Töchter des Kapitäns, hochnäsige, pralle Bourgeoisdirnen, wegen der guten Jahreszeit die Reise mitmachten.

10 Der Dampfer, ungefähr zwölf Stunden von Uleaborg entfernt, stampfte einsam, es ist eine verkehrsarme Gegend, und ruhig die Nacht, als der Rudergänger wie rasend in das Logis stürzte, um die Schlafenden, den Bootsmann, den Koch und die Mannschaft, durch laute Schreie zu wecken. Diese, noch schlafbenommen, fragten unwillig, was los sei. „Jochen ist toll geworden und hat den Alten und die Weiber umgebracht!"

15 Jochen war Heizer auf dem Dampfer. Von Geburt bucklig, durch Leben und Arbeit alt, verdreckt, ein schäbiger Anblick geworden, war er dieses Schiffs, wie jedes Schiffs, wie jeder Hafenschenke und jedes Heuerbüros Sündenbock, Zielscheibe aller faulen Witze. Er war mit den Jahren stumm darüber geworden, steckte alles ein und dachte im Innern: „Der Mensch ist schlecht." Aber sein Leben lang zitterte sein Herz nach Liebe, denn der
20 stärkste Hohn des Schicksals, das ihn geschlagen hatte, war, daß sein Herz gütig war. Auf diesem Schiff hatte er zum ersten Mal fast einen Freund. Es war der Kochsjunge, der ihn beobachtet hatte, wie er stöhnend und schwitzend die Winde drehte, an der der zu entleerende zentnerschwere Aschenkübel hing. Und der Junge, dem es selbst sehr dreckig auf dem Schiff ging, half ihm mal. Jochen glaubte fast an ein Wunder. Nachher hatten sie
25 öfter in einer Arbeitspause zusammen auf Deck gesessen und in die Weite gestarrt. Der Junge war hübsch, und Jochen liebte ihn. Der aber begehrte, natürlich völlig hoffnungslos, eine der Kapitänstöchter, der er grade zum Schuhputzen gut genug war. Sie poussierte übrigens mit dem Ersten Offizier, der bald ein Schiff kriegen sollte. Jochen wußte von allen diesen Dingen. Und nun stand er, im frühen Morgengrauen des Nordens, sehr selt-
30 sam auf der Kommandobrücke des ruhig liegenden Schiffs, ein schweres Beil in der Hand. Er hatte mit ihm fünf Menschen getötet.

Die Mannschaft schlich an Bord und umlagerte lauernd die Kommandobrücke. Sie wußten alle nicht recht, was sie tun sollten. Die Situation war eben verrückt. Bis Jochen gellend schrie, der ganze mißgestaltete Körper bebte, und bekannte: Ihr seid nun frei! Ich,
35 der ich der Krüppel bleibe, habe euch frei gemacht! Kein Kapitän, kein Steuermann, kein Maschinist ist da, euch brüllend zu demütigen. Ihr seid frei. Eure Peiniger liegen erschlagen in der Kajüte. Ihr besitzt Schiff und Ladung und könnt fahren, wie es euch beliebt. Nur ich, der Täter, bleibe unfrei und freudlos. Dreißig Jahre fahre ich zur See. Dreißig Jahre bin ich der elendste Sklave auf aller Herren Schiffe. Im Roten Meer stand
40 ich vor den Feuerlöchern, wo die Glut am gewaltigsten wütete, andere sanken ohnmächtig zu Boden, mir wurde diese Gnade der Besinnungslosigkeit nicht. In China holte sich einmal mein Schiff die Cholera, viele starben, ich, der ich um den Tod bat, nicht. Ich schuftete weiter, getreten, von Spott zerrissen. Jedes Schiff wurde mir ein Fegefeuer, jeder Hafen zur Hölle. Auch in diesem mißgestalteten Körper brannte der Trieb, und Lüs-

45 te, die andere kostenlos und spielend erlangen, bezahlte ich bar, mit schwer erworbenem Geld, um zu weinen, wenn ich sah, wie der Ekel die Dirne schüttelte. Ich war zum Paria¹ des Lebens verdammt, und bin es, und muß es bleiben. Ihr aber seid schön und stark, ihr könnt das Leben packen. Nur der Zwang der Macht drückte euch, von dem seid ihr nun frei! Lebt!
50 Der Tod hatte Mitleid, ein Herzschlag erlöste ihn. Mit bläulichem Gesicht lag er am Boden.
Die Matrosen beugten irgendwie ergriffen die Köpfe. Aber sie folgten dem Rat des Toten nicht. Sie wußten: Das Schiff gehört nach den Gesetzen dieser Welt dem Reeder, und hinter dem steht die Macht. Wir müssen diese Macht für uns und unsere Genossen ge-
55 meinsam erkämpfen. So steuerten sie das Schiff in den nächsten Hafen, wo sie die Vorgänge meldeten.

(Zuerst erschienen in: Die rote Fahne. Berlin 1928, Nr. 14, 17. Januar.)

Koeppen, Wolfgang: Ein Heizer wird toll. In: Wolfgang Koeppen: Auf dem Phantasieroß: Prosa. Aus dem Nachlaß hrsg. von Alfred Estermann. Suhrkamp Verlag, Frankfurt/Main 2000, S. 25–27.

1 Paria: Ausgestoßener bzw. Außenseiter

Arbeitsanweisung

Interpretieren Sie die Erzählung unter Berücksichtigung des Abiturrahmenthemas.

Hinweise und Tipps

- Die Aufgabenstellung verlangt eine **Interpretation** des vorliegenden Textes unter Berücksichtigung des **Abiturrahmenthemas** „Es gibt nichts Stilleres als eine geladene Kanone".
- Nach einer Einleitung, in der Sie die **Rahmendaten** des Textes (Autor, Publikationsdatum etc.) nennen, ist es sinnvoll, mithilfe einer knappen Inhaltsangabe einen Überblick über den Text zu geben. Dann können Sie zur **Charakterisierung der Hauptfigur** übergehen. Dabei sollten Sie die beiden Teile der Lebensgeschichte beachten: Jochens Leben bisher und seine Erlebnisse auf diesem Dampfer. Im Vergleich gilt es auch die anderen Figuren zu beleuchten, v. a. die Machthaber und Oberen auf dem Schiff und die Mannschaft, wobei dem „Kochsjungen" eine besondere Rolle zukommt.
- Durch die Untersuchung der **sprachlichen Mittel**, die der Autor verwendet, können Sie die **Charakterisierung** des Protagonisten noch präziser fassen, sowohl hinsichtlich seines Leidenswegs als auch seines Gewaltausbruchs. Dabei sollten Sie die **rhetorischen Figuren** genauso beachten wie die teilweise sehr bewusste **Wortwahl** Koeppens, die sich auch in dem besonderen Gebrauch von Verben und Adjektiven zeigt. Beziehen Sie zudem die vom Autor benutzten **Motive** mit ein. Belegen Sie alle Ihre Aussagen mit **Zitaten** aus dem Text.
- Versuchen Sie, das **Erzählverhalten** zu beachten und in Ihre Deutung einzubeziehen. Es lohnt sich, auch zu dem vorletzten Satz, der in der „Wir-Perspektive" verfasst ist, Stellung zu nehmen.
- Deutlich machen sollten Sie spätestens am Ende Ihrer Deutung den Bezug zum Rahmenthema, wobei Sie von Heine und seiner zu der Zeit besonderen Lebenssituation ausgehend den Satz dann auf die Problematik in der Erzählung übertragen.

Lösungsvorschlag

Ausländer werden diskriminiert, Andersdenkende misstrauisch beobachtet und sogar der Junge von nebenan, der sich anders kleidet, wird argwöhnisch gemustert. Es gibt viele Menschen, die sich von der Masse abheben und deswegen eben nicht dazugehören. Sie werden oft gemieden und haben es schwer, Freunde zu finden. Das kann für manche fatale Folgen haben. Der eine leidet stumm, ein anderer verzweifelt und wieder ein anderer entlädt seine Wut in Aggressionen. So steht auch in Wolfgang Koeppens Erzählung „Ein Heizer wird toll" von 1928 eine **Person** im Mittelpunkt, die aufgrund ihres **Aussehens gemieden** und **geknechtet** wird und die dem Leser vor Augen führt, welche **Auswirkungen physische und psychische Gewalt** haben können.

Die Handlung findet auf einem **Schiff** statt, auf dem klare **Machtverhältnisse** und **Ungerechtigkeit** herrschen. Den Ärger der Mächtigeren bekommen die Schwächeren zu spüren, vor allem der **Heizer Jochen**, der seit seiner Geburt bucklig ist. Er wird missachtet und nimmt dies widerstandslos hin. Mit einem Kochsjungen versteht er sich gut; er liebt ihn. Dieser verliebt sich allerdings in die Kapitänstochter, welche sich wiederum für den ersten Offizier an Bord interessiert. Eines Morgens herrscht große Aufregung, weil Jochen den Kapitän, dessen Töchter, den Steuermann und den Maschinisten **ermordet** hat. Er begründet seine Tat mit dem **Leid**, das er sein Leben lang ertragen hat und weiterhin ertragen muss. Er erklärt, dass die anderen im Gegensatz zu ihm noch etwas aus ihrem Leben machen könnten, nun da er sie von jeder Demütigung befreit habe. Er fordert sie dazu auf, zu leben und zu fahren, wohin sie wollen. Daraufhin stirbt er an einem Infarkt. Die Schiffsmannschaft wagt es nicht, sich den Mächtigeren zu entziehen und meldet den Vorgang.

Der Erzähler bewertet seine Geschichte selbst zwar als „unglaublich[]" (Z. 1) und tritt damit als **auktorialer Erzähler** auf, beschreibt den Ort der Handlung und die Verhältnisse aber als „normal[]" (Z. 3), also nicht besonders auffällig: ein Schiff, das für einen deutschen Reeder fährt und auf dem die Besatzung unzufrieden ist, sodass man seinen Ärger an den Schwächeren auslässt. Es wird erwähnt, dass die Töchter des Kapitäns auf dieser Fahrt dabei sind; sie werden als „hochnäsige, pralle Bourgeoisdirnen" (Z. 8) bezeichnet. Ausführlicher wird zu Beginn der Erzählung nicht auf die Figuren eingegangen. Vielmehr wird die **Stimmung**, die auf dem Schiff herrscht, ausgemalt. Der Leser kann die Stille förmlich hören, mit der der Dampfer, dessen Stampfen (vgl. Z. 10) die Ruhe offenbar nicht stört, nachts einsam durch die Gegend fährt. Erst mit den lauten Schreien des Rudergängers, die durch den Vergleich „wie rasend" (Z. 11) noch viel verstörender wirken, wird diese Atmosphäre abrupt durchbrochen. Er weckt die Schiffsmannschaft mit den Worten: „Jochen ist toll geworden und hat den Alten und die Weiber umgebracht!" (Z. 14). Die Gründe hierfür werden im folgenden Abschnitt nachgereicht.

Darin nimmt der Erzähler eine **Rückblende** vor: Er blickt zurück auf die **Erlebnisse Jochens auf dem Schiff vor seiner Tat**: „Jochen war Heizer auf dem Dampfer" (Z. 15), doch so gewöhnlich dieser Satz auch klingt, so zeigt schon die darauffolgende, dass nichts im Leben dieses Mannes gewöhnlich ist. „Von Geburt bucklig [...] war er [...] Zielscheibe aller faulen Witze." (Z. 15–17) Anhand eines Asyndetons wird sein bisheriges Leben verdeutlicht: „[...] durch Leben und Arbeit alt, verdreckt, ein schäbiger Anblick geworden, war er dieses Schiffs [...] Sündenbock" (Z. 15–17). Jochen hat sich bisher nicht gewehrt und hat keine Gefühlsregungen gezeigt, er „steckte alles ein" (Z. 18) und hat sich in sein Schicksal gefügt. Den **Glauben an die Menschen** hat er aber **verloren**, was der Satz „Der Mensch ist schlecht" (Z. 19) ausdrückt. Doch das Schicksal hat gerade ihm ein gütiges Herz (vgl. Z. 20) gegeben. Dies wird mit der Personifikation „sein Herz [zitterte] nach Liebe" (Z. 19) noch unterstrichen.

Der Leser erfährt, dass Jochen auf diesem Dampfer „zum ersten Mal fast einen Freund hatte" (Z. 21). Dabei fällt besonders das Wort „fast" auf, da es zeigt, dass schon die Möglichkeit, einen Freund zu haben, für Jochen etwas ganz Besonderes ist. Dieser Freund, ein Kochsjunge, hat ihm einmal bei einer besonders anstrengenden Arbeit geholfen. Danach „hatten sie öfter [...] zusammen auf Deck gesessen" (Z. 24 f.). Jochen liebt diesen Jungen, der sich für ihn Zeit genommen hat – eine Erfahrung, die Jochen erstmalig macht und die er deshalb auch als „Wunder" (Z. 24) betrachtet. Dieser Junge, an dem Jochen ganz offensichtlich hängt, hat sich in die Kapitänstochter verliebt, und zwar „hoffnungslos" (Z. 26 f.), wie der auktoriale Erzähler hier kommentiert. Die Tochter interessiert sich wenig für den Jungen, aber umso mehr für den ersten Offizier, „der bald ein Schiff kriegen sollte" (Z. 28). Hier schwingt mit, dass die angesehenen, wohlhabenden und mächtigen Personen sich eher für Ihresgleichen interessieren als für sozial schwächere Menschen. Der Erzähler erklärt weiter: „Jochen wusste von allen diesen Dingen. Und nun stand er [...] auf der Kommandobrücke [...], ein schweres Beil in der Hand. Er hatte mit ihm fünf Menschen getötet." (Z. 28–31) Der Erzähler **verknüpft das Wissen Jochens** hier mit seiner **Mordhandlung**. Auf formaler Ebene wird dies durch die Einleitung des zweiten Satzes mit „Und" (Z. 29) deutlich. Im Zusammenhang mit dem Schiffsjungen, den er liebt, hat Jochen die Ungerechtigkeit nicht mehr ertragen können. Die Rückblende ist hier beendet, die Erzählung der Geschehnisse nach dem Mord wird fortgeführt.

Die Mannschaft und mit ihr der Leser stehen nun einer Situation gegenüber, die der Erzähler mit dem Adjektiv „verrückt" (Z. 33) charakterisiert. Plötzlich zieht Jochen mit seinem gellenden Schreien alle Aufmerksamkeit auf sich. An dieser Stelle lässt der **auktoriale Erzähler seine Figur zu Wort** kommen. Und Jochen spricht nicht nur, er bekennt unter Einsatz seines bebenden Körpers (vgl. Z. 34). Das verdeutlicht nur allzu gut, wie **erregt** und **aufgebracht** er ist, wenn er der Mannschaft wiederholt zuruft, dass sie frei sei (vgl. Z. 34, 36). Aber Jochen erzählt an dieser Stelle auch zum ersten Mal von sich, wenn er sagt, dass er seit dreißig Jahren

„der elendste Sklave auf aller Herren Schiffe" (Z. 39) sei. Doch nun ist er der Täter, der anhand einer Antiklimax zeigt, was ihn erwartet: „[I]ch [...] bleibe, unfrei und freudlos." (Z. 38) Der Einblick in das Leben dieses Mannes zeugt noch einmal von dem ganzen **Ausmaß des Leides**, wenn er betont, dass ihm die „Gnade der Besinnungslosigkeit" (Z. 41) nicht zuteil wurde vor den Feuerlöchern im Roten Meer und dass er bei Ausbruch der Cholera nicht starb, obwohl er „um den Tod bat" (Z. 42). Die Reihung „Ich schuftete weiter, getreten, von Spott zerrissen" (Z. 42 f.) lässt den Leser teilhaben an den **seelischen und körperlichen Schmerzen** Jochens. Die biblischen **Motive** vom **Fegefeuer** und von der **Hölle**, mit denen er die Schiffe und die Häfen vergleicht, verstärken dies zusätzlich (vgl. Z. 43 f.). Gleichzeitig betont er, dass auch er ein Mensch sei, der Wünsche und Triebe habe. Doch was anderen frei zugänglich gewesen ist, hat Jochen „mit schwer erworbenem Geld" (Z. 45 f.) bezahlen müssen, um dann erschüttert zu sehen, „wie der Ekel die Dirne schüttelte" (Z. 46). Er erkennt, dass er ein „Paria" (Z. 46), also ein Außenseiter, war, ist und es bleiben wird. Doch den Mannschaftskameraden ruft er erneut zu, wie schön und stark sie seien und dass sie ihr Leben nun aufgrund ihrer Freiheit ändern können (Z. 47 ff.). Er hat sie – so seine Überzeugung – von ihren **Peinigern** befreit, vom „Zwang der Macht" (Z. 48), der sie gedrückt hat. Mit dem letzten Imperativ Jochens: „Lebt!" (Z. 49) ist das Leben dieser geknechteten Kreatur vorbei. Der personifizierte Tod „hatte Mitleid [und] erlöste ihn" (Z. 50).

Das Leid, das der Heizer jahrelang schweigend ertragen hat, bricht – so zeigt die Textuntersuchung – aus ihm heraus. Er sieht den Mord als **Befreiung für seine Schiffskollegen** und sich selbst wie zuvor als Opfer. Seine Tat kann jedoch auch als **Selbstbefreiungsakt** betrachtet werden – er befreit sich aus dem stillen Ertragen des Leids.

Die Schiffsmannschaft kann mit dem Ausbruch des Heizers aus den Machtstrukturen nicht umgehen. Die Matrosen sind zwar „irgendwie ergriffen" (Z. 52) von dem Erlebten, folgen aber dem Rat Jochens nicht, sondern steuern den nächsten Hafen an und melden das Vorgefallene (vgl. Z. 55 f.). Sie unterwerfen sich weiter dem Reeder und den gültigen Gesetzen. Dieses angepasste Verhalten wirkt auf den Leser eher **ernüchternd**. Nur der vorletzte Satz weckt seine Aufmerksamkeit noch einmal, er ändert die Perspektive in die 1. Person Plural: „Wir müssen diese Macht für uns und unsere Genossen gemeinsam erkämpfen." (Z. 54 f.) An diesem Satz ist erstens interessant, dass sich darin die Mannschaft mit dem „Wir" als **Kollektiv** konstituiert, während die Mannschaftsmitglieder zuvor wenig Kollegialität gezeigt hatten (vgl. Z. 5). Dieses Kollektiv nimmt sich nun zweitens als **politische Kraft** wahr, wie der politisch geprägte Begriff „Genossen" (Z. 54) und der Wille, die **Macht zu erkämpfen**, verdeutlichen. Insofern ist Jochens Mord an der Schiffsführung nicht zwingend als konsequenzlos einzuordnen: Die Mannschaft folgt zwar nicht Jochens Vision von einem befreiten Leben, sie formuliert allerdings, nun gegen die bedrückenden und ungerechten Lebensbedingungen angehen zu wollen. An die Stelle des unkontrollierten **Gewaltausbruchs**, der auf die Befreiung und den Ausbruch aus der gesellschaftlichen Ordnung zielt, setzt sie die (mehr oder weniger politisch organisierte) **Veränderung der Machtverhältnisse**. Nicht die **punktuelle Gegenwehr**, sondern die gemeinschaftliche **Systemveränderung** rückt hier in den Horizont des Textes. Insofern handelt es sich bei Koeppens „Ein Heizer wird toll" nicht nur um einen Text über eine von der Gesellschaft erniedrigte Kreatur, sondern auch über **politisches Handeln**.

Jochen ist einer der Menschen, die, wie am Anfang erwähnt, stumm leiden. Sie ertragen **Schmerz und Demütigungen**, solange es geht. Sie leiden still und sind vergleichbar mit einer geladenen Kanone. Irgendwann wird es aber auch für solch einen Menschen zu viel. Bei Jochen ist der Auslöser offenbar die „Beinahe-Freundschaft" mit dem Kochsjungen. Das Erleben und Beobachten unerfüllter Liebe hat bei ihm zu diesem vollkommen unkontrollierten Ausbruch geführt, der aller angestauten Wut freien Lauf gelassen hat. Er hat die Menschen getroffen, die ihn und andere peinigten und damit ihre Macht missbrauchten – wie eine geladene Kanone, die kurz vor dem Abfeuern gefährlich still ist. Doch eine solche Stille kann

trügerisch sein – das zeigt auch die vorliegende Interpretation. Der Ausspruch, dass es nichts Stilleres gebe als eine geladene Kanone, stammt von Heinrich Heine. Bei ihm handelte es sich um eine **politische Metapher**, bezogen auf die angespannte Situation um 1840 in Frankreich. Heine nutzte diese Metapher als ein sprachliches Bild, das über die **Qualität der Stille** Auskunft gibt. Auch dort herrschte damals eine trügerische Stille, die sich als **Ruhe vor dem Sturm** erwies. Heine war in dieser Zeit nach Paris gezogen, weil er wusste, dass irgendwann etwas passieren würde. Seine Worte „Paris ist still" (aus: Korrespondenzberichte für die Augsburger Allgemeine Zeitung, 1840) lassen die Interpretation zu, dass man sich sammelte, bevor es zur gewaltsamen **Februarrevolution 1848** kam. Koeppens Text veranschaulicht sowohl auf **psychologischer** als auch auf **politischer Ebene**, was Heine damals mit seinem politisch zu deutenden Zitat meinte. Denn nicht nur die geschundene Kreatur ist lange still, auch die Matrosen, die den Vorfall anfangs nur melden, haben dann für sich erkannt, dass sich an den Gegebenheiten etwas ändern muss.

Während man beim ersten oberflächlichen Lesen geneigt ist, die psychologische Ebene des die Stille durchbrechenden Ausbruchs in den Fokus zu stellen, erschließt die genauere Lektüre – wie gezeigt – die **politische Dimension** des Textes. Inwiefern allerdings mit dem Willen der Mannschaft, die Macht zu erkämpfen, auch ein **gewaltbereites Handeln** verbunden ist und inwiefern Heines Ausspruch auch auf deren Vorgehen übertragbar ist – darüber schweigt sich der Text aus.

Deutsch (Thüringen): Abiturprüfung 2015
Aufgabe 4: Interpretation eines dramatischen Textes

Georg Büchner
Woyzeck (Auszug)

Woyzeck, der Protagonist des gleichnamigen Dramenfragments, steht im Dienst des Hauptmanns. Er hat ein uneheliches Kind mit Marie. Um das geringe Budget für seine Familie aufbessern zu können, stellt er sich für medizinische Versuche zur Verfügung. Diese Experimente des Doktors schwächen zusätzlich seine ohnehin schon labile physische und psychische Gesundheit. Im weiteren Dramenverlauf ersticht Woyzeck Marie.

[Erster Akt]
[...]
[Achte Szene]
[EINE GASSE]
Marie, Tambourmajor.

TAMBOURMAJOR[1]: Marie!

5 MARIE *(ihn ansehend, mit Ausdruck)*: Geh' einmal vor dich hin. – Über die Brust wie ein Stier und ein Bart wie ein Löw ... So ist keiner ...
Ich bin stolz vor allen Weibern.

TAMBOURMAJOR: Wenn ich am Sonntag erst den großen Federbusch hab' und die weißen Handschuh, Donnerwetter, Marie, der Prinz sagt immer: „Mensch, Er ist ein Kerl."

10 MARIE *(spöttisch)*: Ach was! *(Tritt vor ihn hin.)* Mann!

TAMBOURMAJOR: Und du bist auch ein Weibsbild, Sapperment[2], wir wollen eine Zucht von Tambourmajors anlegen. He? *(Er umfasst sie.)*

MARIE *(verstimmt)*: Lass mich!

TAMBOURMAJOR: Wild Tier.

15 MARIE *(heftig)*: Rühr mich an!

TAMBOURMAJOR: Sieht dir der Teufel aus den Augen?

MARIE: Meintwegen. Es ist alles eins.

[Neunte Szene]
STRASSE
20 *Hauptmann, Doktor.*

HAUPTMANN: Herr Doktor, die Pferde machen mir ganz Angst; wenn ich denke, dass die armen Bestien zu Fuß gehen müssen. Rennen Sie nicht so. Rudern Sie mit Ihrem Stock nicht so in der Luft. Sie hetzen sich ja hinter dem Tod drein. Ein guter Mensch, der sein gutes Gewissen hat, geht nicht so schnell. Ein guter Mensch. *(Er erwischt*
25 *den Doktor am Rock:)* Herr Doktor erlauben Sie, dass ich ein Menschenleben rette. Herr Doktor, ich bin so schwermütig, ich habe so was Schwärmerisches, ich muss immer weinen, wenn ich meinen Rock an der Wand hängen sehe, da hängt er.

DOKTOR: Hm, aufgedunsen, fett, dicker Hals, apoplektische Konstitution[3]. Ja Herr Hauptmann Sie könne eine Apoplexia cerebralis[4] kriege, Sie könne sie aber vielleicht
30 auch nur auf der einen Seite bekomme, und dann auf der einen gelähmt sein, oder aber Sie könne im besten Fall geistig gelähmt werden und nur fortvegetieren, das

sind so ungefähr Ihre Aussichten auf die nächste vier Wochen. Übrigens kann ich Sie versichern, dass Sie einen von den interessanten Fällen abgeben, und wenn Gott will, dass Ihre Zunge zum Teil gelähmt wird, so machen wir die unsterblichsten Experimente.

HAUPTMANN: Herr Doktor erschrecken Sie mich nicht, es sind schon Leute am Schreck gestorben, am bloßen hellen Schreck. – Ich sehe schon die Leute mit den Zitronen in den Händen[5], aber sie werden sagen, er war ein guter Mensch, ein guter Mensch – Teufel Sargnagel.

DOKTOR *(hält ihm den Hut hin)*: Was ist das Herr Hauptmann? Das ist Hohlkopf.

HAUPTMANN *(macht eine Falte):* Was ist das Herr Doktor? Das ist Einfalt.

DOKTOR: Ich empfehle mich, geehrtester Herr Exerzierzagel[6].

HAUPTMANN: Gleichfalls, bester Herr Sargnagel [*(Sieht Woyzeck kommen.)*] Ha Woyzeck, was hetzt Er sich so an mir vorbei. Bleib Er doch Woyzeck, Er läuft ja wie ein offnes Rasiermesser durch die Welt, man schneidet sich an Ihm, Er läuft als hätt er ein Regiment Kosacke zu rasieren und würde gehenkt über dem letzten Haar nach einer Viertelstunde – aber, über die langen Bärte, was wollt ich doch sagen? Woyzeck – die langen Bärte …

DOKTOR: Ein langer Bart unter dem Kinn, schon Plinius[7] spricht davon, man muss es den Soldaten abgewöhnen, die, die …

HAUPTMANN *(fährt fort):* Hä? über die langen Bärte? Wie is Woyzeck hat Er noch nicht ein Haar aus einem Bart in seiner Schüssel gefunden? He Er versteht mich doch, ein Haar von einem Menschen, vom Bart eins Sapeur[8] eins Unteroffizier, eins – eins Tambourmajor? He Woyzeck? Aber Er hat eine brave Frau. Geht ihm nicht wie andern.

WOYZECK: Ja wohl! Was wollen Sie sage Herr Hauptmann?

HAUPTMANN: Was der Kerl ein Gesicht macht! Er steckt […], in den Himmel nein, muss nun auch nicht in der Suppe, aber wenn Er sich eilt und um die Eck geht, so kann Er vielleicht noch auf [einem] Paar Lippen eins finde, ein Paar Lippen, Woyzeck, ich habe wieder das Lieben gefühlt, Woyzeck.
Kerl Er ist ja kreideweiß.

WOYZECK: Herr Hauptmann, ich bin ein armer Teufel, – und hab sonst nichts – auf der Welt. Herr Hauptmann, wenn Sie Spaß machen –

HAUPTMANN: Spaß ich, dass dich Spaß, Kerl!

DOKTOR: Den Puls Woyzeck, den Puls, klein, hart hüpfend, ungleich.

WOYZECK: Herr Hauptmann, die Erd ist höllenheiß, mir eiskalt, eiskalt, die Hölle ist kalt, wollen wir wetten.
Unmöglich. Mensch! Mensch! unmöglich.

HAUPTMANN: Kerl, will Er erschoss, will ein paar Kugel vor den Kopf hab[en?] Er ersticht mich mit sei Auge, und ich mein es gut [mit] Ihm, weil Er ein guter Mensch ist Woyzeck, ein guter Mensch.

DOKTOR: Gesichtsmuskeln starr, gespannt, zuweilen hüpfend, Haltung aufg[ereg]t gespannt.

WOYZECK: Ich geh! Es ist viel möglich. Der Mensch! es ist viel möglich. Wir habe schön Wetter Herr Hauptmann. Sehn sie, so ein[en] schön[en], festen grauen Himmel, man könnte Lust bekomme, ein[en] Kloben hin[ein]zuschlage und sich daran zu hänge, nur wegen des Gedankestrichels zwischen ja, und nein, ja – und nein, Herr Hauptmann ja und nein? Ist das Nein am Ja oder das Ja am Nein schuld? Ich will drüber nachdenken *(geht mit breiten Schritten ab erst langsam dann schneller).*

80 DOKTOR *(schießt ihm nach)*: Phänomen, Woyzeck, Zulag.

HAUPTMANN: Mir wird ganz schwindlich von den Menschen, wie schnell, der lange Schlegel greift aus, es läuft der Schatten von einem Spinnbein, und der kurze, das zuckelt. Der lange ist der Blitz und der kleine der Donner. Hähä, hinterdrein. Das hab' ich nicht gern! ein guter Mensch ist dankbar und hat sein Leben lieb, ein guter
85 Mensch hat keine Courage nicht! ein Hundsfott hat Courage! Ich bin bloß in [den] Krieg gegangen um mich in meiner Liebe zum Leben zu befestigen. Von dem Puls zur Angst, von da zu […] von da zur Courage, wie man zu so Gedanken kommt, grotesk! grotesk!

[Zehnte Szene]
90 [DIE GASSE]
Marie, Woyzeck.

WOYZECK *(sieht sie starr an, schüttelt den Kopf)*: Hm! Ich seh nichts, ich seh nichts. O, man müsst's sehen, man müsst's greifen können mit Fäusten.

MARIE *(verschüchtert)*: Was hast du Franz? Du bist hirnwütig, Franz.

95 WOYZECK: Eine Sünde so dick und so breit. Kann die Todsünde so schön sein? Du hast einen roten Mund, Marie. Keine Blasen drauf? Adies, Marie, du bist schön wie die Sünde –

MARIE: Franz, du red'st im Fieber.

WOYZECK: Teufel! – Hat er da gestande, so, so?

100 MARIE: Dieweil der Tag lang und die Welt alt ist, könne viele Mensche an eim Platz stehe, einer nach dem andern.

WOYZECK: Ich hab ihn gesehn.

MARIE: Man kann viel sehn, wenn man zwei Augen hat und man nicht blind ist und die Sonn scheint.

105 WOYZECK: Mit s[einem] A[rsch!]

MARIE *(keck)*: Und wenn auch. *(e 1837)*

Büchner, Georg: Woyzeck. In: Knapp, Gerhard P./Wender, Herbert (Hrsg.): Georg Büchner. Gesammelte Werke. Wilhelm Goldmann Verlag, München 2002, S. 180–184.

1 Tambourmajor: hier Anführer einer Militärmusikkapelle
2 Ausruf des Erstaunens
3 schlaganfallgefährdet
4 Schlaganfall
5 Beerdigungsbrauch
6 Exerzierzopf
7 Plinius: Historiker und Schriftsteller (ca. 23–79 n. Chr)
8 Sapeur: Soldat für Erdarbeiten / Schanzarbeiten

Arbeitsanweisung

Interpretieren Sie den Dramenauszug und beziehen Sie das Abiturrahmenthema ein.

Hinweise und Tipps

Vielleicht ist Ihnen die Losung „Friede den Hütten, Krieg den Palästen!" aus dem Geschichts- bzw. dem Literaturunterricht bekannt. Dann wissen Sie auch, dass Georg Büchner diesen Slogan der Französischen Revolution als Titel für seine Flugschrift „Der Hessische Landbote" verwendete. Mit der **politischen Intention** Büchners und seiner Sympathie für die sozial schwächer Gestellten bzw. seiner Kritik an den Mächtigen sind Sie dann vertraut. Wenn Sie diese auch in den folgenden Szenenausschnitten erkennen, können Sie sie in angemessener Weise für die Interpretation der Szenen nutzen und so ihr **Hintergrundwissen** unter Beweis stellen.

Der literarischen Figur des Woyzeck liegt eine reale Person zugrunde. Georg Büchner erfuhr aus medizinischen Fachzeitschriften von einem Kriminalfall, dessen Bewertung in Fachkreisen hinsichtlich der Schuldfähigkeit des Täters heftig diskutiert wurde. Die Frage, ob man die labile psychische Verfassung sowie die schwierigen Lebensumstände des Täters auf dessen **Zurechnungsfähigkeit** anrechnen dürfe, beantwortet Büchner zugunsten des Täters. Bei der Bewertung einer Tat sind für ihn die **(gesellschaftlichen) Umstände** zu berücksichtigen, die zu ihr führten. Sofern Ihnen diese Hintergründe bekannt sind, ist es sinnvoll, diese in Ihre Ausführungen einfließen zu lassen.

Büchners Stück ist ein Fragment. Die Reihenfolge der Szenen kann sich aufgrund des unfertigen Charakters des Stücks von Ausgabe zu Ausgabe unterscheiden. Lassen Sie sich davon nicht irritieren, falls Sie den Text in einer anderen Anordnung als der hier vorliegenden Version kennen.

Um Ihnen zu zeigen, wie ein Dramenauszug auch ohne Kenntnis des Dramas analysiert werden kann, werden im nachfolgenden Lösungsvorschlag Bezüge zum Gesamttext nur so weit hergestellt, wie sie sich aus der Aufgabe herauslesen lassen.

Die Aufgabe verlangt die **Interpretation** des Dramenauszugs sowie die Einbeziehung des **Abiturrahmenthemas**. Der zweite Teil der Aufgabe kann sowohl während der Interpretation berücksichtigt als auch als abschließende Betrachtung gestaltet werden. Das Hauptgewicht liegt allerdings auf dem Operator „Interpretieren Sie". Beginnen Sie Ihren Aufsatz mit einer knappen **Einleitung**, in der Sie Autor, Titel, Erscheinungsjahr und Szenenauswahl nennen und das Interesse des Lesers zu wecken versuchen. Falls Sie das Drama kennen, ist es ratsam, eine knappe Einordnung in den Handlungszusammenhang vorzunehmen. Falls Ihnen das Drama nicht bekannt ist, können Sie kurz die **auftretenden Personen** vorstellen. Beachten Sie dazu den kursiven Text, der dem Auszug vorangestellt ist.

Beim vorliegenden Auszug (mehrere Szenen) ist es empfehlenswert, die Szenen ihrer **Reihenfolge** nach zu analysieren. Die **sprachkünstlerische Gestaltung** der Szenen sollten Sie gründlich untersuchen und vor allem die **Redebeiträge** als ein Mittel der **Charakterisierung** der handelnden Personen angemessen würdigen. Die Redeanteile der Figuren sind ebenso zu berücksichtigen wie die Art und Weise, in der die Gesprächspartner miteinander umgehen. Die **Haltungen** der Figuren sollten nicht nur dargestellt und erläutert, sondern auch gewertet werden. Zur Untermauerung Ihrer Analyse sind **Textzitate** geschickt in Ihre Darlegungen einzufügen. Ihre Interpretation kann sich am Gesprächsverlauf orientieren, sollte aber immer wieder auch einen Zusammenhang zu den anderen beiden Szenen (bzw. gegebenenfalls zur Gesamthandlung) erkennen lassen.

Lösungsvorschlag

Demütigung, Missbrauch und Betrug – Büchners Drama „Woyzeck" (1837) zeigt, wie ein Mann durch die gesellschaftlichen Umstände und die peinigende Art und Weise, auf die andere Menschen mit ihm umgehen, langsam, aber sicher wahnsinnig und sogar zum Verbrecher wird. Die zur Interpretation vorliegenden Szenen 8, 9 und 10 zeigen Woyzeck in seinem sozialen Umfeld und beinhalten die zentralen Konflikte der Handlung.

Obwohl das Stück nach seinem Protagonisten benannt ist, findet man Woyzeck in den vorliegenden Szenen nur wenig vertreten. Seine Redeanteile sind gering. Woran mag das liegen? Wer ist dieser Woyzeck? Wer sind die anderen Figuren, dass sie die Titelfigur so an den Rand drängen? Woyzeck ist, wie er seinem Hauptmann gegenüber selbst sagt, „ein armer Teufel" (Z. 62). Als **einfacher Soldat** dient er dem **Hauptmann**, der sich seinem Untergebenen gegenüber **herablassend** verhält, und hat sich, um den Sold aufzubessern und so Marie und ihr gemeinsames Kind ernähren zu können, dem **Doktor** für ein **medizinisches Experiment** verschrieben. **Marie** und das **Kind** scheinen für Woyzeck äußerst wichtig zu sein. Wie sich in den vorliegenden Szenenauszügen zeigt, droht Woyzeck der **familiäre Halt** verlorenzugehen, denn Marie lässt sich auf eine Affäre mit dem attraktiven Tambourmajor ein.

In der ersten zur Interpretation vorliegenden Szene, der achten Szene „Eine Gasse", bahnt sich die **Affäre** zwischen Marie und dem Tambourmajor an. Der an Maries Haus vorübergehende Tambourmajor spricht die junge Frau, die ihn „mit Ausdruck" (Z. 5), also auf intensive, eindrückliche Weise, ansieht, mit ihrem Namen an, den er offenbar freudig ausruft: „Marie!" Der Tambourmajor ist stattlich, sowohl seine Figur als auch seine kleidsame Uniform scheinen ihn für Marie attraktiv zu machen. So fordert sie ihn auch auf, sich doch vor ihren Augen zur Schau zu stellen: „Geh' einmal vor dich hin." (Z. 5) Sie bewundert seine breite Brust und seinen Bart, indem sie einfache **Vergleiche** zu starken männlichen Tieren anstellt: „Über die Brust wie ein Stier und ein Bart wie ein Löw ..." (Z. 5 f.) Dass dieser imposante Mann gerade ihr den Hof macht, schmeichelt Marie offenbar, sie fühlt sich **herausgehoben**: „Ich bin stolz vor allen Weibern." (Z. 7) Der Taboumajor seinerseits fühlt sich von dieser **Aufmerksamkeit geschmeichelt** und prahlt damit, Marie solle ihn erst einmal in seiner Sonntagsuniform sehen. Vom guten Eindruck, den er offensichtlich auf die junge Frau macht, überzeugt und beflügelt, fügt der Major auch ein Lob seines Prinzen an, welches Marie vollends von ihm überzeugen soll. Auf dieses Eigenlob reagiert Marie „spöttisch": „Ach was!" (Z. 10) Sie **kokettiert** mit dem Mann, aber als der ihr unmissverständlich und in derben Worten seine Absicht klarmacht und sie dabei umfasst, fordert Marie ihn „verstimmt" (Z. 13) auf, sie loszulassen. Sie **weist** ihn also **zunächst zurück**. Der Taboumajor fühlt sich davon nur noch mehr angeregt und nennt Marie begehrlich „Wild Tier" (Z. 14). Maries „heftig" vorgebrachte Warnung „Rühr mich an!" (Z. 15) reizt ihn erst recht. Ihr Widerstand erregt ihn offenbar, er lässt sich auf dieses Spiel, als das er Maries Unentschiedenheit empfindet, gern ein: „Sieht dir der Teufel aus den Augen?" (Z. 16) Wie wenig Marie einen inneren Kampf zwischen ihrer Treue zu Woyzeck und dem Werben des Tambourmajors auszufechten scheint, zeigt ihre **gleichgültige Reaktion**: „Meinetwegen. Es ist alles eins." (Z. 17) Marie gibt am Ende **fast willenlos** den Avancen des Tambourmajors nach. Es scheint für Marie **keine Frage der Moral** zu sein, ob sie sich auf ihn einlässt. Sie selbst ist bereit für einen solchen „Seitensprung". Worin die Gründe hierfür liegen, darüber klären die vorliegenden Szenen nicht auf. Es ist zu vermuten, dass der arme, sowohl physisch als auch psychisch labile **Woyzeck** ihr im Vergleich zu einem stattlichen Tambourmajor zu **wenig zu bieten** hat. Woyzecks menschliche Qualitäten, nämlich die Sorge um seine beiden Lieben, zählen für Marie in dem Augenblick, da ein begehrenswerter Mann um ihre Gunst wirbt, offenbar kaum. Was sie Woyzeck damit antut und in welch missliche Situation sie sich selbst dadurch bringen könnte, scheint sie nicht überschauen zu können oder zu wollen. Der Verdacht, dass Marie eine **Affäre** hat, **erschüttert** – so zeigen die beiden Folgeszenen – **Woyzeck** zutiefst.

In der Szene „Straße" treffen zunächst der **Hauptmann** und der **Doktor** aufeinander, etwas später kommt **Woyzeck** dazu. Der Hauptmann, den des Doktors schneller Gang stört, nimmt eher eine **klagende** und **schwache Haltung** ein, wenn er dem Doktor erzählt, er sei immer so „schwermütig" (vgl. Z. 26). Der Doktor allerdings geht gar nicht auf den Hauptmann ein. Er betrachtet ihn vorrangig unter **medizinischen Aspekten**. Seine Rede beginnt mit diagnostischen Beobachtungen: „Hm, aufgedunsen, fett, dicker Hals, apoplektische Konstitution." (Z. 28) So stellt er dem Hauptmann, für den es nichts Wichtigeres als die **eigene Befindlichkeit** zu geben scheint, in Aussicht, schlaganfallgefährdet zu sein und malt ihm die Folgen in **drastischen Bildern** aus (vgl. Z. 28–35). Der Hauptmann erschrickt darüber, steigt aber auf den Ton des Arztes ein und beginnt mit diesem ein **Geplänkel**, in dem der eine den Beruf des anderen verspottet. So nennen Sie sich beispielsweise „Sargnagel" und „Exerzierzagel" (vgl. Z. 36–43). In dieser Situation sieht der Hauptmann Woyzeck kommen und ruft ihn zu sich.

Woyzecks Ankunft verspricht Abwechslung, auch hat der Hauptmann jetzt die Gelegenheit, dem Doktor seine **Macht über Woyzeck** zu demonstrieren. Der Hauptmann wirft Woyzeck dessen Eile vor („Er läuft ja wie ein offnes Rasiermesser durch die Welt, man schneidet sich an Ihm", Z. 44f.) und fordert ihn zum Bleiben auf. Er weiß nicht, wie zutreffend sein Vergleich ist, denn er kann in seiner dümmlichen Ich-Bezogenheit nicht überblicken, welche Folgen die andauernden Demütigungen für Woyzeck haben. Mit einem weiteren **Vergleich** – „Er läuft, als hätt er ein Regiment Kosacke zu rasieren und würde gehenkt über dem letzten Haar nach einer Viertelstunde – aber über die langen Bärte" (Z. 45ff.) – unterstreicht er seine Meinung zu Woyzecks Eile. Der Doktor greift den Gedanken sofort auf und sinniert über die Bärte der Soldaten, da fällt ihm der Hauptmann ins Wort und setzt die Attacke gegen Woyzeck fort: „Wie is Woyzeck hat Er noch nicht ein Haar aus einem Bart in seiner Schüssel gefunden? […] eins Tambourmajor? He Woyzeck?" (Z. 52–54) Der Angeredete, der zunächst nicht ahnt, was der Hauptmann ihm sagen will, versteht aber dessen nächsten Worte umso besser. Was wie eine Beruhigung aussieht, ist purer Hohn und **ironisch** zu verstehen: „Aber Er hat eine brave Frau. Geht ihm nicht wie andern." (Z. 54f.) Diese **Stichelei** verfehlt ihre Wirkung auf Woyzeck nicht. Er kann nur knapp erwidern: „Was wollen Sie sage Herr Hauptmann?" (Z. 56) Der **Zweifel** ist **gesät** und wird mit jedem weiteren Wort des Hauptmannes zur schlimmen Ahnung. Dieser scheint es regelrecht zu genießen, Woyzeck zu quälen, denn er ergeht sich genüsslich in **Andeutungen** auf Maries Untreue. So deutet er zum Beispiel an, Woyzeck könne „vielleicht noch auf [einem] Paar Lippen eins finde, ein Paar Lippen" (Z. 59). Die Aussagen des Hauptmanns haben geradezu **sadistische Züge**.

Die **heftige körperliche Reaktion** Woyzecks, der nämlich „kreideweiß" (Z. 61) wird, sowie sein **gestammeltes Bekenntnis**, „sonst nichts […] auf der Welt" (Z. 62) zu haben, hat der Hauptmann wohl nicht erwartet. Es geht um Woyzecks Existenz. Das kann aber der Hauptmann nicht verstehen, es interessiert ihn offenbar nicht, ist er doch im Grunde nur mit sich selbst beschäftigt. Auch der **Doktor** sieht in Woyzeck nur ein **Objekt**. Er fühlt dessen Puls, den er als „klein, hart hüpfend, ungleich" (Z. 65) kommentiert, leitet aber keinerlei medizinische Maßnahmen für den Hilfsbedürftigen daraus ab, ja, er sieht in Woyzeck nicht den Kranken, sondern einen Forschungsgegenstand. Diese Sicht ändert sich auch nicht nach Woyzecks nächsten Worten, im Gegenteil, der Doktor beobachtet Woyzeck nur umso genauer, begieriger. Der Doktor ist in dieser Situation **emotional völlig unbeteiligt**. Er nimmt nicht an der Unterhaltung teil, lediglich seine fachmännischen Beobachtungen spricht er aus. Diese Haltung wirkt befremdlich auf den Leser und Zuschauer.

Auch Woyzecks **psychische Gesundheit** ist als **labil** einzuschätzen, wie die merkwürdigen Äußerungen zu den eigenen Kälte- und Wärmeempfindungen nahelegen: Er spricht davon, dass die Erde „höllebeiß" sei, ihm selbst aber „eiskalt" (Z. 66): „[D]ie Hölle ist kalt, wollen wir wetten." (Z. 66f.) Diese Verkehrung zeugt davon, wie es um Woyzecks **Gemütszustand** steht. Er ist hochgradig erregt, kann seine Empfindungen und Gedanken kaum äußern. Es bleiben ihm nur zwei Worte, das Ungeheuerliche auszudrücken: „Unmöglich. Mensch! Mensch!

unmöglich." (Z. 68) Das zweifach herausgestoßene Wort „Mensch" meint offenbar Marie; es liegt die ganze Verzweiflung Woyzecks in diesem **Ausruf**, denn er ahnt, dass der Hauptmann die Wahrheit gesagt hat. Sein Blick flößt dem Hauptmann große Angst ein, denn der meint, sich nur mit einer **Drohung** vor Woyzeck schützen zu können. „Kerl, will Er erschoss, will ein paar Kugel vor den Kopf hab[en?] Er ersticht mich mit sei Auge […]." (Z. 69 f.) Die Beschwichtigung des Hauptmanns („ich mein es gut [mit] Ihm, weil Er ein guter Mensch ist, Woyzeck, ein guter Mensch.", Z. 70 f.) hört Woyzeck vermutlich gar nicht, so ungeheuerlich ist ihm der Gedanke, Marie zu verlieren. Der Doktor beweist einmal mehr sein **fehlendes Einfühlungsvermögen**, er hat Woyzeck aufmerksam und mit großem Interesse beobachtet und registriert die sichtbaren Veränderungen seines Probanden: „Gesichtsmuskeln starr, gespannt, zuweilen hüpfend, Haltung aufg[ereg]t gespannt." (Z. 72 f.)

Woyzecks Gespanntsein äußert sich im Spiel seiner Gesichtsmuskeln und in seiner Haltung. Wurde er zuvor mit einem „offne[n] Rasiermesser" (Z. 45) verglichen, drängt sich jetzt der Bezug zur „geladenen Kanone" des Rahmenthemas auf. Als würden Woyzecks physische und soziale Not nicht schon genug sein, spitzt sich nun auch seine psychische Situation zu einer **Notlage** zu. Wie viel kann ein Mensch wie Woyzeck ertragen, aushalten? Wann ist der Moment unausweichlich, in dem das Rasiermesser zusticht, in dem die Kanone feuert? Woyzeck hat sich scheinbar wieder gefangen, er kündigt an, zu gehen. Allerdings zeigen seine nächsten Worte, dass ihn das Gesagte weiterhin beschäftigt. „Es ist viel möglich. Der Mensch! es ist viel möglich." (Z. 74) Ist er bisher offenbar davon ausgegangen, dass er für Marie genauso wichtig ist wie sie für ihn, muss er spätestens jetzt daran zweifeln. Das für ihn bis dahin Undenkbare wird immer mehr zur Gewissheit. Den „schön[en], festen grauen Himmel" (Z. 75) sieht Woyzeck quasi als Möglichkeit, „sich daran zu hänge" (Z. 76). Der Leser darf diese Vorstellung als Hinweis auf **Suizidgedanken** verstehen. Die unklare Begründung („nur wegen des Gedankenstrichels zwischen ja, und nein, ja – und nein", Z. 77) zeugt von seiner Verwirrtheit. Mit seiner Verzweiflung wird er alleingelassen, niemand kann oder will ihm helfen.

Den begeisterten Zuruf des ihm nacheilenden Doktors („Phänomen, Woyzeck, Zulag", Z. 80) hört dieser wohl gar nicht mehr. Der Doktor zeigt mit seiner Reaktion einmal mehr seine nicht nur fragwürdige, sondern **verächtliche Haltung** gegenüber Menschen. Damit steht er auf derselben Stufe wie der Hauptmann. Beide halten sich für **überlegen**, treten Woyzecks Seele mit Füßen und nutzen ihn aus. Sie scheinen sich wohltätig zu fühlen, wenn sie ihm vermeintlich gut gemeinte Worte sagen oder eine Erhöhung der Prämie in Aussicht stellen. Der Hauptmann hat sich vom Schrecken erholt und kann schon wieder lachen: Die beiden Davonlaufenden belustigen ihn, wenngleich er in seine alte Leier verfällt, die Schnelligkeit rügt, mit der sie sich entfernen, und erneut vom guten Menschen faselt (vgl. Z. 81–88).

Betrachtet man die Gestaltung der handelnden Personen, dann fällt auf, dass Büchner die Figur des **Woyzeck realistisch** zeichnet. Das ist nicht nur an seinem Verhältnis zu den anderen Figuren, sondern auch an seinem einfachen, gegenüber höhergestellten Personen durchaus **unterwürfigen Sprachstil** zu bemerken. Er spricht außerdem im **Dialekt**, redet abgehackt, seine Sätze bringt er oft nicht zu Ende. Sein Sprachstil charakterisiert ihn als den **unteren Gesellschaftsschichten** zugehörig. Damit unterscheidet er sich vom **abgehobenen Sprachcode** des Doktors, welcher damit seine geistige Überlegenheit sowohl Woyzeck als auch dem Hauptmann gegenüber betont. Der **Hauptmann** und der **Doktor** wiederum werden **karikiert**. Das gelingt Büchner, indem er deren dominantes Sprachverhalten mittels ihrer gestelzten Sprache quasi unterwandert, sie in der **Übertreibung** bloßstellt und so kritisiert.

In der letzten vorliegenden Szene „Die Gasse" steht Woyzeck noch ganz unter dem Eindruck der Andeutungen des Hauptmannes hinsichtlich der **Untreue Maries** und will sich selbst ein Bild davon machen. Er sagt Marie nicht, was ihn bewegt, sondern sieht sie starr an. Kopfschüttelnd bemerkt er gleich doppelt, nichts zu sehen (vgl. Z. 92). Dabei meint er, dass man jemandem doch ansehen müsste, ob er untreu war oder nicht: „O, man müsst's sehen, man müsst's greifen können mit Fäusten." (Z. 92 f.) Marie wird es unter seinem intensiven Blick ganz unangenehm, sie ahnt vielleicht etwas von Woyzecks Vermutung. Deshalb fragt sie „verschüchtert" (Z. 94) nach, was er denn habe, und bringt ihre Angst in der Einschätzung zum Ausdruck, dass er „hirnwütig" (Z. 94) sei. Mit ihrer Feststellung will Marie Woyzeck offenbar zur Besinnung bringen. Doch dieser scheint Maries Worte gar nicht wahrzunehmen, stattdessen sinniert er laut weiter: „Eine Sünde so dick und so breit. Kann die Todsünde so schön sein?" (Z. 95) Sein Urteil über die „Sünderin" Marie steht fest. Auf die Frage, ob sie denn keine Blasen auf ihrem roten Mund hätte, erwartet er keine Antwort, sie gleicht mehr einem Vorwurf. Die Spannung zwischen den Partnern steigt mit jeder Andeutung, die Woyzeck macht. Er vergleicht die **Schönheit** seiner Geliebten mit der der **Sünde** (vgl. Z. 96 f.). Damit verbindet er den positiv besetzten Begriff der Schönheit mit dem negativ konnotierten Wort „Sünde". Marie indessen will beschwichtigen: „Franz, du red'st im Fieber." (Z. 98) Auch sie hätte etwas zu verlieren, wenn Woyzeck sie verließe. Zwar ist er nicht bewundernswert wie der Tambourmajor, aber Woyzeck sorgt für sie und das Kind und bewahrt sie somit auch vor der gesellschaftlichen Ächtung, die ihr Status als uneheliche Mutter mit sich brächte. Woyzeck lässt nun nicht locker, er bedrängt Marie mit seiner nächsten, heftig vorgebrachten Frage: „Teufel! – Hat er da gestande, so, so?" (Z. 99) Er baut sich wohl auch so vor Marie auf, wie er annimmt, dass der Tambourmajor bei ihr gestanden habe. Aber dieses Drängen stößt Marie offenbar mehr und mehr ab, jedenfalls antwortet sie nun – als deutlicher wird, worauf Woyzeck hinauswill – ausweichend. Sie tut, als wüsste sie nicht genau, wen Woyzeck meint: „Dieweil der Tag lang und die Welt alt ist, könne viele Mensche an eim Platz stehe, einer nach dem andern." (Z. 100 f.) Woyzeck konstatiert lapidar und ohne einen Zweifel an seiner Feststellung zuzulassen: „Ich hab ihn gesehn." (Z. 102) Noch einmal versucht Marie, Woyzeck die Unwissende vorzuspielen. Sie reagiert fast schnippisch: „Man kann viel sehn, wenn man zwei Augen hat und man nicht blind ist und die Sonn scheint." (Z. 103 f.) Insistierend deutet Woyzeck daraufhin an, wie, d. h. in welcher eindeutigen Situation er den Tambourmajor bei Marie gesehen habe: „Mit s[einem] A[rsch!]" (Z. 105) Marie behält „keck" und herausfordernd das letzte Wort: „Und wenn auch." (Z. 106) Woyzecks Vorwürfen begegnet Marie hier fast **provokant**. Die Beziehung – so lässt sich aus der Szene ableiten – ist durch den Seitensprung Maries gefährdet.

Was bleibt für Woyzeck? Seine Existenz ähnelt einem Scherbenhaufen. Er wird vom Hauptmann **gedemütigt** und vom Doktor **missbraucht**. Seine Gesundheit ist – auch wegen der Experimente des Doktors – stark angegriffen. Seine labile **psychische Verfassung** bietet Anlass zur Besorgnis. Und nun droht er auch noch den **familiären Halt zu verlieren**. Wie viel Leid kann ein Mensch ertragen, bis er daran zerbricht – oder sich wehrt? Für Woyzeck ist der Verrat Maries offenbar der Funke, der die geladene Kanone zündet. All die Ungerechtigkeiten und Demütigungen, die er still ertragen hat, sind wie Schwarzpulver in der Kanone angestaut. So wie die Ladung einer Kanone explodiert, kann sich Woyzeck nur durch eine Gewalttat des enormen Drucks, der auf ihm lastet, entledigen: Er ersticht Marie im weiteren Verlauf der Handlung. Büchner bietet dem Rezipienten seines Stücks so die Möglichkeit, den Antihelden Woyzeck differenziert zu betrachten, ihn in seiner sozialen und menschlichen Not zu sehen. Büchner als Vorreiter eines realistisch-naturalistischen Literaturverständnisses zeigt Woyzeck nicht als Täter, sondern als Opfer, denn er verdeutlicht, dass Woyzeck die Verantwortung für seine Tat aufgrund seiner psychischen und physischen Beeinträchtigung nicht – jedenfalls nicht vollumfänglich – tragen kann. Der sozialkritische Autor Georg Büchner spricht so der Gesellschaft eine Mitverantwortung zu.

> **Deutsch (Thüringen): Abiturprüfung 2015**
> **Aufgabe 5: Interpretation eines lyrischen Textes**

Rainer Maria Rilke
Ich fürchte mich so vor der Menschen Wort

    Ich fürchte mich so vor der Menschen Wort.
    Sie sprechen alles so deutlich aus:
    und dieses heißt Hund und jenes heißt Haus,
    und hier ist Beginn und das Ende ist dort.

5   Mich bangt auch ihr Sinn, ihr Spiel mit dem Spott,
    sie wissen alles, was wird und war;
    kein Berg ist ihnen mehr wunderbar;
    ihr Garten und Gut grenzt grade an Gott.

    Ich will immer warnen und wehren: Bleibt fern.
10 Die Dinge singen hör ich so gern.
    Ihr rührt sie an: sie sind starr und stumm.
    Ihr bringt mir alle die Dinge um.   *(e 1899)*

Rilke, Rainer Maria: *Ich fürchte mich so vor der Menschen Wort.*
In: *Rainer Maria Rilke. Gesammelte Werke. Band 1,* Insel-Verlag,
Leipzig 1927, S. 353.

Arbeitsanweisung

Interpretieren Sie das Gedicht.

Ergänzung zur Arbeitsanweisung: Die der gesamten Prüfung vorangestellten Anmerkungen weisen darauf hin, dass Sie bei der von Ihnen gewählten Aufgabe über die Einbeziehung des Rahmenthemas „Es gibt nichts Stilleres als eine geladene Kanone" entsprechend der Aufgabe entscheiden sollen, sofern dessen Berücksichtigung nicht ausdrücklich verlangt ist.

Hinweise und Tipps

- Stellen Sie beim Verfassen ihres Aufsatzes unter Beweis, dass Sie strukturiert arbeiten können, indem Sie Ihren Aufsatz in mehrere, logisch zusammenhängende **Abschnitte** gliedern.
- Wie bei Gedichtinterpretationen üblich sollten Sie zunächst eine **Einleitung** mit einem interessanten Einstieg formulieren und darin Titel, Autor und Entstehungsdatum des Gedichts nennen.
- Zeigen Sie, dass Sie die Analysemethoden für lyrische Texte beherrschen, indem Sie die **äußere Form** des Gedichts untersuchen. Es bietet sich an, dies direkt nach der Einleitung zu machen. Gehen Sie dabei auf die Strophen- und Reimform sowie auf das Versmaß ein. Auch Abweichungen und Auffälligkeiten können Sie an dieser Stelle beschreiben, sie können diese aber auch später einfließen lassen.
- In der **Detailanalyse** können Sie aspektorientiert vorgehen oder der Chronologie des Textes folgen. Der vorliegende Lösungsvorschlag wendet letzere Methode an und untersucht die Strophen somit in ihrer Reihenfolge. Überlegen Sie sich, welche rhetorischen Figuren und sprachlichen Mittel die inhaltlichen Aussagen unterstützen, und gehen Sie so auf das **Zusammen-**

spiel von **Inhalt und Form** ein. Auf diese Weise zeigen Sie, dass Sie selbstständig funktionale Zusammenhänge erkennen und formulieren können. Besprechen Sie dabei außerdem, wie das lyrische Ich auftritt und wie sich das Gedicht über die einzelnen Verse entwickelt.

Indem Sie die Aussagen des Gedichts gegen Ende vor dem **Hintergrund der Literaturepoche** betrachten, stellen Sie die Fähigkeit unter Beweis, literarische Texte historisch zu kontextualisieren. Der folgende Lösungsvorschlag zeigt im Abschnitt „Weiterführender Deutungsansatz", wie eine solche Einordnung aussehen könnte. Wie ausführlich Sie auf die Zusammenhänge von Text und Literaturepoche eingehen können, hängt selbstverständlich davon ab, was Sie im Unterricht behandelt haben.

Fassen Sie abschließend die Hauptaussagen zusammen und ziehen Sie in einem Schlusswort ein reflektiertes **Fazit**.

Lösungsvorschlag

Der Umgang mit Worten prägt unser tägliches Leben zutiefst, mit ihrer Hilfe verständigen wir uns und orientieren wir uns in der Welt. Aus diesem Grund ist die Thematik von Rilkes Gedicht „Ich fürchte mich so vor der Menschen Wort" aus dem Jahre 1899, das sich mit der Sprache an sich auseinandersetzt, auch heute noch aktuell und relevant. Doch weshalb die **Angst vor den Worten**, die bereits im ersten Vers klar und deutlich benannt wird? Diese Frage drängt sich auf. Die Tatsache, dass der Autor die Gedichtform wählt, um seine Furcht vor Worten auszudrücken, erscheint paradox und weckt umso mehr die Neugier des Lesers.

Das Gedicht besteht aus drei Strophen zu jeweils vier Versen. Während die ersten beiden Strophen einen umarmenden Reim aufweisen, ist die dritte Strophe im Paarreim verfasst. Die Verse besitzen durchgehend vier Hebungen, variieren in ihrer Länge allerdings zwischen 9 und 11 Silben. Das **Versmaß** ist **unregelmäßig**; es handelt sich am ehesten um eine freie Kombination von Jamben und Anapästen mit stumpfen Kadenzen. Diese Unregelmäßigkeit stützt den **reflexiven, nachdenklichen Charakter** des Gedichts. Die Sätze sind insgesamt kurz und einfach gebaut. Auffällig ist, dass der hier abgedruckte Titel dem ersten Vers entspricht. Möglicherweise besitzt das Gedicht gar keinen Titel und wird lediglich von den Herausgebern unter dem ersten Vers verzeichnet.

Das lyrische Ich tritt bereits im ersten Vers auf und nennt ohne Umschweife das zentrale **Thema** des Gedichts: „Ich fürchte mich so vor der Menschen Wort." (V. 1) Es drückt seine Angst vor sprachlichen Ausdrücken anderer aus. Dieses Empfinden ist ihm eine ernste Angelegenheit, denn es verstärkt den Ausdruck seiner Furcht durch die Partikel „so". Der Vers legt außerdem die grundlegende **antithetische Konzeption** des Gedichts offen: Das lyrische Ich sieht sich in einer individuellen Sonderposition und nimmt sich im Kontrast zu allen anderen Menschen wahr.

In den folgenden Versen der ersten Strophe wird näher erläutert, was den **Sprachgebrauch** der Menschen charakterisiert. Dem lyrischen Ich fällt auf, dass sie „alles so deutlich" (V. 2) aussprechen, und exemplifiziert dies im dritten Vers: „und dieses heißt Hund und jenes heißt Haus" (V. 3). Die deutliche Aussprache bezieht sich somit auf klare, **kategorisch abgegrenzte Begriffe** und Bezeichnungen für verschiedene Erscheinungen in der Welt, wie zum Beispiel Häuser oder Hunde. Die **parallele Struktur** des Verses unterstreicht die kategoriale Gegenüberstellung auf formaler Ebene.

Diese Sprachwahrnehmung wird im vierten Vers verstärkt geäußert, welcher **anaphorisch** ebenfalls mit „und" eingeleitet wird: „und hier ist Beginn und das Ende ist dort." (V. 4) In diesem Vers wird die Gegenüberstellung auf formaler Ebene unterstützt, indem die verweisenden Adverbien „hier" und „dort" und das gegensätzliche Begriffspaar „Beginn" und „Ende" **chiastisch** angeordnet sind. Die Verse verdeutlichen, dass Begriffe **feststehende Definitionen** für Lebewesen und Gegenstände sind, aber auch Mittel der Festlegung von abstrakten Größen. Eben dies soll Sprache normalerweise leisten: durch begriffliche Kategorisierung die **Orientierung in der Welt** erleichtern. Das lyrische Ich fürchtet sich jedoch vor dieser Klarheit, dieser Deutlichkeit der Sprache. Die terminologische Begrenzung der Dinge ist ihm unangenehm. Sie scheint nicht zu seiner Sicherheit, sondern eher zu seiner **Verunsicherung** beizutragen.

Die zweite Strophe führt die Gegenüberstellung von lyrischem Ich und den anderen Menschen fort. Im fünften Vers drückt Ersteres erneut seine Angst aus, und zwar vor dem „Sinn" der Menschen und ihrem „Spiel mit dem Spott" (V. 5). Ihr „**Sinn**" meint wohl ihr Denken, ihre **Auffassung von der Welt**, denn „sie wissen alles, was wird und war" (V. 6). Es ängstigt das lyrische Ich, dass die Menschen zu „allem" klare Ansichten haben, „alles" zu kennen und zu verstehen meinen. Das Pronomen „alles" tritt sowohl im zweiten Vers der ersten Strophe als auch im zweiten Vers der zweiten Strophe auf. Seine Verwendung deutet darauf hin, wie umfassend für das Ich die sprachliche Vereinnahmung der Welt durch die anderen ist. Die **Wiederholung** des Wortes verstärkt zudem seine Ausdruckskraft – das lyrische Ich empfindet die Deutlichkeit des Sprachgebrauchs anderer sehr intensiv.

Was aber ist „**ihr Spiel mit dem Spott**"? Menschen, die spotten, machen sich über jemanden oder etwas lustig und nehmen dadurch eine **überlegene Haltung** ein. Diese wird im siebten und achten Vers näher beschrieben. Wenn ihnen „kein Berg [...] mehr wunderbar" (V. 7) ist, dann schenken sie den Phänomenen der Erde, für welche der Berg beispielhaft steht, zu wenig Achtung, Bewunderung, Staunen. Die schwebende Betonung auf „kein" (V. 7) steigert die Aussagekraft dieses Pronomens noch, das zum vorhergehenden Pronomen „alles" passt und die verallgemeinernde Haltung des lyrischen Ichs unterstreicht. Aus Sicht des lyrischen Ichs scheinen sich die Menschen sogar so erhaben zu fühlen, dass sie eine nahezu gottähnliche Haltung einnehmen, was durch das **Bild** „ihr Garten und Gut grenzt grade an Gott" (V. 8) veranschaulicht wird. Bezogen auf die Sprachthematik könnte dies bedeuten, dass die Menschen sich mit ihrem ständigen Benennen und Definieren zu sehr über die Dinge erheben und das **Wunderbare** in ihnen nicht mehr erkennen.

In der dritten Strophe wechselt das **Reimschema** vom umarmenden Reim zum Paarreim. Diese formale Differenzierung geht mit einer inhaltlichen Veränderung einher. Während das lyrische Ich in den ersten beiden Strophen passiv ist, seine Angst, den Sprachgebrauch und die empfundene Überheblichkeit der Menschen beschreibt, deutet es in der dritten Strophe den Impuls zu handeln an, wenn es sagt: „Ich will immer warnen und wehren: Bleibt fern." (V. 9)

Wovon die Angesprochenen, die Menschen, sich fernhalten sollen, wird in den Versen 10–12 präzisiert: „Die Dinge singen hör ich so gern. / Ihr rührt sie an: sie sind starr und stumm. / Ihr bringt mir alle die Dinge um." Die Menschen sollen sich von den „Dingen" fernhalten. Der Begriff der Dinge bezieht sich auf Lebewesen und Gegenstände wie die im dritten Vers genannten, „Hund" und „Haus". Das lyrische Ich **personifiziert die „Dinge"** in den letzten drei Versen des Gedichts. Er hört sie gerne singen, doch sind sie nach Auffassung des Ichs starr und stumm und sterben, wenn sie angerührt werden (V. 10–12). Die Wahl des Wortes „anrühren" (vgl. V. 11) deutet darauf hin, dass das lyrische Ich den sprachlichen Zugriff auf die Dinge als **Übergriff** empfindet.

Das lyrische Ich verlässt in der dritten Strophe die ängstliche Position und klingt **vorwurfsvoll** und fordernd, was formal durch die anklagende **Anapher** „ihr" (V. 11 f.) unterstützt wird. Was schon in den ersten beiden Strophen anklang, wird hier explizit geäußert: Man solle schweigen, die Dinge weniger beim Namen nennen und mehr selbst „**singen**" lassen. Dieser inhaltliche Kontrast im zehnten und elften Vers wird sprachlich unterlegt: Die Worte „starr und stumm" (V. 11) klingen durch die **Alliteration der Zischlaute** und die Einsilbigkeit eher hart, wohingegen der Ausdruck „die Dinge singen" aufgrund des – wenn auch nicht ganz reinen – **Schlagreims** und der Mehrsilbigkeit einen **melodiöseren Charakter** besitzt. Interessanterweise vermeidet das lyrische Ich die Wendung, „die Dinge selbst sprechen zu lassen" und wechselt von der Wortebene auf die musikalische Ebene. Die Wortwahl zeugt davon, dass das lyrische Ich die von Klang geprägte Sprache der Musik der Begriffssprache vorzieht. Zudem äußert sich in der Bereitschaft, den Dingen zuzuhören, ein **passives Verhältnis zur Welt**, in dem das Ich sich zurücknimmt und die Welt in ihrem Sosein belässt, anstatt sie begrifflich zu bestimmen und zu vereinnahmen.

Das gesamte Gedicht weist mehrere **Alliterationen** auf: „und dieses heißt Hund und jenes heißt Haus" (V. 3), „ihr Spiel mit dem Spott" (V. 5), „was wird und war" (V. 6), „ihr Garten und Gut grenzt grade an Gott" (V. 8), „warnen und wehren" (V. 9), „sie sind starr und stumm" (V. 11). Diese Alliterationen erhöhen die Einprägsamkeit und die Wirkung des Gesagten auf den Leser. Es wird mit einer **Eindringlichkeit** gesprochen, welche veranschaulicht, wie ernst dem lyrischen Ich diese Thematik ist. Die kurzen, **einfachen Sätze**, die das Gedicht charakterisieren, verstärken diesen Effekt.

Die gesteigerte Wahrnehmung der eigenen Individualität, die Entfremdung von der Welt und von der Sprache sind nicht nur Merkmale des vorliegenden Gedichts, sondern allgemeine Charakteristika der **Literatur der Jahrhundertwende** (um 1900). Es ist eine Zeit großer Veränderungen. Vor allem die Industrialisierung, die technischen Fortschritt mit sich bringt, die Verstädterung und die Psychoanalyse Sigmund Freuds prägen die Zeit. Sie führen dazu, dass die Menschen sich selbst in veränderter Weise in der Welt wahrnehmen und häufig verunsichert sind. Schriftsteller und Philosophen setzen sich (erneut) bewusst mit der Sprache auseinander und hinterfragen ihre Funktion des Zuordnens von Zeichen zu den Dingen der Wirklichkeit. Die drei **Motive der Welt-, Ich- und Sprachkrise** werden in der Literatur der Jahrhundertwende in vielfältiger Weise bearbeitet. Das wohl bekannteste Beispiel ist der „Chandos-Brief" Hugo von Hofmannsthals. In diesem wie in anderen Werken wird **Sprachkritik** geübt und für das Schweigen plädiert, da Worte der Wirklichkeit nicht gerecht werden könnten. Das Paradoxe und Erstaunliche dieser Literaturepoche ist, dass aus der großen Sprachskepsis eine solch produktive Kreativität entstand. Die Haltung zur Sprache spiegelt sich in der Haltung zur Welt wider: Viele Dichter wenden sich **gegen die Entzauberung der Dinge**, zeigen Zurückhaltung gegenüber der Welt und plädieren dafür, den Dingen ein eigenes Wesen zuzugestehen. Rilkes Gedicht reiht sich in die sprachkritische Literatur dieser Zeit ein.

Das lyrische Ich kann die Zuordnung von sprachlichen Begriffen zu den Dingen nicht ertragen; seiner Meinung nach kann Sprache die Wirklichkeit nicht erfassen, die Dinge sagen bzw. singen mehr, als ihr Name es tut. Den **Zauber**, der ihnen innewohnt, will es bewahren. Dass Rilke die Sprachkritik, die er in diesem Gedicht äußert, zugleich überwindet, indem er den lyrischen Ausdruck wählt, ist das Faszinierende an diesem Gedicht. **Sprachskepsis** auf inhaltlicher und **Sprachglaube** auf formaler Ebene stehen nebeneinander. Diese Spannung, die nicht aufgelöst wird, regt den Leser zum eigenen Reflektieren über die Möglichkeiten und Grenzen von Sprache an.

> Deutsch (Thüringen): Abiturprüfung 2016
> Aufgabe 1: Materialgestützte Erörterung

Material 1:
Jacob Grimm (1785–1863) und Wilhelm Grimm (1786–1859)
Vorrede der Brüder Grimm

Wir finden es wohl, wenn von Sturm oder anderem Unglück, das der Himmel schickt, eine ganze Saat zu Boden geschlagen wird, dass noch bei niedrigen Hecken oder Sträuchern, die am Wege stehen, ein kleiner Platz sich gesichert hat und einzelne Ähren aufrecht geblieben sind. Scheint dann die Sonne wieder günstig, so wachsen sie einsam und unbeachtet fort – keine frühe Sichel schneidet sie für die grossen Vorratskammern; aber im Spätsommer, wenn sie reif und voll geworden, kommen arme Hände, die sie suchen, und Ähre an Ähre gelegt, sorgfältig gebunden und höher geachtet als sonst ganze Garben, werden sie heimgetragen; winterlang sind sie Nahrung, vielleicht auch der einzige Samen für die Zukunft.

So ist es uns vorgekommen, wenn wir gesehen haben, wie von so vielem, was in früherer Zeit geblüht hat, nichts mehr übriggeblieben – selbst die Erinnerung daran fast ganz verloren war – als unter dem Volke Lieder, ein paar Bücher, Sagen und diese unschuldigen Hausmärchen. Die Plätze am Ofen, der Küchenherd, Bodentreppen, Feiertage noch gefeiert, Triften und Wälder in ihrer Stille, vor allem die ungetrübte Phantasie sind die Hecken gewesen, die sie gesichert und einer Zeit aus der andern überliefert haben.

Es war vielleicht gerade Zeit, diese Märchen festzuhalten, da diejenigen, die sie bewahren sollen, immer seltener werden. Freilich, die sie noch wissen, wissen gemeinlich auch recht viel, weil die Menschen ihnen absterben, sie nicht den Menschen – aber die Sitte selber nimmt immer mehr ab, wie alle heimlichen Plätze in Wohnungen und Gärten, die vom Grossvater bis zum Enkel fortdauerten, dem stetigen Wechsel einer leeren Prächtigkeit weichen, die dem Lächeln gleicht, womit man von diesen Hausmärchen spricht, welches vornehm aussieht und doch wenig kostet. Wo sie noch da sind, leben sie so, dass man nicht daran denkt, ob sie gut oder schlecht sind, poetisch oder für gescheite Leute abgeschmackt – man weiss sie und liebt sie, weil man sie eben so empfangen hat, und freut sich daran, ohne einen Grund dafür. So herrlich ist lebendige Sitte, ja auch das hat die Poesie mit allem Unvergänglichen gemein, dass man ihr selbst gegen einen andern Willen geneigt sein muss. Leicht wird man übrigens bemerken, dass sie nur da gehaftet hat, wo überhaupt eine regere Empfänglichkeit für Poesie oder eine noch nicht von den Verkehrtheiten des Lebens ausgelöschte Phantasie vorhanden war. Wir wollen in gleichem Sinne diese Märchen nicht rühmen oder gar gegen eine entgegengesetzte Meinung verteidigen. Ihr blosses Dasein reicht hin, sie zu schützen. Was so mannigfach und immer wieder von neuem erfreut, bewegt und belehrt hat, das trägt seine Notwendigkeit in sich und ist gewiss aus jener ewigen Quelle gekommen, die alles Leben betaut, und wenn es auch nur ein einziger Tropfen wäre, den ein kleines, zusammenhaltendes Blatt gefasst hat, so schimmert er doch in dem ersten Morgenrot.
[…]
Kassel, am 3ten Julius 1819

Grimm, Jacob & Wilhelm: Kinder- und Hausmärchen. http://www.maerchenlexikon.de (05. 11. 2015)

Material 2:
Friedrich Schiller (1759–1805)
[...]
Auch für ein liebend Herz ist die gemeine
Natur zu eng, und tiefere Bedeutung
Liegt in dem Märchen meiner Kinderjahre
Als in der Wahrheit, die das Leben lehrt.
5 Die heitre Welt der Wunder ist's allein,
Die dem entzückten Herzen Antwort gibt,
Die ew'gen Räume mir eröffnet,
Mir tausend Zweige reich entgegenstreckt,
Worauf der trunkne Geist sich selig wiegt. [...]

Schiller, Friedrich: Wallenstein. Dritter Aufzug, Vierter Auftritt. In: Schillers Werke in fünf Bänden, 4. Band. Aufbau-Verlag, Berlin/Weimar 1978, S. 110–111.

Material 3:
Günter Kunert (geb. 1929)
Dornröschen

Generationen von Kindern faszinierte gerade dieses Märchen, weil es ihre Phantasie erregte: wie da Jahr um Jahr eine gewaltige Hecke aufwächst, über alle Maßen hoch, ein vertikaler Dschungel, erfüllt von Blühen und Welken, von Amseln und Düften, aber weglos, undurchdringlich und labyrinthisch. Die Mutigen, die sie zu bewältigen suchten immer
5 wieder einfinden, bleiben insgesamt auf der Strecke: von Dornen erspießt; hinter Verhau verfangen, gefangen, gefesselt; von giftigem Ungeziefer befallen und vom plötzlichen Zweifel gelähmt, ob es diese begehrenswerte Königstochter überhaupt gäbe. Bis eines Tages endlich der Sieger kommt: ihm gelingt, was den Vorläufern mißlungen: er betritt das Schloß, läuft die Treppe empor, betritt die Kammer, wo die Schlafende ruht, den zahnlo-
10 sen Mund halb geöffnet, sabbernd, eingesunkene Lider, den haararmen Schädel an den Schläfen von blauen wurmartigen Adern bekräuselt, fleckig, schmutzig, eine schnarchende Vettel[1].
O selig alle, die, von Dornröschen träumend, in der Hecke starben und im Glauben, daß hinter dieser eine Zeit herrsche, in der die Zeit endlich einmal fest und sicher stünde.

Kunert, Günter: Dornröschen. In: Kunert, Günter: Die geheime Bibliothek. Aufbau-Verlag, Berlin/Weimar 1973, S. 11.

1 *Vettel:* alte, liederliche und hässliche Frau

Arbeitsanweisung

Ohne Märchen wird niemand groß – Die Welt des Wirklichen und des Unwirklichen

Verfassen Sie einen Essay zu diesem Thema unter Einbindung aller Materialien.

Ergänzung zur Arbeitsanweisung: Die der gesamten Prüfung vorangestellten Anmerkungen weisen darauf hin, dass Sie bei der von Ihnen gewählten Aufgabe über die Einbeziehung des Rahmenthemas „Phantasie ist nicht Ausflucht. Sich etwas vorstellen, das heißt eine Welt bauen, eine Welt erschaffen" entsprechend der Aufgabe entscheiden sollen, sofern dessen Berücksichtigung nicht ausdrücklich verlangt ist.

Hinweise und Tipps

In einem **Essay** legen Sie Ihre Gedanken über einen Sachverhalt, mit dem Sie sich zuvor persönlich auseinandergesetzt haben, ausführlich dar. Um das leisten zu können, müssen Sie also zunächst die Aufgabe genau durchdenken. Grundlage dafür ist zum einen die **vorgegebene Themenformulierung**, zum anderen die **Aufgabenstellung** mit den zugehörigen **Materialien**.
Außerdem sollen Sie über den Einbezug des **Rahmenthemas** nachdenken, welcher sich hier durchaus anbietet: Laut Themenstellung geht es um die Bedeutung des Realen (die „Welt des Wirklichen") und des Fantastischen (die „Welt des Unwirklichen"). Beides spielt also eine Rolle. Ausgangspunkt für Ihre Überlegungen sollen **Märchen** sein. Durch sie werden Kinder mit dem **Fantastischen** vertraut gemacht: Ein Held (oder eine Heldin) gerät in eine schier ausweglose Situation, wird mit bösen Gegenspielern konfrontiert und irgendwann kommt ihm (oder ihr) Magie zu Hilfe, z. B. durch den Beistand von Feen oder Hexen. Danach ist die Gefahr gebannt.
Grundlage für Ihren Essay sind **drei Texte:** Ein Auszug aus der Vorrede, welche die Brüder Grimm ihren Kinder- und Hausmärchen vorangestellt haben, ein Auszug aus Friedrich Schillers Drama *Wallenstein* und ein Text von Günter Kunert über das Märchen von Dornröschen. In allen drei Texten wird auf unterschiedliche Weise der Fantasie ein hoher Stellenwert im Leben der Menschen eingeräumt. Es ist wichtig, dass Sie sich auf alle Materialien beziehen, eine detaillierte Analyse dieser wird jedoch nicht verlangt. Daneben müssen Sie aber auch **eigenes Wissen und eigene Erfahrungen** einbringen.
Der Verfasser eines Essays hat beim Schreiben einige **Freiheiten**. Sein Gedankengang muss keinem strengen Aufbau folgen, sondern kann auch – scheinbare – Umwege beschreiten. Deshalb wird der Essay als „Gedankenspaziergang" betrachtet. Wichtig ist, dass für den Leser ein **roter Faden** zu erkennen ist, der am Ende zu einem Ergebnis oder zu einem Ausblick auf offene Fragen führt. Überzeugen Sie Ihre Leser, indem Sie sich sowohl **argumentativ und kontrovers** mit dem Thema auseinandersetzen als auch dem Text eine **persönliche Note** geben.
Ihr Essay wirkt besonders gelungen, wenn Sie auf eine **attraktive sprachliche Gestaltung** mit Stilmitteln und geistreichen Wendungen achten.
Es ist hilfreich, eine Stoffsammlung anzulegen. Am besten notieren Sie alle Ihre Ideen zum Thema in einem **Cluster** oder einer **Mindmap**. Werten Sie dafür als Erstes die Texte aus: Halten Sie die wesentlichen Gedanken, die darin geäußert werden, mit Stichworten fest. Danach stellen Sie eigene Überlegungen an und ergänzen sie. Legen Sie nun die **Reihenfolge** der Gedanken fest und erstellen Sie einen **Schreibplan**.
Strukturieren Sie Ihren Essay so: In der **Einleitung** führen Sie den Leser in das Thema ein. Es ist sinnvoll, ihn anhand eines passenden Beispiels oder anhand eines anderen interessanten Aufhängers auf die Fragestellung vorzubereiten. Im **Hauptteil** stellen Sie alle Ihre Überlegungen ausführlich dar. Orientieren Sie sich dabei an Ihrem Schreibplan. Am **Schluss** formulieren Sie ein Fazit, um Ihre Ausführungen prägnant abzurunden. Es bietet sich an, abschließend auch noch einmal Bezug auf das Rahmenthema zu nehmen: „Fantasie ist nicht Ausflucht. Sich etwas vorstellen, das heißt eine Welt bauen, eine Welt erschaffen."
Der folgende Essay ist als Vorschlag zu betrachten. Andere Denk- und Lösungsansätze sind durchaus vorstellbar.

Lösungsvorschlag

Ohne Märchen wird niemand groß – Die Welt des Wirklichen und des Unwirklichen

Märchen erfreuen sich langanhaltender Beliebtheit bei Kindern. Vor allem die Helden der Brüder Grimm sind den meisten vertraut: Rotkäppchen, Schneewittchen, Dornröschen, Aschenputtel, Hänsel und Gretel, der Froschkönig – sie alle zählen zu den Gefährten der frühen Jahre. Mit ihnen werden Kinder groß. Was fasziniert sie an diesen alten Geschichten? Und was bedeuten sie für die weitere **Entwicklung eines Menschen**?

Um sich **in die Märchenhandlung einfühlen** zu können, brauchen Kinder von vornherein viel Fantasie: Schauplatz ist ein nicht näher bestimmter Ort, z. B. ein dunkler Wald, und das Geschehen spielt vor langer Zeit – wann genau, wird nicht gesagt. Der Leser (oder Zuhörer) hat den Eindruck, dass sich die Geschichte quasi in der Urzeit der Menschheit zuträgt, auf jeden Fall vor Hunderten von Jahren. Das Leben, das die Figuren führen, ist beschwerlich: Es gibt weder Strom noch fließend Wasser; zum Kochen oder Heizen ist es nötig, vorher erst einmal Wasser zu holen oder Holz zu hacken. Kinder, denen Märchen erzählt werden, haben sich gedanklich auf eine **Zeitreise** einzulassen: Sie müssen sich eine ihnen unbekannte Welt aus früheren Menschheitstagen vorstellen und diese mit der Welt, die sie kennen, zusammenbringen. Das erfordert Fantasie.

Die Helden leben in einer **Welt der Extreme:** Die Figuren sind entweder arm oder reich, wohnen in Hütten oder Schlössern und sie sind gut oder böse. Allerdings kommt dem Umfeld, in dem eine Märchenhandlung spielt, für das Verständnis eine eher untergeordnete Bedeutung zu; es wird nur vage beschrieben. Von herausragender Bedeutung ist dagegen die **Beziehung der Menschen** zueinander – wie im wirklichen Leben: Einige sind privilegiert, ihnen geht es gut. Alles scheint ihnen zuzufliegen, oder sie verschaffen sich hinterlistig Vorteile, die ihnen nicht zustehen. Andere sind benachteiligt; ihr Leben ist ein Kampf. Dass in Märchen auch von Prinzen und Prinzessinnen erzählt wird, ändert daran nichts: In vielen Geschichten werden einer höhergestellten Person, z. B. einer Prinzessin, die ihr zustehenden Rechte verwehrt. Handlungsmotiv der Bösen ist häufig **Neid:** Da gönnt die Stiefmutter dem Schneewittchen ihre Schönheit nicht, und deshalb setzt sie alles daran, ihre Rivalin zu vernichten. Dabei schreckt sie nicht einmal vor Mord zurück. Ein anderes Beispiel ist Aschenputtel: Sie wird gezwungen, im eigenen Haushalt als Magd zu schuften, weil die Frau, die ihr Vater nach dem Tod der Mutter geheiratet hat, den eigenen Töchtern besondere Privilegien verschaffen will. Herrlich menschliche Motive. Anders als im realen Leben kommen im Märchen aber diejenigen, die zunächst benachteiligt und unterdrückt werden, am Ende doch immer zu ihrem Recht. Mithilfe von Zauberkräften siegen **die Guten**, und **die Bösen** werden bestraft. Eine Welt voller Schrecken und Wunder.

Dieses auf die beiden Pole „Gut" und „Böse" reduzierte Schema ist zu banal, mag man einwenden; Kindern würde ein realitätsfernes Bild von Schwarz und Weiß ohne Graustufen vermittelt. Selbst wenn dem so sein sollte und Menschen im Laufe ihres Lebens diese Eindrücke ausdifferenzieren müssen, vermitteln Märchen Kindern doch auf einfache Weise ganz **entscheidende Werte und Handlungsmaximen:** Für sie sind die guten Helden von Märchen **Identifikationsfiguren**. Deren Schicksal zeigt ihnen, dass es möglich ist, sich gegen Ungerechtigkeiten **zur Wehr zu setzen** und am Ende den Sieg davonzutragen. „Ende gut, alles gut!" – Der stets gute Ausgang weckt Mut und Hoffnung; er zeigt, dass sich auch eine schlechte Lage zum Besseren wenden kann. Mithilfe der Vorstellung, dass nichts so bleiben muss, wie es ist, lassen sich **positive Erwartungen** an die eigene Zukunft entwickeln. Darum sind Märchen wichtig für Kinder.

Freilich sollte beim Erzählen von Märchen darauf geachtet werden, dass die Geschichten tatsächlich diese optimistische Grundhaltung beim Kind hervorrufen und nicht etwa Ängstlichkeit. Wer als Kind mithilfe von Märchen **Zuversicht** entwickelt, wird sein Leben womöglich anders gestalten als jemand, dessen Blick auf sein unmittelbares reales Umfeld beschränkt bleibt. Dabei muss das Handeln nicht allein auf die eigene Person ausgerichtet sein. Die positive Grundhaltung und der Glaube daran, dass sich Missstände beseitigen lassen, kann den **Blick weiten:** Solche Menschen werden Elend und Ungerechtigkeit wohl nicht einfach hinnehmen, sondern viel eher aktiv werden und sich politisch, gesellschaftlich oder im persönlichen Leben für Gerechtigkeit einsetzen. Menschen, die **Idealismus und Realismus** paaren und in diesem Sinne **Visionen für die Zukunft** entwickeln, sind wichtig für jede Gemeinschaft.

Als die **Brüder Grimm** zu Anfang des 19. Jahrhunderts anfingen, Märchen zu sammeln, hatten sie jedoch etwas anderes im Sinn. Sie fürchteten, dass dieser Schatz im Laufe der Zeit verloren gehen könnte. In ihrer Vorrede zu den *Kinder- und Hausmärchen* beklagen sie, dass immer weniger Menschen diese alten **Geschichten an die nächste Generation weitergeben.** Resigniert stellen sie fest, dass „von so vielem, was in früherer Zeit geblüht hat, nichts mehr übriggeblieben" (M 1, Z. 10 f.) sei. Deshalb wollten sie „diese unschuldigen Hausmärchen" (M 1, Z. 12 f.) für künftige Generationen festhalten.

Jacob und Wilhelm Grimm vergleichen Märchen mit Ähren, die im Schutze von Hecken und Sträuchern ein Unwetter überstanden haben und weiterwachsen, nachdem das Wetter sich wieder beruhigt hat (vgl. M 1, Z. 1–9). Solche Unwetter stehen für gesellschaftliche Entwicklungen, die ihrer Meinung nach dazu geführt haben, dass die **Wertschätzung des Alten** nach und nach verloren gegangen ist. Ein Problem sehen sie insbesondere darin, dass alte Sitten kontinuierlich an Bedeutung verlören und „dem stetigen Wechsel einer leeren Prächtigkeit weichen" (M 1, Z. 20 f.). Diese „Verkehrtheiten des Lebens" (M 1, Z. 29) führten dazu, dass sowohl die „Empfänglichkeit für Poesie" (M 1, Z. 28) als auch die Kraft der Fantasie schwinde. Damit kritisieren die Grimms einen gesellschaftlichen Trend: Sie werfen den Menschen indirekt vor, sich Äußerlichkeiten zuzuwenden, die nicht von Dauer sind, und darüber das **Wesentliche** aus dem Blick zu verlieren.

Kommt uns das nicht bekannt vor? Auch wir kümmern uns mehr um **Konsum** als um **Kultur**. Das regelmäßige Shoppen ist für viele Menschen längst zu einem Hauptvergnügen geworden; man schaue sich nur in Shopping Malls um. Was zählt, ist materieller Besitz. Solange der Blick vor allem auf Äußerlichkeiten gerichtet ist, geraten aber wichtige Dinge in Vergessenheit. Darunter leidet auch die Fantasie. Welche Bilder können sich in der **Vorstellung** noch entwickeln, wenn sich das Interesse vieler Menschen hauptsächlich auf modische Kleidung und die neuesten Smartphones richtet? Kreativität ist mehr als die Hingabe zu ausgefallenem Design und hippem Aussehen.

Für die Brüder Grimm waren Märchen ein **Bindeglied** zwischen Vergangenheit und Zukunft: Sie stammen einerseits aus „jener ewigen Quelle [...], die alles Leben betaut" (M 1, Z. 33), andererseits sind sie für die beiden „vielleicht auch der einzige Samen für die Zukunft" (M 1, Z. 8 f.). Eine Gesellschaft, in der die Menschen nur noch danach trachten, sich und ihr Umfeld herauszuputzen, hinterlässt in ihren Augen keine Spuren. Für sie vernichtet das „Unwetter", das über die Menschen hinwegzieht, kulturelle Schätze aus früherer Zeit, und dagegen richtet sich ihr Streben. Mit dieser Einstellung sind sie typische **Vertreter der Romantik:** Die Hinwendung zur Volkspoesie aus früherer Zeit ist auch eine Art Protest gegen die um sich greifende Industrialisierung.

Während die Brüder Grimm Märchen als Schätze bewahren wollen, drückt **Friedrich Schiller** sich noch pointierter aus: Für ihn ist die **„Welt der Wunder"** sogar bedeutsamer als die reale Welt. In seinem Drama *Wallenstein* heißt es an einer Stelle: „[...] tiefere Bedeutung / Liegt in dem Märchen meiner Kinderjahre / Als in der Wahrheit, die das Leben lehrt." (M 2, V. 2–4) Der Blick auf die Realität („die gemeine / Natur", M 2, V. 1 f.) erscheint dem Sprecher als „zu eng" (M 2, V. 2); nur die Fantasie würde ihm die entscheidenden Antworten geben und ihm die „ew'gen Räume" (M 2, V. 7) öffnen. Anders ausgedrückt: Sie weitet seinen Blick; solange er sich nur den Tatsachen zuwendet, kann er keine bedeutenden **Erkenntnisse** gewinnen.

Doch kann Fantasie nicht auch eine **Flucht** sein? Wer mit seinem Leben unzufrieden ist, neigt vielleicht dazu, den Blick auf die Wirklichkeit zu meiden und in Tagträume zu flüchten. In Gedanken vergisst man das, was stört oder quält, und fantasiert sich eine andere, bessere Welt zusammen. Eine Lösung ist das nicht. Wer seine Lage zum Positiven hin verändern will, muss zunächst nach den Gründen suchen, die zu seiner Unzufriedenheit geführt haben, und dann handeln. Ohne **Tatkraft** bleibt alles, wie es ist.

Ohne Fantasie geht es allerdings auch nicht. Wer sich allein mit dem Hier und Jetzt zufriedengibt, kommt gedanklich zum Stillstand, und damit wäre wieder seine künftige Unzufriedenheit vorprogrammiert. Nur wer sich vorstellen kann, wie sein zukünftiges Leben aussehen sollte, weiß, was er heute zu tun hat. Das Handeln in der Gegenwart erfordert **vorausschauendes Denken** für die Zukunft – also Fantasie.

Wichtige Erkenntnisse lassen sich auch nicht allein durch den Blick auf Tatsachen gewinnen. Wer einen Sachverhalt verstehen will, muss in Gedanken Grenzen überwinden. Das heißt nicht, dass er naiv sein und auf Wunder vertrauen sollte. Er muss aber in der Lage sein, zwischen dem, was er kennt und weiß, **Zusammenhänge herzustellen**. Von Isaac Newton heißt es, er habe beim Blick auf einen herunterfallenden Apfel das Gravitätsgesetz entdeckt. Unabhängig davon, ob diese Geschichte stimmt oder nicht: Wer sich nur auf das stützt, was er in der Realität wahrnimmt, kann die Erkenntnisse über die Welt nicht voranbringen.

Fest steht, dass kein Tag kommen darf, an dem das Streben für unser zukünftiges Leben abrupt aufhört. Es wird sich in der Regel immer wieder etwas Neues ergeben; unsere Träume werden nie enden, und das ist auch gut so. Unsere Vorstellungen und **Sehnsüchte beflügeln** uns, während die Realität enttäuschend sein kann. Der Autor **Günter Kunert** stellt diese Einsicht am Beispiel des Märchens von Dornröschen dar, das er auf schockierende Weise verfremdet hat. In seinen Augen ist derjenige, der es wider Erwarten schafft, die riesige stachelige Hecke zu überwinden, die ihm den Weg zu der schönen Prinzessin versperrt, keineswegs ein Glücksritter. Im Gegenteil: Was er im Schloss findet, ist der reinste Horror. Entgegen seinen Erwartungen ruht in der Kammer ein altes Weib, „den zahnlosen Mund halb geöffnet, sabbernd, eingesunkene Lider, den haararmen Schädel an den Schläfen von blauen wurmartigen Adern bekräuselt, fleckig, schmutzig, eine schnarchende Vettel" (M 3, Z. 9–12).

Kunert sieht in der Dornenhecke, die um Dornröschens Schloss wuchert, somit nicht nur ein Hindernis, sondern zugleich eine Art **Schutzwall für die Träumenden:** Sie verwehrt dem Einzelnen den Zugang zur „Welt der Wirklichkeit", die ihn nur erschüttern kann. Zwar werden sich immer wieder Mutige auf den Weg machen und versuchen, das Hindernis zu überwinden, doch sie werden es nicht schaffen. Die Hecke, hinter der sie die Erfüllung ihrer Sehnsüchte erhoffen, ist „weglos, undurchdringlich und labyrinthisch" (M 3, Z. 3 f.). Eine Zeit, die „endlich einmal fest und sicher stünde" (M 3, Z. 14), gibt es nicht. Die provokante Darstellung Kunerts wirft eindringlich die Frage auf: Müssen wir an eine Täuschung glauben, um glücklich zu sein, weil wir mit der Wirklichkeit nicht zurechtkommen? Das wäre die negative Sichtweise. Man könnte aber auch sagen: Auf das **Streben** kommt es an.

Das Bild der Hecke wird von Kunert wie auch von den Brüdern Grimm aufgegriffen, jedoch in unterschiedlicher Bedeutung. Bei Kunert sind die Hecken Hindernisse und schützen Menschen, die sich auf die Suche nach der Erfüllung ihrer Wünsche begeben. Bei den Brüdern Grimm bieten sie Nischen, in denen kulturelle Schätze aus alter Zeit gepflegt und bewahrt werden. Sowohl für die Brüder Grimm als auch für Günter Kunert ist die Fantasie also ein **hohes Gut**. Den Brüdern Grimm geht es dabei in erster Linie darum, Kultur zu erhalten, Kunert denkt dagegen vor allem an die Bedeutung der Fantasie für das Lebensgefühl der Menschen. Von einer besonderen Lebenssituation geht Schiller aus, wenn er im *Wallenstein* an die Bedeutung der Fantasie denkt – er sieht sein Umfeld mit den Augen eines Liebenden: „Auch für ein liebend Herz ist die gemeine / Natur zu eng […]" (M 2, V. 1 f.). Und kurz darauf heißt es: „Die heitre Welt der Wunder ist's allein, / Die dem entzückten Herzen Antwort gibt […]" (M 2, V. 5 f.). Dabei können die Aussagen nicht nur auf Liebende bezogen, sondern auch allgemeiner verstanden werden. Jeder, der im Leben generell glücklich sein möchte, sollte seinen Blick weiten. Wer immer nur vernünftig handelt, sieht womöglich vor allem Hindernisse, die sich einer glücklichen Zukunft in den Weg stellen können. Der Glaube an das Glück erfordert aber auch Fantasie: Man muss sich das Schöne vorstellen können, um nicht bei den ersten Widrigkeiten zu resignieren – also Gedankengrenzen überschreiten.

Grenzwertig kann Fantasie allerdings auch sein. Beispielsweise brauchen **Verbrecher** eine besondere Vorstellungskraft, um eine kriminelle Aktion zu planen und durchzuführen. Ein Beispiel dafür ist der Bankraub, der im Januar 2013 und lange danach in Berlin für Aufmerksamkeit sorgte: Kriminelle verschafften sich durch einen Tunnel, den sie in wochenlanger Arbeit unterhalb einer Bankfiliale gegraben hatten, einen Zugang zu den Tresorräumen und erbeuteten rund 10 Millionen Euro. Bis heute wurden sie nicht von der Polizei gefasst. Ob man Menschen, die einen so spektakulären Raub begehen, eine besondere Größe attestieren sollte, ist allerdings fragwürdig.

Von Größe zeugt es eher, wenn jemand im Zusammenleben mit anderen Menschen **Verständnis** zeigt. Schließlich braucht man Fantasie, um sich in jemanden einfühlen zu können. Die Erfahrungen meiner Mitmenschen unterscheiden sich von meinen eigenen. **Einfühlungsvermögen** erfordert die Fähigkeit, auf der Grundlage eigener Erfahrungen eine Vorstellung davon entwickeln zu können, wie sich die Liebsten, der Freund, der Partner fühlen. So gesehen ist Fantasie das verbindende Element zwischen mir und meinem Gegenüber.

Wer in Märchen eintaucht, lernt also viel – nicht nur über die Gegensätze von Gut und Böse, über gewisse Grundwerte und ein bewahrenswertes Kulturgut. Märchen fördern die Fantasie, und Fantasie erweitert grundsätzlich die Vorstellungen, die sich der Einzelne von sich selbst, von anderen und von der Welt macht. Seine Aufmerksamkeit beschränkt sich nicht allein auf die Realität, sondern sie vernetzt das Innere, das er nur in seiner Vorstellung sieht, mit dem Äußeren, das er mit seinen Sinnen wahrnimmt. Fantasie ist also kein schmückendes Beiwerk für begnadete Künstler, sondern eine **Notwendigkeit** für jeden: Indem ich die „Welt des Wirklichen" mit der „Welt des Unwirklichen" verbinde, schaffe ich mir die Welt, in der ich träumen *und* leben kann.

> **Deutsch (Thüringen): Abiturprüfung 2016**
> **Aufgabe 2: Textgebundene Erörterung**

Iris Radisch (geb. 1959)
Der ganz normale Nulltext
Im Dauergequassel der Gegenwart regieren Denkverbote und ein diffuses Klima der zwanghaften Selbstbegeisterung. Ein paar offene Worte

Es gibt ja keine Stille mehr. Das lastende Schweigen am Familientisch und in den Ehen, das in alten Romanen hier und da noch erwähnt wird, ist inzwischen eine ähnlich antiquierte Kulturtechnik wie das Telefonieren am Münzfernsprecher oder das Häkeln von Toilettenpapierhüten. Das muss man nicht bedauern. Zu groß waren die Nachteile der
5 reglementierten und hierarchisierten Kommunikation in der alten Kontrollgesellschaft, in der man sich noch bequem mit einer Handvoll Floskeln und strapazierfähiger Redewendungen durchs Leben schweigen konnte. Und zu verlockend ist das freie Dauergequassel aller mit allen in der neuen Überinformationsgesellschaft, für das es nirgends in der Geschichte ein Vorbild gibt.

10 Doch die neue Redefreiheit hat einen Preis. Und der ist nicht unbedingt kleiner als jener, den man in Zeiten der stabilen rhetorischen Machtverhältnisse bezahlte. Er ist nicht direkt mit Händen zu greifen und auch nicht in Tortendiagrammen zu erfassen. Er betrifft eher ein gesellschaftliches Klima als eine Zahlenkurve, ist eher eine Frage der Stimmung als des Faktenchecks. Sagen wir es so: Obwohl inzwischen ununterbrochen geredet wird,
15 darf man nichts mehr sagen. Bei der unendlichen Vervielfältigung des Redens scheint sein eigentlicher Zweck abhandenzukommen.

Man hält das angesichts der schieren Masse des Kommentierens kaum für möglich: Aber nicht erst seitdem die öffentlich-rechtlichen Fernsehsender ihre Sendungen in panischer Angst vor ihren Zuschauern zensieren und vorübergehend aus dem Verkehr ziehen, fällt
20 auf, dass die Redefreiheit mit der schieren Vermehrung des Redens nicht etwa größer, sondern kleiner wird. Und dass der alte Normierungsdruck nicht verschwindet, sondern nur seine Gestalt verändert. Und auch seine Reichweite, die nicht weniger unübersichtlich ist als die neuen Wege der Kommunikation. Er ist plötzlich überall.

Das macht es so schwer, ihn zu greifen, denn so wie man das Wetter nicht an jeder Wol-
25 ke ablesen kann, ist er in keinem Einzelbeispiel ganz enthalten. In der alten Sprich-nur-wenn-du-gefragt-wirst-Gesellschaft waren Absender und Adresse der Disziplinierung namentlich bekannt. Schuld an der Verengung des Diskurses waren wahlweise der Obrigkeitsstaat, das Patriarchat, die Kirchen, die totalitären Parteien und noch ein paar andere mächtige Großkontrolleure. Bei Nichtbefolgen der Redeordnung drohten Gefängnis,
30 Irrenhaus, Scheiterhaufen, Gulag[1] oder Fegefeuer. Allenfalls unterhalb des Radars der Macht gab es Nischen einer undressierten Kommunikation. Noch heute schwärmen DDR-Veteranen von der herzlichen und aufrichtigen Atmosphäre in den unbeobachteten Winkeln des Spitzelstaates, in denen unzensiertes Sprechen möglich war.

Seitdem Normierung und Kontrolle aber nicht mehr von oben eingefordert, sondern von
35 jedem Einzelnen freiwillig an sich selbst verübt werden, ergießt sich das uneigentliche und heuchlerische Sprechen wie der süße Brei im Grimmschen Märchen bis in die letzten Winkel der Gesellschaft. Zugbegleiter der Deutschen Bahn versuchen sich am Bordmikro als *Supergeil*-Star Liechtenstein[2], Verliebte reden über ihre Liebe wie Kreditberater über eine Immobilienfinanzierung, während die Kreditberater sich aufführen, als seien sie
40 Freizeitanimateure in einem Mittelklassehotel. Alles scheint möglich im freien Spiel des

dressierten Gequatsches, nur eines nicht: das Spiel zu verlassen, den Zugbegleiter um Ruhe, den Kreditberater um Nüchternheit, den Geliebten um Aufrichtigkeit zu bitten, den Voraussetzungen des unechten Geredes zu widersprechen. Früher hätte man gesagt: die Systemfrage zu stellen.

Man könnte das Problem auch so beschreiben: Während man in der autoritären Gesellschaft nur zu gehorchen brauchte, muss man heute gehorchen und das auch noch gut finden. Die Konditionierung setzt sich bis ins Innerste fort. Die neue Zeit will den Menschen ganz. Sie will seine Zustimmung. Der Berliner Philosoph Byung-Chul Han attestiert der postautoritären Gesellschaft deshalb eine „Hyperaktivität" des zwanghaften Einverstandenseins mit sich selbst. Dieses „Übermaß an Positivität", das aus der „Überproduktion, Überleistung oder Überkommunikation" komme, schließe jede echte Nachfrage aus, bedrohe unsere Abwehrkräfte, mache uns krank und sei aber in unserem geschwächten Immunsystem nur schwer zu lokalisieren. Wie in einem perfekt passenden Schuh, den wir kaum spüren, sitzen wir auf diese Weise in den Weltbildern unserer Zeit fest, deren Borniertheit erst spätere Generationen ganz ermessen werden.

Vergleichsweise leicht fällt es da noch, über die Grenzen des politischen Redens zu sprechen. In jeder Saison gibt es einen Messias, der in irgendeinem Buch die Tabus ans Licht zerrt, vor denen die „politische Mitte" zurückschreckt oder in denen es sich der „linke Mainstream" gemütlich macht. *Thilo Sarrazin, Udo Ulfkotte, Henryk M. Broder* und viele andere Berufsprovokateure sind auf das Tabubrechergeschäft spezialisiert, das die unausgesprochenen Vorannahmen der politischen und medialen Leitkultur einreißen will. Und immer häufiger begegnen uns Journalisten Gesprächspartner, die an unserer Toleranz zweifeln und uns an den Kopf werfen: „Was ich Ihnen sage, werden Sie nie drucken." Und manchmal haben sie damit sogar recht. Nicht nur die ARD hat Angst vor ihrem Publikum. Nicht nur dort siegt gelegentlich die Public Correctness über die Meinungsfreiheit.

Die Schriftsteller sind besonders aufmerksame Seismografen dieses gesellschaftlichen Klimawandels. Es sei ganz schrecklich, was man alles nicht mehr sagen dürfe, klagt der französische Starautor *Michel Houellebecq*. Selbst *Nietzsche*, *Schopenhauer* oder *Spinoza* gingen heute nicht mehr durch. Unsere auf Schmerz- und Konfliktvermeidung getrimmte Gegenwart sei der hochfahrenden Übermensch-Philosophie, der unerbittlichen Misogynie oder der rücksichtslosen Religionskritik solcher Geister nicht mehr gewachsen. Das gesamte Gesprächsgelände sei inzwischen vermint, echte Unbeugsamkeit ausgemerzt, die Verfestigung der Lebensanschauungen total. Schuld daran ist vor allem: der vollständig austauschbare Bürobleichling, der auf allen sozialen Bühnen den Ton angibt und dabei vermessen ist, sein vorgestanztes Zustimmungsgelaber für originell und sich selbst für unverwechselbar zu halten. Obwohl es ihm doch nur um eines geht: sein Denk- und Lebensrisiko maximal zu minimieren. Dem deutschen Schriftsteller Leif Randt verdanken wir ein herrliches Porträt einer solchen Wohlfühl-Diktatur des Common Sense. In seinem Roman *Schimmernder Dunst über Coby County* erfindet er ein Land, das so vernünftig und so toll ist, dass alle, die in ihm leben, sich und überhaupt alles einfach nur noch so richtig, richtig super finden. „Genau" – die aktuelle Lieblingsvokabel der jungen Kreativwirtschaftsangehörigen passt, ja eben: genau zu diesem Lebensgefühl des vorauseilenden und allumfassenden Einverstandenseins. […]

Radisch, Iris: Der ganz normale Nulltext. In: DIE ZEIT, Nr. 36/2015, 03.09.2015,
http://www.zeit.de (27.04.2016)

Thilo Sarrazin (geb. 1945): deutscher Volkswirt, ehemaliger Politiker der SPD, Buchautor
Udo Konstantin Ulfkotte (geb. 1960): Politikwissenschaftler, ehemaliger Journalist, Buchautor
Henryk Marcin Broder (geb. 1946): deutscher Publizist und Buchautor
Michel Houellebecq (geb. 26. Februar 1956): Buchautor
Friedrich Wilhelm Nietzsche (1844–1900): deutscher klassischer Philologe und Philosoph
Arthur Schopenhauer (1788–1860): deutscher Philosoph, Autor und Hochschullehrer
Baruch de Spinoza (1632–1677): niederländischer Philosoph

1 *Gulag:* Netz von Arbeitslagern in der ehemaligen Sowjetunion
2 *Supergeil:* Musikvideo des deutschen Musikers Friedrich Liechtenstein, das 2014 auch als Werbevideo für eine Supermarktkette eingesetzt wurde

Arbeitsanweisung

Erörtern Sie den Text.

Ergänzung zur Arbeitsanweisung: Die der gesamten Prüfung vorangestellten Anmerkungen weisen darauf hin, dass Sie bei der von Ihnen gewählten Aufgabe über die Einbeziehung des Rahmenthemas „Phantasie ist nicht Ausflucht. Sich etwas vorstellen, das heißt eine Welt bauen, eine Welt erschaffen" entsprechend der Aufgabe entscheiden sollen, sofern dessen Berücksichtigung nicht ausdrücklich verlangt ist.

Hinweise und Tipps

Die Aufgabenstellung verlangt von Ihnen eine textgebundene Erörterung. Das heißt, Ihr Aufsatz sollte aus **zwei Teilen** bestehen. Im ersten Teil analysieren Sie den vorliegenden Artikel von Iris Radisch, im zweiten Teil diskutieren Sie die Hauptfragen, die der Text aufwirft.
Beginnen Sie Ihren Aufsatz mit einer Einleitung, die den Artikel kurz vorstellt und den Leser in die Thematik einführt. Bei der **Analyse des Textes** ist es wichtig, dass Sie keine eigenen Standpunkte einbeziehen, sondern nur den **Argumentationsgang der Autorin** aufzeigen. Gehen Sie auf **Inhalt** und **Struktur** des Artikels ein. Es empfiehlt sich, mit **Textbelegen** zu arbeiten. Eine sprachliche Analyse wird nicht gefordert.
Bevor Sie mit dem zweiten Teil der Aufgabe, der **Erörterung** der **zentralen Problematik** des Textes, beginnen, ist es wichtig, dass Sie sich verdeutlichen, welche Frage Sie erörtern. Da der Text diese nicht stellt, liegt hierin eine Schwierigkeit. Der folgende Lösungsvorschlag diskutiert zwei Aspekte. Es ist ratsam, dass Sie Ihre **Erörterungsfrage** nicht nur für sich persönlich, sondern auch in Ihrem Aufsatz formulieren. So strukturieren Sie Ihre Lösung nachvollziehbar. Nehmen Sie in Ihrer Argumentation Bezug auf den Text, gehen Sie aber über ihn hinaus und führen Sie **eigene Argumente, Belege und Beispiele** an. Ziehen Sie am Ende ein Fazit, in welchem Sie die Frage abschließend beantworten.

Lösungsvorschlag

Laptop an, der Fernseher läuft im Hintergrund, Handy oder Tablet in der Hand. Schnell die neuesten Nachrichten, Tweeds, Facebook-Meldungen checken und ein paar Kommentare hinterlassen. Morgens, mittags, abends, zwischendurch. Small-Talk in den Schulpausen. Wir sind im ständigen Austausch mit der Welt und folgen dabei den Regeln des **modernen Kommunikationsspiels**. Wie dieses aussieht und was es mit sich bringt, führt Iris Radisch in ihrem Artikel „Der ganz normale Nulltext" aus, der am 3. September 2015 in der ZEIT erschienen ist.

Die Autorin legt zunächst dar, dass heutzutage viel mehr geredet werde als früher. In unserer „Überinformationsgesellschaft" (Z. 8) gebe es im Unterschied zur früheren „Kontrollgesellschaft" (Z. 5) **kein Schweigen** mehr. Laut Radisch verlief Kommunikation früher nach einer begrenzten Anzahl von Regeln, die relativ einfach zu beherrschen waren. Bereits in diesem Abschnitt ist zu erkennen, dass die Autorin weder das überkommene noch das moderne Kommunikationsverhalten befürwortet.

Was heutzutage als problematisch zu betrachten ist, erklärt Radisch im **zweiten Abschnitt**. Ihrer Meinung nach herrschen trotz des „Dauergequassels" **Denk- und Redeverbote**: „Obwohl inzwischen ununterbrochen geredet wird, darf man nichts mehr sagen" (Z. 14 f.). Der Preis der neuen Redefreiheit sei schwer zu fassen; er betreffe eher „ein gesellschaftliches Klima als eine Zahlenkurve" (Z. 13).

Im **dritten Abschnitt** weist Radisch beispielhaft darauf hin, dass öffentlich-rechtliche **Fernsehsender** bereits Sendungen, die sie selbst für problematisch hielten, zensiert haben. Der **Normierungsdruck** verschwinde nicht, sondern sei sogar größer, vielfältiger und umfassender geworden.

Noch einmal wird im **vierten Abschnitt** der **Vergleich** zu früheren Kommunikationsmustern gezogen. Während die Reglementierung damals von bestimmten Obrigkeiten ausgegangen und die Konsequenzen bei Verstoß gegen die geltenden **Diskursregeln** jedem klar gewesen seien, sei die **neue Form** der Normen **schwer zu bestimmen**. Beispiele unterstützen wieder die Argumentation: Maßgebend waren nach Radisch „der Obrigkeitsstaat, das Patriarchat, die Kirchen, die totalitären Parteien" (Z. 27 f.), und Strafen waren „Gefängnis, Irrenhaus, Scheiterhaufen, Gulag oder Fegefeuer" (Z. 29 f.).

Die **Zensur** wird heute aber von jedem Einzelnen **freiwillig an sich selbst** vollzogen – so die These Radischs im **fünften Abschnitt**. Es handele sich um „uneigentliche[s] und heuchlerische[s] Sprechen" (Z. 35 f.), „dressierte[s] Gequatsche[]" (Z. 41) und „unechte[s] Gerede[]" (Z. 43). Wie dieses **unwahrhaftige Reden** aussieht, veranschaulicht die Autorin an den **Beispielen** der aufgesetzten Durchsagen eines Zugbegleiters, der unehrlichen Aussagen von Verliebten über ihre Liebe und der animierenden Ausführungen von Kreditberatern über eine Immobilienfinanzierung. Es funktioniere nach dem Prinzip: Alles ist erlaubt, nur nicht, das „Spiel" (Z. 41) zu verlassen oder ihm zu widersprechen.

Im **sechsten Abschnitt** spricht die Autorin von „**Konditionierung**" und davon, dass dieses neuartige Kommunikationsverhalten die **Zustimmung** jedes Einzelnen verlange. Sie zitiert ferner den **Philosophen Byung-Chul Han**. Er ist der Meinung, dass uns das Übermaß an Kommunikation und der Zwang, einverstanden zu sein und das auch noch gut zu finden, krank mache.

Radisch schränkt im **siebten Abschnitt** ihre These ein, indem sie das politische Reden, dessen Grenzen leichter zu fassen seien, in ihre Ausführungen einbezieht: Hier gebe es immer wieder einen Tabubrecher, einen „Messias" (Z. 57), der die Grenzen dessen, was gesagt werden dürfe, überschreite. Sie nennt unter anderem Thilo Sarrazin und fügt hinzu, dass „Berufsprovokateure" wie er sich „auf das Tabubrechergeschäft spezialisiert" (Z. 60) hätten. Dann komme es vor, dass ihre Meinung von den Medien nicht wiedergegeben, sondern zensiert werde, denn: „Nicht nur die ARD hat Angst vor ihrem Publikum. Nicht nur dort siegt gelegentlich die **Public Correctness** über die Meinungsfreiheit." (Z. 64–66) Die Autorin weist so auf die Grundproblematik hin: Für Radisch wird der demokratische Wert der Freiheit, zu sagen, was man möchte, zugunsten der Public Correctness, des diskursiven Mainstreams, beschädigt.

Die Thesen werden im **letzten Abschnitt** bekräftigt, indem auf **Schriftsteller** verwiesen wird, die beklagen, dass heutzutage nichts mehr gesagt werden dürfe. In ihren Worten und Werken würden sie die „Wohlfühl-Diktatur des Common Sense" (Z. 79) kritisieren. Es herrsche das „Lebensgefühl des vorauseilenden und allumfassenden Einverstandenseins" (Z. 83 f.), das seinen Ausdruck im **Trendwort „Genau"** (Z. 82) finde.

Zusammenfassend kann festgehalten werden, dass die These Radischs zwei Teile hat: Zunächst argumentiert sie, dass es in unserer heutigen Gesellschaft trotz Meinungsfreiheit und Vervielfältigung der Kommunikation **Denk- und Redeverbote** gibt. Darüber hinaus ist sie der Ansicht, dass wir diese Redeverbote auch noch **freiwillig verinnerlichen** und uns konditionieren lassen.

Wenn auch nicht direkt, sondern eher indirekt, wirft der Text **zwei Fragen** auf. Erstens: Herrschen tatsächlich Denk- und Redeverbote, die wir uns freiwillig selbst auferlegen? Diese Frage bezieht sich auf die „Diagnose", die die Autorin stellt. Die zweite Frage nimmt eher mögliche Handlungsoptionen ins Visier: Sollten wir es wieder mehr wagen, nicht nur „genau" zu sagen, sondern wahrhaftiger zu reden und die „Systemfrage" (Z. 44) zu stellen?

Wendet man sich der **ersten Frage** zu, so ist zunächst festzustellen, dass die Autorin selbst einen Ausnahmebereich anspricht, nämlich das **politische Reden**. Sie verweist auf Journalisten und Autoren wie Udo Ulfkotte, Thilo Sarrazin und Henryk M. Broder, die durch islam- und ausländerfeindliche Äußerungen aufgefallen sind. Sie haben das Tabu, dass man sich (vor allem als Deutscher) nicht schlecht über andere Nationen, Kulturen, Religionen auslassen dürfe, gebrochen. Es gibt also vorherrschende **Meinungstrends**, bei denen bestimmte Standpunkte positiv oder negativ bewertet werden. Auf diese Weise entstehen **Grenzen** zwischen dem, was sich „gut sagen" lässt, und dem, was nicht geäußert werden sollte. Die Beispiele der

Autorin lassen sich ergänzen durch weitere Belege. Mit Angela Merkel an der Spitze sagt die Regierung bezüglich der **Flüchtlingskrise:** „Wir schaffen das!" – Doch einer, nämlich Horst Seehofer, Vorsitzender der CSU, schert aus. Er artikuliert seine Sorgen, die mit der Flüchtlingspolitik einhergehen, und schwimmt damit gegen den Strom. Neben der Politik an sich könnte auch die Satire als ein Bereich des Tabubrechens genannt werden. Unterhalter wie **Jan Böhmermann** scheuen sich nicht, zu sagen, was nicht gesagt werden darf, wie vor allem am Beispiel des Schmähgedichts gegen den türkischen Präsidenten Erdoğan deutlich wurde. Man kann diesen Menschen also, ohne ihnen in ihrer Meinung zuzustimmen, einen gewissen Mut zugestehen, da sie das Risiko eingehen, eine Meinung öffentlich preiszugeben, die „politisch nicht korrekt" und auch **nicht mehrheitstauglich** ist. In allen genannten Fällen unterlagen die Tabubrecher nicht der Selbstzensur, mussten aber scharfe **Kritik** vom „Mainstream" in Kauf nehmen. Diese Kritik ist nun aber wiederum ihrerseits eine Form der freien Meinungsäußerung und auf diese Weise werden immerhin politische Diskurse über Themen geführt, die für die Gesellschaft von großer Bedeutung sind.

Nachdenklich stimmen mag der **historische Vergleich**, den Radisch vornimmt. Es ist bekannt, dass in autoritären Gesellschaftssystemen keine Meinungsfreiheit herrschte und bestimmte Strafen folgten, wenn man Dinge geäußert hat, die nicht gesagt werden durften. Dass wir im **demokratischen Deutschland** von heute das **Recht** besitzen, unsere **Ansichten frei zu äußern**, und dafür nicht bestraft werden dürfen, ist inzwischen aber selbstverständlich. Von daher ist es eine Errungenschaft, dass in unserer Gesellschaft heutzutage alle Menschen prinzipiell auf einer gleichberechtigten Ebene miteinander kommunizieren dürfen. Dieses Grundrecht, so meint man, sollte Denk- und Redeverbote sowie eine Selbstzensur unmöglich bzw. unnötig machen.

Radisch stützt ihre These, dass wir uns selbst zensieren, nicht nur auf das Beispiel der Fernsehsendungen, die von den Sendern selbst für problematisch befunden und zensiert wurden, sondern auch auf die Ansichten des Philosophen Byung-Chul Han und der Schriftsteller Michel Houellebecq und Leif Randt. Alle seien sie der Meinung, dass das „Gesprächsgelände […] vermint" (Z. 73) sei und der Einzelne sich den herrschenden Meinungstrends zustimmend **anpasse**. Begegnen uns nicht auch im **Alltag** Situationen, in denen wir unsere Meinung stillschweigend für uns behalten, weil sie nicht dem Mainstream entspricht? Wenn andere davon sprechen, dass sie nur „bio" kaufen und kein Fleisch mehr auf den Tisch kommt, sagt man dann, dass man diesen Trend für übertrieben hält? Wenn sie erzählen, wie sie um einen **nachhaltigen Lebensstil**, der die Umwelt schont, bemüht sind, entgegnet man dann, dass man dies für nicht besonders wirksam hält? Wohl eher selten. Wenn die Meinungsfreiheit gesetzlich auch vorgegeben ist, so gibt es dennoch Einstellungen, die man lieber für sich behält, weil sie nicht den **gängigen Meinungen** entsprechen.

So bleibt nun die **zweite Frage** zu beantworten: Sollte sich an diesem Verhalten etwas ändern? Sollte unser Reden weniger angepasst sein? Das Beispiel Radischs für unzensiertes Sprechen, die **politischen Tabubrecher**, ist problematisch, wie sie es in ihrem ironischen Ton schon anklingen lässt. Es ist auf der einen Seite durchaus wichtig, Probleme nicht zu vertuschen, sondern **offen anzusprechen**. Joachim Gauck attestiert Sarrazin **Mut** und meint, er habe offener über ein Problem gesprochen als die Politik. Politisch korrekte Sprache wecke bei vielen den Eindruck, dass Probleme verschleiert werden sollen. Durch **provokative Aussagen** wie die Sarrazins wird immerhin etwas zur Sprache gebracht, über das bisher geschwiegen werden sollte. Ängste und Sorgen, die in der Gesellschaft herrschen, sollten aufgegriffen und **sachlich diskutiert** werden. Doch ist es auf der anderen Seite dabei nicht notwendig, verletzend gegenüber bestimmten Menschengruppen zu werden. Manche Tabus können nämlich auch als errungene **Grundwerte** betrachtet werden: Dass Rassismus und Diskriminierung von Frauen, Homosexuellen oder anderen Gruppen verpönt und **Toleranz** großgeschrieben wird, kann dankbar stimmen. Diese Grundhaltung ist wichtig, damit Geschehnisse wie im Dritten Reich sich nicht wiederholen.

Radisch erwähnt nicht nur die „großen" Tabubrecher, sondern auch **alltägliche Situationen**, die vielen Menschen bekannt sein sollten. Sie fordert dazu auf, **aus dem „Spiel" auszusteigen**, wenn Verliebte nur heuchlerisch von ihrer Beziehung schwärmen, wenn Kreditberater nicht sachlich bleiben und Zugbegleiter aus ihren Ansagen eine Show machen. Nun könnte man einwenden: Lass doch den Zugbegleiter für etwas Unterhaltung und gute Stimmung sorgen. Lass die Verliebten schwärmen, das gehört zum Gefühl dazu. Und der Kreditberater macht nur seinen Job. Doch es handelt sich in allen drei Beispielen eben um **mehr Schein als Sein**, um einseitige, nämlich ausschließlich positive Darstellung. Vor allem in den sozialen Netzwerken wie Facebook ist dieses Verhalten gang und gäbe. Gepostet werden Urlaubsfotos, glückliche Gesichter, Erfolgserlebnisse. Der Austausch besteht darin, Fotos zu „liken" oder kleine Herzchen darunterzusetzen, um beim nächsten eigenen Beitrag auch möglichst viele Likes und begeisterte Kommentare zu ernten – „Dauergequassel", ohne wirklich etwas zu sagen. Wünschen wir uns nicht alle etwas **mehr Aufrichtigkeit** und **ehrliche Zuwendung**? Mehr Sein als Schein? Mehr echte Gespräche?

Ein bisschen Spiel gehört aber vielleicht auch zum Leben dazu – das betrifft vor allem die **Konventionen der Höflichkeit**. Wer gesellschaftlich und beruflich Erfolg haben möchte, muss ein wenig Heuchelei ertragen können. Man grüßt den Lehrer oder den Chef freundlich, auch wenn man persönlich die Person nicht besonders mag. Wird man von Menschen, mit denen man kein vertrauensvolles Verhältnis hat, gefragt, wie es gehe, antwortet man routiniert „Gut, danke, und Ihnen?", auch wenn das nicht ganz der Wahrheit entspricht.

Nichtsdestotrotz sollte es die Möglichkeit geben, **unverstellt** und ehrlich mit anderen Menschen zu kommunizieren, sonst geht es weder dem Individuum noch der Gesellschaft gut – so hält es der von Radisch zitierte Byung-Chul Han fest. Wenn wir ständig unsere inneren Überzeugungen verleugnen und dies auch noch gut finden müssen, kann uns das auf Dauer **schwächen**. Gerade für die persönlichen Verbindungen ist es von daher bedeutsam, eigene Standpunkte kundzutun. Nur so können **vertrauensvolle Beziehungen** entstehen und wachsen. Ist es nicht auch furchtbar **anstrengend**, Masken und Rollen aufrechtzuerhalten bzw. zu entschlüsseln und zu deuten? Wünscht man sich von der Freundin, die das neue Kleid begutachtet, nicht eher eine ehrliche Aussage als schmeichelnde Worte, bei Trauer und Schmerz nicht eher ein „das ist wirklich schlimm" als ein „das wird schon wieder", in Konfliktsituationen nicht eher eine klare Aussprache als ein Aneinander-Vorbei-Schweigen? „Die Wahrheit ist dem Menschen zumutbar" – so hat es Ingeborg Bachmann 1959 in der gleichlautenden Rede auf den Punkt gebracht. Die Menschen wollen „sehend" werden, wollen, dass ihnen die Augen geöffnet werden, sodass sie **ohne Täuschung leben**.

Darüber hinaus werden wir zu **mündigen Menschen**, wenn wir eigene Standunkte entwickeln und diese äußern. Auch das ist von Bedeutung, wenn kein **Mitläufertum** bei moralisch **fragwürdigen Ideologien** entstehen soll. Kritik kann weiterbringen und dazu beitragen, neue Lösungen für Probleme zu suchen.

Es ist ein **Dilemma**, das die Autorin bestechend eloquent beschreibt, aber nicht auflöst. Sie fordert mehr echtes Reden ein, ein passender Modebegriff wäre „Authentizität". Doch wie soll diese aussehen, wenn ein gesellschaftlicher Konsens herrscht, der bestimmte Standpunkte mit Empörung bestraft? Mit den Tabubrechern Sarrazin und Co. hat sie vielleicht nicht gerade nachahmenswerte Gegenbeispiele genannt. Die **Grenzen** zwischen dem, was man vielleicht mehr zu sagen wagen sollte, und dem, was tatsächlich besser nicht ausgesprochen wird, sind wohl **fließend**. Wie die Erörterung aber vor allem gezeigt hat, ist es sowohl für die persönliche als auch für die gesellschaftliche Entwicklung von Bedeutung, dass man eigene Standpunkte vertritt und ehrlich miteinander kommuniziert.

Deutsch (Thüringen): Abiturprüfung 2016
Aufgabe 3: Interpretation eines epischen Textes

Wolfgang Borchert (1921–1949)
Vielleicht hat sie ein rosa Hemd

Die beiden saßen auf dem Brückengeländer. Ihre Hosen waren dünn und das Brückengeländer war eisig. Aber da gewöhnte man sich dran. Auch daß es so drückte. Sie saßen da. Es regnete, es regnete nicht, es regnete. Sie saßen und hielten Parade ab. Und weil sie einen Krieg lang nur Männer gesehen hatten, sahen sie jetzt nur Mädchen.
5 Eine ging vorbei.
Hat einen ganz schönen Balkon. Kann man auf Kaffee trinken, sagte Timm.
Und wenn sie so lange in der Sonne rumläuft, wird die Milch sauer, grinste der andere.
Dann kam noch eine.
Steinzeit, resignierte der neben Timm.
10 Alles voll Spinngewebe, sagte der.
Dann kamen Männer. Die kamen ohne Kommentar davon. Schlosserlehrlinge, Büroangestellte mit weißer Haut, Volksschullehrer mit genialen Gesichtern und schäbigen Hosen, dicke Männer mit dicken Beinen, Asthmatiker und Straßenbahner mit Feldwebelschritt.
Und dann kam sie. Sie war ganz anders. Man hatte das Gefühl, sie müsse nach Pfirsich
15 riechen. Oder nach ganz sauberer Haut. Sicher hatte sie auch einen ganz besonderen Namen: Evelyne – oder so. Dann war sie vorbei. Die beiden sahen hinterher.
Vielleicht hat sie ein rosa Hemd, meinte Timm dann.
Warum, sagte der andere.
Doch, antwortete Timm, die so sind, die haben meistens ein rosa Hemd.
20 Blöde, sagte der andere, sie kann ebensogut ein blaues haben.
Kann sie eben nicht, du, kann sie eben nicht. Solche die haben rosane. Das weiß ich ganz genau, mein Lieber. Timm wurde ganz laut, als er das sagte.
Da sagte der neben ihm: Du kennst wohl eine?
Timm sagte nichts. Sie saßen da und das Brückengeländer war eisig durch die dünnen
25 Hosen.
Da sagte Timm:
Nein, ich nicht. Aber ich kannte mal einen, der hatte eine mitn rosa Hemd. Beim Kommiß. In Rußland. In seiner Brieftasche hatte er immer son Stück rosa Zeug. Aber das ließ er nie sehen. Aber einen Tag fiel es auf die Erde. Da haben es alle gesehen. Aber
30 gesagt hat er nichts. Nur angelaufen ist er. Wie das Stück Zeug. Ganz rosa. Abends hat er mir dann erzählt, das hätte er von seiner Braut. Als Talisman, weißt du. Sie hat nämlich lauter rosa Hemden, hat er gesagt. Und davon ist es.
Timm hörte auf.
Na und? fragte der andere.
35 Da sagte Timm ganz leise: Ich hab es ihm weggenommen. Und dann hab ich es hochgehalten.
Und wir haben alle gelacht. Mindestens eine halbe Stunde haben wir gelacht. Und was die für Dinger gesagt haben, kannst du dir denken. Und da? fragte der neben Timm.
Timm sah auf seine Knie. Er hat es weggeworfen, sagte er. Und dann sah Timm den
40 anderen an: Ja, sagte er, er hat es weggeworfen, und dann hat es ihn erwischt. Am nächsten Tag hat es ihn schon erwischt.
Sie sagten beide nichts. Saßen da so und sagten nichts. Aber dann sagte der andere:
Blödsinn.
Und er sagte es noch einmal. Blödsinn, sagte er.

45 Ja, ich weiß, sagte Timm. Natürlich ist es Blödsinn. Das ist ja ganz klar. Das weiß ich auch. Und dann sagte er noch: Aber komisch ist es, weißt du, komisch ist es doch. Und Timm lachte. Sie lachten alle beide. Und Timm machte eine Faust in der Hosentasche. Dabei zerdrückte er etwas. Ein kleines Stück rosa Stoff. Viel rosa war da nicht
50 mehr dran, denn er hatte es schon lange in der Tasche. Aber es war noch rosa. Er hatte es aus Rußland mitgebracht.

(1947)

Borchert, Wolfgang: Vielleicht hat sie ein rosa Hemd. In: Töteberg, Michael (Hrsg.): Wolfgang Borchert. Das Gesamtwerk. Rowohlt Verlag, Hamburg 2013, S. 204–206.

Arbeitsanweisung

Interpretieren Sie den Text.

Ergänzung zur Arbeitsanweisung: Die der gesamten Prüfung vorangestellten Anmerkungen weisen darauf hin, dass Sie bei der von Ihnen gewählten Aufgabe über die Einbeziehung des Rahmenthemas „Phantasie ist nicht Ausflucht. Sich etwas vorstellen, das heißt eine Welt bauen, eine Welt erschaffen" entsprechend der Aufgabe entscheiden sollen, sofern dessen Berücksichtigung nicht ausdrücklich verlangt ist.

Hinweise und Tipps

- Die Arbeitsanweisung verlangt eine Interpretation des epischen Textes von Wolfgang Borchert. **Lesen** Sie diesen deshalb zunächst mehrmals gründlich durch. Es ist hilfreich, sich Notizen zu machen und einen Schreibplan zu erstellen.
- In der **Einleitung** Ihres Aufsatzes nennen Sie zum einen die **Rahmendaten** des Textes (Autor, Titel, Entstehungsjahr) und finden zum anderen einen interessanten Einstieg in die Thematik. Möglich ist es an dieser Stelle ebenfalls, die Erzählung knapp in die entsprechende Literaturepoche und Lebensphase des Autors einzuordnen. Verfassen Sie anschließend eine kurze **Inhaltsangabe**.
- Im **Hauptteil** legen Sie ihre Interpretation der Erzählung dar. Es ist ratsam, zu Beginn anhand bekannter Merkmale kurz nachzuweisen, dass es sich bei dem vorliegenden Text um eine Kurzgeschichte handelt. Ferner wird von Ihnen erwartet, dass Sie die beiden Protagonisten charakterisieren bzw. ihr Verhalten deuten. Gehen Sie auf die **erzähltechnischen Merkmale** sowie die **sprachkünstlerischen Besonderheiten** (Satzbau, Wortwahl, rhetorische Figuren etc.) ein. Stellen Sie dabei unter Beweis, dass Sie **funktionale Zusammenhänge** zwischen Inhalt und Form erkennen und Ihre Gedanken klar formulieren und strukturieren können. Erfassen Sie die Thematik des Textes und ziehen Sie Schlussfolgerungen zu dessen Bedeutung. Belegen Sie Ihre Gedanken mit Zitaten aus der Geschichte. Wenn Sie mit dem **literaturgeschichtlichen Hintergrund** der Erzählung vertraut sind, bietet es sich an, auch auf diesen einzugehen und Bezüge herzustellen. Am Schluss fassen Sie Ihre Hauptgedanken prägnant zusammen und ziehen ein **Fazit** zur Aussage des Textes.
- Beim Beschreiben und **Charakterisieren** der Handlungsträger muss man auf die **unterschiedlichen Reaktionen** der beiden achten. Dabei spielt insbesondere Timm eine wichtige Rolle, da das, was er erzählt, der Auslöser sowohl für die inneren als auch für die äußeren Vorgänge ist. Es ist ratsam, darauf einzugehen, was wohl in Timm vorgehen mag, aus welchen Gründen er die Begebenheit möglicherweise schildert und dabei aber eine entscheidende Information verschweigt. Auch die Reaktionen seines Kameraden, der aus seiner Position heraus agiert, sind ein Hinweis auf das Kernproblem – den **Umgang mit Schuld**.
- Beim Analysieren und Deuten der sprachlichen Gestaltungsmittel beziehen Sie sich bestenfalls auf die **Farbmetaphorik** und das **Dingsymbol** des rosafarbenen Hemds und machen den Bezug zwischen Titel und Text deutlich. Auch die anderen stilistischen Mittel wie Parataxe, Attribuierung und Wiederholung tragen wesentlich zur Gesamtaussage bei und sollten nicht nur benannt, sondern auch gedeutet werden.
- Sie sollen darüber hinaus entscheiden, ob Sie den Bezug zum Rahmenthema herstellen. Die folgende Interpretation zeigt, wie dieser umgesetzt werden könnte. Sie ist als Vorschlag zu betrachten, andere Lösungswege sind durchaus möglich.

Lösungsvorschlag

Wolfgang Borchert ist ein Vertreter der sogenannten „**Trümmerliteratur**" – der deutschen Nachkriegsliteratur, die sich mit den Folgen des Krieges befasst. Er hat während seines kurzen Lebens den Zweiten Weltkrieg selbst als einschneidendes Ereignis mitbekommen. Diese Erfahrungen spiegeln sich in seinem literarischen Werk wider. Es entstanden viele bekannte Werke wie das Drama „Draußen vor der Tür", Gedichte und zahlreiche Kurzgeschichten.

Eine dieser Geschichten aus dem Jahr 1947 heißt „Vielleicht hat sie ein rosa Hemd". Sie handelt von zwei **Kriegsheimkehrern**, die auf einem Brückengeländer sitzen und die vorübergehenden Menschen beobachten, wobei ihr Interesse vor allem jungen Mädchen gilt. Eines dieser Mädchen löst bei einem der Protagonisten, Timm, eine besondere Erinnerung aus. Auf die

Bemerkung hin, dass sie sicher ein rosa Hemd besitze, erzählt er die Geschichte eines ehemaligen Kriegskameraden aus Russland. Dieser habe stets ein **Stück eines rosa Hemds** seiner Verlobten als Glücksbringer bei sich getragen. Timm habe ihm das Stück Stoff weggenommen und sich mit allen anderen anwesenden Soldaten darüber lustig gemacht. Daraufhin habe der Kamerad seinen **Talisman** weggeworfen und sei am nächsten Tag im Krieg gefallen. Timm und sein Gefährte betrachten dies nun im Nachhinein als Zufall und lachen über die Geschichte. Doch bezeichnet Timm, der in dem Moment ein Stück rosa Stoff aus Russland in seiner Hose zerdrückt, den Ablauf dieser Geschichte dennoch als komisch.

Dass es sich hier um eine **Kurzgeschichte** handelt, kann man an verschiedenen Merkmalen erkennen. So ist der Beginn unvermittelt, der Leser wird direkt in das Geschehen geführt: „Die beiden saßen auf dem Brückengeländer." (Z. 1) Auch das typische offene Ende ist auffällig: Der Leser erfährt nicht, wie Timm mit der Situation weiter umgehen wird. Die Sprache ist einfach, teilweise sogar umgangssprachlich und der Satzbau hauptsächlich parataktisch. Auch die Reduktion auf wenige Hauptcharaktere ist kennzeichnend für die Textsorte der Kurzgeschichte, die eine typische literarische Form der Nachkriegszeit darstellt.

Die beiden Männer, die auf dem Brückengeländer sitzen, scheinen arm zu sein, denn „[i]hre Hosen waren dünn" (Z. 1). Ferner wird deutlich, dass die Geschichte in der kalten Jahreszeit spielt, denn das „Brückengeländer war eisig" (Z. 1 f.) und „es regnete" (Z. 3). Der Regen veranschaulicht außerdem, dass die beiden nur eine lange Zeit auf diesem Geländer sitzen: „Es regnete. Es regnete nicht. Es regnete." (Z. 3) Dieses **Trikolon** verdeutlicht die **Zeitraffung**, die der Erzähler hier vornimmt. Die gleiche Wirkung hat auch die wiederholte Feststellung: „Sie saßen da." (Z. 2) Der **auktoriale Erzähler** beschreibt die Szene, schlüpft aber immer wieder in die Perspektive der Figuren, z. B. wenn er **umgangssprachliche Kommentare** einfließen lässt. So heißt es bezogen auf die Kälte des Geländers: „Aber da gewöhnte man sich dran. Auch daß es so drückte." (Z. 2) Er ist insgesamt jedoch sehr zurückhaltend, fast schon neutral. Da er hauptsächlich die Situation beschreibt, kann man auch von szenischem Erzählen sprechen.

Die Männer halten **„Parade"** ab (Z. 3), beobachten also eine geraume Zeit die Passanten, vor allem die jungen Mädchen, da sie „einen Krieg lang nur Männer gesehen hatten" (Z. 4). Solche scheinbar beiläufig gemachten Bemerkungen weisen deutlich auf den **Kontext der Nachkriegszeit** und die Stimmung, die damals herrschte, hin. Die Männer verhalten sich so, als seien sie nach wie vor im Krieg – das Erlebte steckt ihnen quasi noch in den Knochen. Auf Frauen werden sie ganz besonders aufmerksam, weil sie immer noch davon geprägt sind, nur Männer um sich gehabt zu haben.

Die vorbeigehenden Frauen werden mit entsprechenden Kommentaren versehen, die sich auf deren Figur oder Alter beziehen: „Hat einen ganz schönen Balkon" (Z. 6), „Alles voll Spinngewebe [...]" (Z. 10). Danach gehen einige Männer vorbei, die vom auktorialen Erzähler **anhand auffälliger Adjektive** genauer beschrieben werden. Es sind beispielsweise „Büroangestellte mit weißer Haut" (Z. 11 f.), „Volksschullehrer mit genialen Gesichtern und schäbigen Hosen" (Z. 12), „dicke Männer mit dicken Beinen" (Z. 13). Diese in ihrem Kontext meist negativ besetzten Attribute repräsentieren eine Atmosphäre, die für jene Jahre prägend war: Büroangestellte mit weißer Haut und Männer mit dicken Beinen haben die Zeit des Krieges sicher nicht an der Front verbracht und unterscheiden sich dadurch von den Protagonisten. Wie die dünnen Hosen der Hauptfiguren verdeutlichen auch die schäbigen Hosen der Lehrer die Armut, die damals herrschte.

Mit dem Satz „Und dann kam sie" (Z. 14) richtet sich nicht nur die Aufmerksamkeit der beiden Protagonisten auf eine bestimmte Frau, sondern auch die des Lesers. Wer sie ist, wird beschrieben, indem der **Geruchssinn** angesprochen wird: „Man hatte das Gefühl, sie müsse nach Pfirsich riechen." (Z. 14 f.) Außerdem werden Überlegungen bezüglich ihres Namens angestellt – der auktoriale Erzähler gibt hier vermutlich Gedanken der beiden Männer wieder: „Evelyne – oder so." (Z. 16) Diese im Vergleich zu den vorherigen Beschreibungen frischen und exotischen Assoziationen zeigen deutlich, dass dieses Mädchen „ganz anders" (Z. 14) auf die beiden wirkt. Die Frau ist der Auslöser für die Geschichte, die Timm seinem Freund im Folgenden erzählt. Die Behauptung Timms, dass dieses Mädchen wahrscheinlich ein rosa Hemd trage (vgl. Z. 17 ff.), stößt bei seinem Kameraden anfangs auf Ablehnung. Der merkt an, dass sie „ebensogut ein blaues" (Z. 20) anhaben könnte. Timm beharrt aber auf seiner Meinung mit der Aussage, dass er es ganz genau wisse, dass solche Mädchen „rosane" (Z. 21) Hemden haben. Dabei wird seine Stimme „ganz laut" (Z. 22), was ein **Indiz** dafür ist, dass die Idee des rosafarbenen Hemdes ihn **innerlich bewegt**.

Bevor er auf die Frage, ob er so eine kenne, antworten kann, wird Timm erst einmal ganz still: „Timm sagte nichts." (Z. 24) Auch dieses **Schweigen** verdeutlicht, welche **emotionale Bedeutung** die Geschichte um das rosa Hemd für Timm hat. Der Erzähler führt dem Leser noch einmal die Situation vor Augen und steigert damit einerseits die Spannung, andererseits gestaltet er auf diese Weise die Nachkriegsstimmung noch eindrücklicher: Zwei Männer sitzen in dünnen Hosen auf einem eisigen Brückengeländer (vgl. Z. 24 f.). Es wird deutlich, dass der Erzähler nicht explizit auf die Gefühle der Figuren eingeht. Durch die **äußere Beschreibung** der Situation und des Verhaltens der Personen weist er aber **indirekt** darauf hin.

Timm erklärt, er kenne solch eine Frau nicht, aber ein Kriegskamerad: „Aber ich kannte mal einen, der hatte eine mitn rosa Hemd. Beim Kommiß. In Rußland. In seiner Brieftasche hatte er immer son Stück rosa Zeug. [...] Das h[a]tte er von seiner Braut. Als Talisman, weißt du." (Z. 27–31) Seine Äußerung enthält nicht nur **umgangssprachliche Formulierungen** wie „son Stück" (Z. 28), sondern ist auch durch die **kurzen, zum Teil elliptischen Sätze** gekennzeichnet. Außerdem fällt der wiederholte Gebrauch des Begriffs „Zeug" (Z. 28, 30), der negativ konnotiert ist, auf. Dieser gesamte **Sprachduktus** veranschaulicht zum einen, dass es Timm nicht ganz leichtzufallen scheint, von der Begebenheit zu erzählen, und zum anderen, dass er anscheinend versucht, diese zu **bagatellisieren**.

Timm unterbricht seine Erzählung an einer entscheidenden Stelle („Timm hörte auf", Z. 33) und spricht dann nur „ganz leise" (Z. 35) weiter. Es wirkt, als sei er nachdenklich und als quäle ihn sein **schlechtes Gewissen**, denn was folgt, ist die entscheidende Tatsache, dass er das Stoffstück entwendet, den anderen gezeigt und diesen Mann damit lächerlich gemacht hat: „Mindestens eine halbe Stunde haben wir gelacht. Und was die für Dinger gesagt haben [...]." (Z. 37 f.) Dass Timm „auf seine Knie" (Z. 39) sieht, weist einmal mehr auf sein **Schuldbewusstsein**, vielleicht auch auf **Scham** hin. Noch einmal nach dem Fortgang der Geschichte befragt, wird klar, warum Timm dieses Erlebnis so beschäftigt und er nicht vergessen kann: „[E]r hat es weggeworfen, und dann hat es ihn erwischt. Am nächsten Tag hat es ihn schon erwischt." (Z. 40 f.) Nach dem Verlust des Talismans ist der Mann im Krieg ums Leben gekommen und die Vermutung liegt nahe, dass ein **kausaler Zusammenhang** zwischen diesen beiden Ereignissen besteht.

Es herrscht zunächst – wohl betretenes – Schweigen: „Sie sagten beide nichts. Saßen da so und sagten nichts." (Z. 42) Wieder weist die äußere Beschreibung durch den Erzähler nur indirekt darauf hin, was in den Figuren vorgeht. Vermutlich muss das Gehörte verarbeitet bzw. das Erzählte bewältigt werden. Ferner kann die **Sprachlosigkeit** Betroffenheit und Fassungslosigkeit ausdrücken. Sehr wahrscheinlich schwebt die **Schuldfrage** in der Luft. Timm schämt sich, denn man könnte ihm die Schuld am Tod des Genossen geben, wenn man daran glaubt, dass der Talisman diesen geschützt hatte. Der Freund wiederum weiß nicht, wie er darauf reagieren soll. Er scheint etwas ratlos, bis er mitten in das Schweigen hinein **„Blödsinn"** (Z. 43) sagt, und diesen Ausdruck noch einmal wiederholt. Die Wiederholung spiegelt sich im Erzählverhalten wider. Der Erzähler erklärt zweimal, dass Timm den Ausdruck aufgreift: „Und er sagte es noch einmal. Blödsinn, sagte er." (Z. 44) Der Freund scheint die Sache herunterspielen zu wollen. Timm nimmt das ‚Angebot', das ihn entlastet, an, indem er dieses Wort sofort aufgreift und es durch eine nochmalige **Wiederholung** bestätigt. Es wirkt, als stecke in dieser nahezu übertriebenen Betonung nicht eine Bekräftigung, sondern eine Frage: Handelt es sich wirklich um Blödsinn? Timm verleiht diesem **Zweifel** direkt im Anschluss Ausdruck: „Aber komisch ist es, weißt du, komisch ist es doch." (Z. 47)

Ein letzter, verzweifelter Versuch, die **Ernsthaftigkeit** und Traurigkeit der Situation **zu überspielen**, mündet in einem Lachen Timms (vgl. Z. 48), in das der andere einstimmt. Es ist ein **erzwungenes Lachen**, was daran erkennbar ist, dass Timm zugleich „eine Faust in der Hosentasche" (Z. 48 f.) macht. Die Faust drückt wohl das Eingeständnis von Schuld, Wut und **Verzweiflung** darüber aus, Geschehenes nie wieder gutmachen zu können. Sie umfasst nämlich „[e]in kleines Stück rosa Stoff" (Z. 49), das Timm seit einer langen Zeit in der Tasche hat und dessen Farbe verblasst ist, denn „[e]r hatte es aus Rußland mitgebracht" (Z. 50 f.). Bei dem Stück Stoff handelt es sich um den Fetzen, den sein Gefährte in Russland nach dem Vorfall weggeworfen hatte – so erschließt es sich dem Leser. Der Talisman, der dem einen gefehlt hat – so wird es zumindest suggeriert, befindet sich in Timms Besitz, und Timm ist noch am Leben. Dieser **gedachte Zusammenhang** muss die Schuld- und Schamgefühle Timms steigern.

Es wird deutlich, dass die Fantasie im Sinne von **Vorstellungskraft** eine entscheidende Rolle in dieser Erzählung spielt. Der Soldat hat geglaubt und gehofft, dass sein Talisman ihn beschützt. Als Andenken an seine Verlobte hat der Stofffetzen ihm Kraft, Zuversicht und ein Ziel für die Zeit nach dem Krieg gegeben. Der Verlust des Talismans ist für ihn gleichbedeutend mit dem **Verlust der Hoffnung** gewesen. „Ein kleines Stück rosa Stoff" (Z. 49) hat einem Menschen in einer schwierigen Situation Sicherheit und **Lebensmut** gegeben – allein durch den **Glauben** daran. Das scheint Timm genauso zu sehen, weshalb diese Geschichte so wichtig für ihn ist. Vielleicht bedeutet das Stoffstück auch für ihn Hoffnung – **Hoffnung auf ein besseres Leben**, Hoffnung auf die große Liebe. Schließlich löst allein die Idee, dass das vorbeigehende Mädchen rosa Hemden tragen könnte, starke Gefühle bei ihm aus.

Das Bild des rosafarbenen Stoffes taucht im gesamten Text immer wieder auf. Wie das **Dingsymbol** einer Novelle zieht es sich durch die Kurzgeschichte, vom Titel bis zu den letzten Zeilen. Dabei ruft die Farbe beim Leser bestimmte Assoziationen hervor. Es ist eine zarte Farbe, die man häufig mit kleinen Kindern in Verbindung bringt und die somit für Reinheit und Unschuld stehen kann. Am Ende heißt es: „Viel Rosa war da nicht mehr dran […]." (Z. 49 f.) Die Farbe ist verblasst, die Unschuld ist einem Gefühl von Schuld gewichen. Der Erzähler räumt nur ein: „Aber es war noch rosa." (Z. 50) Diese Aussage kann als Hinweis auf eine blasse Erinnerung an den fernen Zustand der Unschuld verstanden werden, aber auch als Hoffnungsschimmer, den Timm sich angeeignet hat.

Borchert thematisiert mit dieser Kurzgeschichte Aspekte, die nach dem Zweiten Weltkrieg nicht nur ihn beschäftigt haben dürften, sondern zum Lebensgefühl der Überlebenden gehörten, nämlich den **Umgang mit Schuld** und die **Hoffnung** auf ein besseres Leben. Sowohl die kollektive Schuldfrage als auch die Schuld Einzelner wird in der **Literatur der Nachkriegszeit** thematisiert. Dass die Geschichte keine Antwort, keine Lösung anbietet, passt ebenso in diese erschütternde, trostlose Stimmung nach dem Ende des Zweiten Weltkriegs wie das kleine, verdinglichte Stück Hoffnung darauf, dass vielleicht doch noch alles wieder besser werden kann.

> **Deutsch (Thüringen): Abiturprüfung 2016**
> **Aufgabe 4: Interpretation eines dramatischen Textes**

Johann Wolfgang von Goethe (1749–1832)
Faust. Der Tragödie zweiter Teil

[5. Akt]

Im letzten Akt von Johann Wolfgang von Goethes „Faust. Der Tragödie zweiter Teil" will der gealterte Faust dem Meer mit Dämmen Land abzwingen und dieses neugewonnene Land kolonisieren. In der Szene „Mitternacht", die der zu erschließenden vorausgeht, wird Faust in seinem Palast von den vier grauen Weibern (Mangel, Schuld, Not und Sorge), den Vorboten des Todes, heimgesucht. Faust erblindet unter dem Anhauchen der Sorge und glaubt sein Projekt fast vollendet. Er befiehlt den Arbeitern, unverzüglich ans Werk zu gehen.

Großer Vorhof des Palasts
Fackeln.

MEPHISTOPHELES *als Aufseher, voran:*
Herbei, herbei! Herein, herein!
Ihr schlotternden Lemuren[1],
Aus Bändern, Sehnen und Gebein
5   Geflickte Halbnaturen.

LEMUREN *im Chor:*
Wir treten dir sogleich zur Hand,
Und, wie wir halb vernommen,
Es gilt wohl gar ein weites Land,
10 Das sollen wir bekommen.

Gespitzte Pfähle, die sind da,
Die Kette lang zum Messen;
Warum an uns der Ruf geschah,
Das haben wir vergessen.

15 MEPHISTOPHELES:
Hier gilt kein künstlerisch Bemühn;
Verfahret nur nach eignen Maßen:
Der Längste lege länglang sich hin,
Ihr andern lüftet ringsumher den Rasen;
20 Wie man's für unsre Väter tat,
Vertieft ein längliches Quadrat!
Aus dem Palast ins enge Haus,
So dumm läuft es am Ende doch hinaus.

LEMUREN *mit neckischen Gebärden grabend:*
25 Wie jung ich war und lebt und liebt,
Mich deucht, das war wohl süße;
Wo's fröhlich klang und lustig ging,
Da rührten sich meine Füße.

Nun hat das tückische Alter mich
30 Mit seiner Krücke getroffen;
Ich stolpert über Grabes Tür,
Warum stand sie just offen!

FAUST *aus dem Palaste tretend, tastet an den Türpfosten:*
Wie das Geklirr der Spaten mich ergetzt!
35 Es ist die Menge, die mir frönet[2],
Die Erde mit sich selbst versöhnet,
Den Wellen ihre Grenze setzt,
Das Meer mit strengem Band umzieht.

MEPHISTOPHELES *beiseite*:
40 Du bist doch nur für uns bemüht
Mit deinen Dämmen, deinen Buhnen[3];
Denn du bereitest schon Neptunen,
Dem Wasserteufel, großen Schmaus.
In jeder Art seid ihr verloren; –
45 Die Elemente sind mit uns verschworen,
Und auf Vernichtung läuft's hinaus.

FAUST:
Aufseher!

MEPHISTOPHELES:
50 Hier!

FAUST:
Wie es auch möglich sei,
Arbeiter schaffe Meng auf Menge,
Ermuntere durch Genuß und Strenge,
55 Bezahle, locke, presse bei!
Mit jedem Tage will ich Nachricht haben,
Wie sich verlängt der unternommene Graben.

MEPHISTOPHELES *halblaut:*
Man spricht, wie man mir Nachricht gab,
60 Von keinem Graben, doch vom Grab.

FAUST:
Ein Sumpf zieht am Gebirge hin,
Verpestet alles schon Errungene;
Den faulen Pfuhl auch abzuziehn,
65 Das Letzte wär das Höchsterrungene.
Eröffn ich Räume vielen Millionen,
Nicht sicher zwar, doch tätig-frei zu wohnen.
Grün das Gefilde, fruchtbar; Mensch und Herde
Sogleich behaglich auf der neusten Erde,
70 Gleich angesiedelt an des Hügels Kraft,
Den aufgewälzt kühn-emsige Völkerschaft.
Im Innern hier ein paradiesisch Land,
Da rase draußen Flut bis auf zum Rand,
Und wie sie nascht, gewaltsam einzuschießen,
75 Gemeindrang eilt, die Lücke zu verschließen.
Ja! diesem Sinne bin ich ganz ergeben,
Das ist der Weisheit letzter Schluß:
Nur der verdient sich Freiheit wie das Leben,
Der täglich sie erobern muß.
80 Und so verbringt, umrungen von Gefahr,
Hier Kindheit, Mann und Greis sein tüchtig Jahr.
Solch ein Gewimmel möcht ich sehn,
Auf freiem Grund mit freiem Volke stehn.

	Zum Augenblicke dürft ich sagen:
85	Verweile doch, du bist so schön!
	Es kann die Spur von meinen Erdetagen
	Nicht in Äonen⁴ untergehn. –
	Im Vorgefühl von solchem hohen Glück
	Genieß ich jetzt den höchsten Augenblick.
90	*Faust sinkt zurück, die Lemuren fassen ihn auf und legen ihn auf den Boden.*

MEPHISTOPHELES:
  Ihn sättigt keine Lust, ihm gnügt kein Glück,
  So buhlt er fort nach wechselnden Gestalten;
  Den letzten, schlechten, leeren Augenblick,
95 Der Arme wünscht ihn festzuhalten.
  Der mir so kräftig widerstand,
  Die Zeit wird Herr, der Greis hier liegt im Sand.
  Die Uhr steht still –
CHOR:
100 Steht still! Sie schweigt wie Mitternacht.
  Der Zeiger fällt.
MEPHISTOPHELES:
  Er fällt, es ist vollbracht.
CHOR:
105 Es ist vorbei.
MEPHISTOPHELES:
  Vorbei! ein dummes Wort.
  Warum vorbei?
  Vorbei und reines Nicht, vollkommnes Einerlei!
110 Was soll uns denn das ew'ge Schaffen!
  Geschaffenes zu nichts hinwegzuraffen!
  „Da ist's vorbei!" Was ist daran zu lesen?
  Es ist so gut, als wär es nicht gewesen,
  Und treibt sich doch im Kreis, als wenn es wäre.
115 Ich liebte mir dafür das Ewig-Leere.

Goethe, Johann Wolfgang: Faust. Der Tragödie zweiter Teil. In: Goethes Werke in zwölf Bänden. Vierter Band. Aufbau-Verlag, Berlin und Weimar 1988, S. 561–564.

1 *Lemuren:* lat. Bezeichnung für nächtlich umgehende, erschreckende und bösartige Geister von Verstorbenen
2 *frönen:* hier im Sinne von Frondienste leisten
3 *Buhnen:* im rechten Winkel oder schräg zu den Deichen im Meer installierte schützende Vorbauten
4 *Äonen:* lange Zeit, Weltalter

Arbeitsanweisung

Interpretieren Sie den Dramenauszug und beziehen Sie das Abiturrahmenthema ein.

Hinweise und Tipps

Der Faust-Stoff (vgl. Puppenspiel, Historie usw.) ist Ihnen vielleicht aus dem Literaturunterricht verschiedener Jahrgänge bekannt, ebenso wie der gesamte „Faust I" aus dem Deutschunterricht der Oberstufe. Möglicherweise wurden Sie darüber hinaus mit Auszügen aus dem zweiten Teil der Tragödie bekannt gemacht. Sind Sie aber mit der Materie nicht vertraut, ist die vorliegende Aufgabe für Sie schwer zu bearbeiten und deren Auswahl nicht empfehlenswert. Der folgende Lösungsvorschlag setzt **Hintergrundwissen** voraus.

Es darf hier in Erinnerung gerufen werden, dass Mephisto getreu seinem Programm „Wir sehn die kleine, dann die große Welt" (Studierzimmer II) Faust in eben diese große Welt führt. In der vorliegenden Szene steht der **greise Faust**, der **als Unternehmer Siedlungsland** aus dem Meer gewinnen will, am Ende seines Lebens. Bei einer Begegnung mit der personifizierten Sorge, deren Macht anzuerkennen er sich weigerte, ließ diese ihn erblinden. Fausts Wille jedoch ist ungebrochen. Er ist überzeugt davon, dass es zur **Verwirklichung seiner Vision** des Augenlichtes weniger bedarf als eines Planes, an dessen Umsetzung unter seiner strengen Leitung fleißig gearbeitet werden muss.

Die Aufgabenstellung wird vom Operator „Interpretieren Sie" bestimmt, der geforderte Bezug zum **Rahmenthema** „Phantasie ist nicht Ausflucht. Sich etwas vorstellen, das heißt eine Welt bauen, eine Welt erschaffen" lässt sich geschickt in die Interpretation integrieren, zumal er sich in Hinsicht auf Fausts Idee anbietet. Eine differenzierte Wertung der Vision Fausts wird nicht explizit verlangt, könnte jedoch die Interpretation bereichern und bietet sich angesichts der im Rahmenthema enthaltenen **Dialektik** an.

Die Interpretation sollte den **Gesprächsverlauf** berücksichtigen. Auch die **sprachkünstlerische Gestaltung** ist grundsätzlich mit einzubeziehen. Am meisten überzeugen Sie, wenn Sie diese nicht in einem separaten Absatz behandeln, sondern mit der inhaltlichen Deutung **verknüpfen**.

Ihre Interpretation sollte sich durch eine stringente und plausible **Struktur** auszeichnen. Belegen Sie Ihre Ausführungen mit **Zitaten** aus dem Text.

Die folgende Lösung verzichtet auf Hinweise, die Verbindungen zu anderen Werken (Hamlet, Das Alte Testament) zeigen und ist insgesamt als Vorschlag zu betrachten. Andere Umsetzungen sind durchaus möglich.

Lösungsvorschlag

Die zur Interpretation vorliegende Szene aus Johann Wolfgang Goethes Drama „Faust. Der Tragödie zweiter Teil" zeigt die letzte Unterhaltung zwischen Faust und Mephistopheles. Faust, der inzwischen greise Unternehmer, glaubt sich seinem Ziel nahe. Von dem Wunsch getrieben, dem Meer durch Eindeichung Land abzuringen, um neuen **Siedlungsraum** zu schaffen, lässt er eine Vielzahl von Zwangsarbeitern Tag und Nacht schuften. Dieses Projekt erscheint ihm jetzt, am Ende seines Lebens, als besonders bedeutsam und er drängt auf dessen Vollendung. Dass er inzwischen erblindet ist, behindert ihn in keiner Weise. Im Gegenteil: Faust sieht sein Ziel klar vor Augen und ist sich sicher, dass seine Idee unter seiner Anleitung verwirklicht werden wird – wie es für seinen überheblichen Charakter typisch ist. Kraft seiner Fantasie hat Faust also eine Vision entwickelt. Mit dem Gelingen des Vorhabens würde er sowohl im wörtlichen als auch im übertragenen Sinn „eine Welt bauen, eine Welt erschaffen". Die Vorstellungskraft Fausts ist allein auf die Errichtung dieser „neuen Welt" ausgerichtet.

Mephisto ruft die Arbeiter auf dem von Fackeln erhellten Palasthof zusammen. Er führt die **Aufsicht** über die Arbeiten und ist auch für die Knechte verantwortlich. Er hat Lemuren, die Geister Verstorbener, zum Arbeiten verpflichtet. Die sind ein quirliger Haufen und erledigen ohne rechten Ernst Mephistos Auftrag, der eigentlich Fausts Willen genau zuwiderläuft: Sie messen ein **Grab** aus und schaufeln es dann. **Das Lied**, das sie bei der Arbeit singen, weist auf den Gang des Lebens hin – der junge Mensch genießt sein Leben und denkt nicht an das Alter, das für ihn nichts als Gebrechen und den Tod bereithält. Die Lemuren erinnern hier an den Chor der antiken Tragödie, der das Geschehen kommentierend begleitet. Auf die Vergänglichkeit des menschlichen Daseins spielt auch Mephisto an, als er den Lemuren den Befehl gibt. Mit seiner lapidaren, antithetischen Bemerkung „Aus dem Palast ins enge Haus, / So dumm läuft es am Ende doch hinaus" (V. 22f.) verweist er auf die Endstation des menschlichen Lebens, das Grab, und lässt – wie schon so oft zuvor – erkennen, dass ihm das Streben des Menschen ein Buch mit sieben Siegeln bleibt. Mephisto geht von der **Vergeblichkeit dieses Strebens** aus und zeigt damit, dass er das Wesen des Menschen nicht begreifen kann. Die ganze Szene steht im Spannungsfeld zwischen menschlichem Streben auf eine Vision hin (Faust), zu welchem es der Fantasie bedarf, und der zynischen Überzeugung, dass ohnehin alles vergebens sei (Mephisto).

Faust, der spürt, dass er sich an seinem Lebensende befindet und dass ihm nicht mehr viel Zeit bleibt, um seinen Plan zu verwirklichen, tritt in den Vorhof seines Palastes. Zwar „tastet [er] an den Türpfosten" (V. 33), ist also in seinen Bewegungen aufgrund seiner altersbedingten Gebrechlichkeit und seiner Blindheit unsicher, doch will er unbeirrt **die Arbeiten beaufsichtigen und vorantreiben**.

Das seltsame Treiben im Hof bleibt ihm verborgen, allerdings vernimmt er erfreut das „Geklirr der Spaten" (V. 34). In seiner Bewertung dieser Idee der Landgewinnung wird im Übrigen erkennbar, dass Faust sein Vorhaben als ein harmonisches, „natürliches" betrachtet, denn er spricht davon, „[d]ie Erde mit sich selbst [zu versöhnen]" (V. 36). Der Mensch könne der Natur Grenzen setzen, in sie eingreifen und damit einen idealen Zustand herstellen. Faust, der für sich, für sein Streben keine Grenzen gelten lässt, überträgt seine tiefe **Überzeugung von der schöpferischen Fähigkeit des Menschen** auf sein Projekt.

Wie schon zu anderen Gelegenheiten merkt Faust nicht, dass er **sich überschätzt**. Seine Wahrnehmungen deutet er völlig falsch als Eindeichungsarbeiten, also als fleißiges Tätigsein im Sinne seiner Vorstellungen. Es wird deutlich, dass sein Geist die Realität – dass nämlich Mephisto auf seinen Tod wartet und das Begräbnis vorbereitet – nicht mehr erfassen kann.

Mephisto bemerkt das und verspottet Fausts Euphorie. Er macht sich nicht einmal mehr die Mühe der offenen Auseinandersetzung mit dem Greis, sondern spricht „beiseite" (V. 39), was er anzumerken hat. Es muss **Mephisto doppelte Genugtuung** bereiten, einerseits die Vergeblichkeit der Bemühungen des einstigen Widersachers zu konstatieren und andererseits zu sehen, dass Faust seinen – für alle offenbaren – Irrtum nicht erkennen kann. Deshalb stellt er fest, dass Fausts Bemühungen in die falsche Richtung laufen müssen („Die Elemente sind mit uns verschworen", V. 45), nicht seiner Idee, sondern der Zerstörung in die Hände arbeiten: „Und auf Vernichtung läuft's hinaus." (V. 46)

Faust hat von Mephistos Bemerkungen nichts gehört und ruft seinen Aufseher, um ihm neue Order zu geben. Die Unternehmung verlangt jede Menge Arbeitskräfte. Diese herbeizuschaffen soll Mephistos neuer Auftrag sein. Faust ist es völlig gleichgültig, woher die Arbeiter genommen werden. Er lässt seinem Aufseher freie Hand: „Ermuntere durch Genuss und Strenge, / Bezahle, locke, presse bei!" (V. 54f.) Widerspricht das nicht seiner hohen Auffassung von der Fähigkeit des Menschen, gar seinem Traum vom „tätig-frei[en]" (V. 67) Bewohner des Neulandes, welches eigens für diesen gewonnen werden soll? In seiner Rolle als **Unternehmer** sieht Faust den **Menschen als Werkzeug**, das einzig seinem großartigen Plan zu dienen hat. Mit seiner Skrupellosigkeit und Gleichgültigkeit verhält er sich den Arbeitern gegenüber wie ein **Gewaltherrscher**. Faust verlangt dann auch von seinem Aufseher, ihn täglich über die Fortschritte beim Bau des Entwässerungsgrabens zu informieren. Mephisto korrigiert: „Man spricht […] / Von keinem Graben, doch vom Grab." (V. 59f.) Sollte Faust diese Worte nicht gehört haben – Mephisto spricht sie „halblaut" (V. 58) –, oder will er sie nicht verstehen? **Faust** ist dermaßen **von seinem Plan besessen**, dass er grundsätzlich keinerlei Zweifel an dessen Erfüllbarkeit zulässt. So ist der Moment gekommen, in dem sich Fausts Kräfte noch einmal bündeln, in dem er seiner **Vision** klaren Ausdruck verleiht.

Anders als in seinen anderen Monologen blickt Faust in seinem letzten großen Monolog nicht zurück. Auch geht es ihm nicht, wie in seinen vorherigen Selbstgesprächen, vorrangig um sich. Im Mittelpunkt von Fausts Schlussmonolog steht seine Vision, sein Traum, stehen die Menschen, für die er – durchaus in selbstherrlichem Gestus – den Traum ersann.

„Ein Sumpf zieht am Gebirge hin, / Verpestet alles schon Errungene." (V. 62f.) Das ist zunächst eine Bestandsaufnahme, eine Feststellung des jetzigen Zustandes des Stückes Natur, das Faust umgestalten lässt. Die Trockenlegung des Sumpfes und die sich daraus ergebende Möglichkeit der Landerweiterung erscheinen Faust als „das Höchsterrungene" (V. 65). Die Ansiedlung von „vielen Millionen" (V. 66) Menschen ist sein Ziel. In diesem Gedanken blitzt die bekannte, immer wieder sichtbare **Maßlosigkeit Fausts** auf. Die zahlenmäßige Übertreibung spielt hier allerdings kaum eine Rolle, denn sie ist nicht wörtlich zu nehmen, wie sie auch von Faust selbst wohl kaum wörtlich gemeint ist. Fausts Auffassung allerdings zeigt sich in seinen Vorstellungen vom Leben auf diesem Neuland: „Nicht sicher zwar, doch tätig-frei zu wohnen." (V. 67) Faust sieht für „seine" Siedler ein **tätiges Leben** vor, d. h., sie müssen sich sowohl ihre Sicherheit als auch ihre Freiheit „täglich […] erobern" (V. 79). Faust beschreibt, was er meint: Die Menschen, die dieses „paradiesisch Land" (V. 72) besiedeln, sollen es nutzen und schützen. Dem **gemeinschaftlichen Wirken** räumt Faust, der Einzelgänger, einen hohen Stellenwert ein: „Gemeindrang eilt, die Lücke zu verschließen." (V. 75) Aus diesen Worten spricht die **Auffassung der Klassik vom idealen Menschen**. Er soll tätig sein, schöpferisch, frei in seinen Anschauungen, und er soll seine Fähigkeiten in den Dienst der Gemeinschaft, eines höheren Ganzen, stellen. Wenn Faust also vor seinem geistigen Auge sieht, dass sich seine Menschen „behaglich auf der neusten Erde" (V. 69) einrichten, sieht er sie nicht untätig und dem Müßiggang hingegeben, sondern wie sie ein in seinem Sinne **erfülltes Leben** gestalten. Mit dieser Vorstellung ist er völlig eins. Fausts Fazit fasst all seine Gedanken zusammen und ergibt sich als „der Weisheit letzter Schluß" (V. 77): „Nur der verdient sich Freiheit wie das Leben, / Der täglich sie erobern muß." (V. 78f.)

Noch weiter steigert sich Faust in seine Vision hinein: „Solch ein Gewimmel möcht ich sehn, / Auf freiem Grund mit freiem Volke stehn." (V. 82f.) Der **Gedanke an ein freies Volk auf freiem Land** ergötzt ihn. Diese Idee ist Fausts Hochgefühl geschuldet, das sich zwangsläufig aus der Situation – Fausts falscher Realitätswahrnehmung und seiner daraus resultierenden Freude am vermeintlichen Fortschritt der Arbeiten – heraus einstellt, und reine **Utopie**. Dieser Augenblick ist für ihn des Festhaltens würdig, zu diesem Moment könnte er die bewusste, bisher nie gesagte Formel aussprechen: „Verweile doch, du bist so schön!" (V. 85)

Bis zum Schluss bleibt sich Faust treu, auch in seiner Maßlosigkeit: „Es kann die Spur von meinen Erdetagen / Nicht in Äonen untergehn." (V. 86f.) Will nicht jeder Mensch, dass etwas von ihm bleibt, eine Spur, die auf ihn, auf sein Leben, sein Wirken hinweist? Vielleicht ist es Faust gar nicht so ernst mit diesem Satz, ist ihm seine **Nachwirkung bis in alle Ewigkeit** gar nicht so bedeutsam. Immerhin hatte er im Gespräch mit Mephisto, als er mit diesem Bekanntschaft schloss, ein eindeutiges Bekenntnis zum Diesseits abgegeben und betont, wie gleichgültig ihm alles sei, was nach seinem Tode geschehe. Womöglich beruhigt er nur sich selbst mit diesem Gedanken, denn wichtiger für ihn ist es wohl, wie er diesen Moment am Ende seines Lebens empfindet. Er, der am Beginn seines Bündnisses mit Mephisto großspurig dem Genuss abgeschworen hatte, genießt diesen letzten Moment, der doch nicht Realität, sondern nur ein „Vorgefühl" (V. 88) ist. Sie ist zwar nur eine Ahnung „von solchem hohen Glück" (V. 88), aber geeignet, für Faust den „höchsten Augenblick" (V. 89) darzustellen.

Erschöpft von all seinen Überlegungen und wohl auch vom Leben sinkt Faust zurück und wird von den Lemuren auf den Boden gelegt. Jetzt sieht sich **Mephisto** endlich am Ziel! Der jahrelange Dienst für den nie zufriedenzustellenden Faust hat ihn verdrießlich gestimmt. Mephisto war **ungeduldig** geworden, musste er im Laufe der Zeit doch einsehen, mit Faust kein so leichtes Spiel wie erhofft zu haben („Der mir so kräftig widerstand", V. 96), und die Wette mit dem Herrn zu gewinnen, hätte er sich auch einfacher vorgestellt. Deshalb achtet er gar nicht richtig darauf, was Faust sagt. Wäre Mephisto aufmerksam gewesen, hätte er bemerken müssen, dass **Faust im Konjunktiv sprach**. In der Wettszene war vereinbart worden: „Werd ich zum Augenblicke sagen: / Verweile doch! du bist so schön!" (Studierzimmer II), dann gehört Faust dem Teufel. Aber jetzt spricht er von der Möglichkeit, den Augenblick festzuhalten: „Zum Augenblicke dürf ich sagen" (V. 84). Mephisto scheint den feinen Unterschied nicht zu bemerken; aus seinen Worten geht nicht klar hervor, ob er sich als Sieger oder Verlierer der Wette mit dem Herrn sieht (vgl. V. 91–98). Den „höchsten Augenblick" (V. 89) Fausts verhöhnt Mephisto als „[d]en letzten, schlechten, leeren Augenblick" (V. 94) und zeigt damit erneut, dass er Fausts Geist nicht zu fassen, nicht zu verstehen vermag. Er bedauert Faust gar: „Der Arme […]" (V. 95). Natürlich hat Mephisto nicht wirklich Mitleid mit Faust, sein Bedauern ist nicht echt, sondern eher **spöttisch** gemeint. Er sieht nur – und das allein zählt für ihn, daran zweifelt er nicht –, dass Faust aufgegeben hat. Faust, der sich in seiner Machtverstiegenheit als Herr wahrgenommen hatte, liegt nun als „Greis hier […] im Sand" (V. 97), als wahrer Herr erweist sich die personifizierte „Zeit" (V. 97), die Endlichkeit und Tod bedeutet.

Vor den Lemuren verhält sich Mephisto ebenso spöttisch und belehrend. Er lässt sich sogar dazu herab, sie über seine **Ansichten von der Vergeblichkeit** zu belehren, und interpretiert damit Fausts Tod in seinem Sinne: „Vorbei und reines Nicht, vollkommnes Einerlei!" (V. 109) In seinen zahlreichen Ausrufen und Fragen gibt sich **Mephisto** erneut als **Nihilist** zu erkennen, für den das menschliche Dasein nur ein sinnloser ewiger Kreislauf ist, während er das „Ewig-Leere" (V. 115) feiert.

Mephisto – als „Geist, der stets verneint" (Studierzimmer) – bekräftigt erneut seine Ansicht: „denn alles, was entsteht / Ist wert, dass es zugrunde geht" (ebd.). Damit zeigt er noch einmal, dass er vom menschlichen Streben nichts versteht, dass er einen solchen Schöpfergeist wie Faust nicht begreifen und damit auch nicht besiegen kann. **Fausts letzte Vision** bleibt ihm unverständlich. Diese ist allerdings auch höchst **ambivalent**. Denn einerseits beruht sie auf der Selbsttäuschung Fausts, durch Zwang und Gewalt ein paradiesisches Reich der Freiheit aufbauen zu können. Die Vision einer idealen menschlichen Gesellschaft, die gemeinschaftlich tatkräftig ist, bleibt eine **Sozialutopie**. Mephisto macht überhaupt keine Anstalten, zu deren Umsetzung beizutragen. Zudem verdankt sich die Vision auch Fausts Hybris, selbst als Stifter und Begründer einer solchen sozialen Harmonie unsterblich zu werden. Andererseits stellt Fausts Vision unter Beweis, dass es für einen Menschen nicht darum geht, seine Lebenszeit schlicht zu verbringen, sondern sein **Leben zu gestalten**, es auszufüllen. Dazu gehört nicht nur das Erreichen gesteckter Ziele, sondern dazu gehören auch Visionen und Träume, die nicht unbedingt und ausschließlich an den Möglichkeiten ihrer Verwirklichung zu messen sind.

Deutsch (Thüringen): Abiturprüfung 2016
Aufgabe 5: Interpretation eines lyrischen Textes

Hermann Hesse (1877–1962)
Odysseus

Bei Livorno[1]
  Das fernste Schiff, das abendlich besonnt
  Mit schwarzen Masten fährt am Horizont,
  Das meinen Blick mit starkem Zauber hält
  Am Rande einer unsichtbaren Welt.

5 – Mir träumt, sein Steuer läge in der Hand
  Des göttlichen Odysseus, der sein Land
  Durch aller Meere schreckenvolle Flucht
  Mit namenlosem Heimweh liebt und sucht,
  Der nächtelang, unbeugsam dem Geschick,
10 Des Himmels Sterne mißt mit scharfem Blick,
  Der hundertmal verschlagen und bedroht
  Sich sehnt und weiterkämpft durch Angst und Tod
  Und sturmverfolgter hoffnungsloser Fahrt
  Ziel und Vollendung ungebeugt erharrt.

15 Das ferne Schiff entgleitet meinem Blick
  In dunkelblaue Meere; sein Geschick
  Füllt meinen Traum und läßt ins Blaue ziehen
  Mit leiser Frage seine Fantasien.
  Ist dort, wohin das Schiff des Dulders fährt,
20 Ist dort das Glück, nach dem mein Wunsch begehrt?
  – Vielleicht! – Und welches Schiff führt mich ihm zu?
  – Einstweilen irre, Herz, und dulde du!   *(e 1902)*

Hesse, Hermann: Odysseus. In: Michels, Volker (Hrsg.): Hermann Hesse. Die Gedichte
1892–1962. Erster Band. Suhrkamp Verlag, Frankfurt/Main 1981, S. 134.

[1] *Livorno:* italienische Hafenstadt, am Tyrrhenischen Meer gelegen

Arbeitsanweisung

Interpretieren Sie das Gedicht und stellen Sie einen Bezug zum Abiturrahmenthema her.

Hinweise und Tipps

- Die Aufgabe verlangt die Interpretation von Hermann Hesses Gedicht „Odysseus", wofür Vorkenntnisse zur **antiken Figur** des Odysseus hilfreich, aber nicht notwendig sind.
- **Gliedern** Sie den Aufsatz wie gewöhnlich in Einleitung, Hauptteil und Schluss, um zu zeigen, dass Sie strukturiert vorgehen können. Finden Sie einen **interessanten Einstieg** in Ihren Aufsatz. Üblicherweise nennen Sie zu Beginn auch Autor, Titel und Entstehungsjahr des Gedichts.
- Häufig wird an die Einleitung eine knappe Beschreibung der Gedichtform angeschlossen. Sie können so verfahren oder die **formale Analyse** in die Interpretation im Hauptteil einfließen lassen. Wie dies umgesetzt werden kann, zeigt beispielhaft der folgende Lösungsvorschlag.
- Für den Hauptteil empfiehlt es sich, die **Detailanalyse** am chronologischen Aufbau des Gedichts zu orientieren, so wie es im folgenden Lösungsvorschlag gehandhabt wird. Alternativ können Sie auch aspektorientiert vorgehen. Am Schluss fassen Sie das **Ergebnis** Ihrer Analyse zusammen und ziehen ein Fazit.
- Da **Form und Inhalt** eine ästhetische Einheit bilden, sollte die Analyse beider miteinander verbunden, sollten sprachkünstlerische Mittel nicht gelöst von ihrer **Funktion und Wirkung** betrachtet werden. Auf diese Weise können Sie die Aussage des Gedichts erfassen und erklären. Gehen Sie außerdem darauf ein, wie sich das Gedicht von Strophe zu Strophe und Vers zu Vers entwickelt und wie das **lyrische Ich** auftritt. Der Text in seiner Ganzheit sollte dabei nicht aus den Augen verloren werden.
- Der in der Aufgabe geforderte Bezug zum **Rahmenthema** sollte nicht aufgesetzt wirken, sondern plausibel in die Deutung des Gedichts einbezogen werden.

Lösungsvorschlag

Bereits der **Titel** von Hermann Hesses Gedicht „Odysseus" aus dem Jahr 1902 löst beim Leser **Assoziationen** aus. Er erinnert sich an zahlreiche Abenteuer und Taten des antiken Helden Odysseus: an dessen listige Klugheit beim Bau des trojanischen Pferdes, vor allem aber an die Ereignisse während seiner jahrelangen gefahrvollen **Irrfahrt** nach Hause. Hätte Odysseus nicht an seinem **Traum** festgehalten, Frau und Sohn wiederzusehen, wer weiß, ob er je nach Ithaka zurückgekehrt wäre. Seit Homers Epos steht der Name des Helden vor allem für den **beharrlichen Willen**, seine Heimat wiederzusehen und nach langen Jahren der Trennung seine Lieben in die Arme zu schließen, welche Gefahren unterwegs auch zu bewältigen sind. Der Titel des Heldenliedes, „Odyssee", steht für den Topos einer langen, gefahrvollen, vor allem von Irrwegen gekennzeichneten **Reise**. Die Faszination für den griechischen Helden bildet in Hesses Gedicht die Grundlage für die **gedankliche Suche nach Glück** und Erfüllung.

Der **Untertitel** des **dreistrophigen** und im **Paarreim** verfassten Gedichts weist auf den Ort Livorno: Die toskanische Stadt war und ist Ausgangspunkt für Schiffe, die aufs Mittelmeer hinausfahren, und für die aus der Ferne ankommenden Schiffe bot sich hier ein sicherer Hafen. Der Anblick eines Schiffes, das in der Abendsonne „am Horizont" (V. 2) entlangfährt, hält das lyrische Ich „mit starkem Zauber" (V. 3) gefangen. Die Enjambements, die beinahe das gesamte Gedicht durchziehen, binden den Blick an die **Bewegung des Schiffes**, sodass der Sprecher zum genauen Beobachter wird. Das Schiff ist so weit entfernt – „[d]as fernste Schiff" (V. 1) –, dass der Blick keine Farben mehr zu unterscheiden vermag; die Masten sehen aus, als wären sie „schwarz" (V. 2). Dieses **Dahinziehen** an der Horizontlinie **fasziniert** den Betrachter so sehr, dass er nicht nur seine Augen nicht abwenden kann, sondern sich das Schiff kraft seiner **Fantasie** „[a]m Rande einer unsichtbaren Welt" (V. 4) fahrend vorstellt. Die Frage, was wohl hinter dem Horizont sein mag, stellt sich dem lyrischen Ich hier nicht, es ist sich dieser anderen, „unsichtbaren Welt" sicher. Die getragene und friedvolle Stimmung dieses Moments der ruhigen Betrachtung wird unterstützt vom Klang **warmer Vokale** wie „a" und „o". Die ersten vier Verse schaffen die Grundstimmung für die folgenden fantasievollen **Gedanken**, denen sie im Zusammenwirken mit dem dritten Abschnitt einen Rahmen geben.

Der **zweite Abschnitt** des Gedichts ist mit zehn Versen der längste. Seine Mittelstellung unterstreicht seine Bedeutung für das Gedicht, wird mit ihm doch der direkte **Bezug zum Titel** hergestellt. Das **Bild** des auf dem Meer in der Ferne dahinziehenden Schiffes bringt den Betrachter zum **Fantasieren**. Der gedankliche Übergang wird durch den **Gedankenstrich** (V. 5) angezeigt. Er „träumt" (V. 5), das „fernste Schiff" (V. 1) würde von Odysseus gesteuert. Wie sehr der Träumende diesen Helden verehrt, wird am Attribut deutlich: „Des göttlichen Odysseus" (V. 6). Das lyrische Ich scheint **beeindruckt** von der unbedingten Liebe seines Helden zu seiner Heimat zu sein: „[…] der sein Land / […] Mit namenlosem Heimweh liebt und sucht" (V. 6 ff.). Nichts habe Odysseus auf seiner „schreckenvolle[n] Flucht" (V. 7) „[d]urch alle[] Meere" (V. 7) aufhalten können. Seine **Sehnsucht** nach der Heimat, die das lyrische Ich als so groß empfindet, dass es keinen Vergleich dafür hat, sondern sie als „namenlose[s] Heimweh" (V. 8) beschreibt, sei der Antrieb für Odysseus' Suche gewesen. Der Held habe „nächtelang, unbeugsam dem Geschick" (V. 9) sein Ziel verfolgt. Dem lyrischen Ich imponiert, dass sich der Grieche seinem Schicksal nicht ergeben habe. Sein Schiff habe er mit nautischem Können („Des Himmels Sterne mißt mit scharfem Blick", V. 10) durch unzählige Gefahren gesteuert, immer angetrieben von seiner großen Sehnsucht nach der Heimat. Der Sprecher erinnert sich wohl beeindruckt und bewundernd an einige der Abenteuer des Odysseus, wenn er den Helden beschreibt als jemanden, der „weiterkämpft durch Angst und Tod" (V. 12) auf „sturmverfolgter […] Fahrt" (V. 13). Obwohl der Weg des Odysseus eine „hoffnungslose[] Fahrt" (V. 13) war, gab der Held niemals auf, sondern strebte „Ziel und Vollendung ungebeugt" (V. 14) entgegen.

Die **Erinnerung** an den antiken Heroen gleicht einem **Lobgesang**, der sich steigert. Das **Attribut** des „göttlichen Odysseus" (V. 6) wird von Vers zu Vers verstärkt: Wie eine Meereswelle sich auf offener See immer höher aufbaut, nimmt auch das Lob für Odysseus zu, indem sein Dulden und sein Kämpfen immer intensiver dargestellt werden. Die von Hesse verwendeten **Worte** entsprechen der **inhaltlichen Klimax**. Wird zunächst davon gesprochen, dass Odysseus sein Land „liebt und sucht" (V. 8), dass er „[d]es Himmels Sterne mißt" (V. 10) mit aufmerksamem, „scharfem Blick" (V. 10), **steigert** sich die den Worten innewohnende Kraft und Bedrohlichkeit in Vers 12 („weiterkämpft durch Angst und Tod") bis zum vorletzten Vers der Strophe, wo von „sturmverfolgter hoffnungsloser Fahrt" (V. 13) die Rede ist.

Der Aufbau der Strophe unterstützt deren Aussage. Die **parallele Strukturierung** der Verse wird durch die **dreimalige Verwendung des Relativpronomens „der"** (vgl. V. 6, 9, 11) betont. Die Mittelstrophe scheint besonders viel Dynamik zu besitzen und eine gewisse Atemlosigkeit des lyrischen Ichs zu reflektieren. Dies liegt wohl weniger am fünfhebigen Jambus oder an den Enjambements, da diese auch in den anderen Strophen auftreten. Dieser Eindruck wird viel eher durch die **Länge des Satzes**, der von Vers zu Vers über die gesamte Strophe fortgeführt wird, erzeugt. Darüber hinaus verstärken entsprechende **Substantive** („Flucht", V. 7, „Fahrt", V. 13) diesen Effekt. Aber auch **Verben** und Verbformen wie „sucht" (V. 8), „verschlagen" (V. 11) sowie „sturmverfolgt" (V. 13) tragen zum Ausdruck einer drängenden Bewegung und des ruhelosen Vorwärtsstrebens bei, ebenso Wendungen wie „[d]urch aller Meere" (V. 7), „nächtelang" (V. 9) und „hundertmal" (V. 11). Der letzte Vers hebt die Spannung dann endlich auf, indem er die **Unbeugsamkeit und Beharrlichkeit** des Odysseus betont, das glückliche Ende seiner Irrfahrt einschließt und sowohl das lyrische Ich als auch den Leser gleichsam erlöst.

Die Erinnerung an den antiken Helden mündet in der **dritten Strophe** des Gedichts wieder in der **Gegenwart** des lyrischen Ichs. Wie die anderen beiden auch, wird diese Strophe vom

Paarreim und dem fünfhebigen Jambus bestimmt, der Versschluss ist stumpf – bis auf die **weiblichen, klingenden Kadenzen** in den Versen 17 und 18. Der Beobachter des „ferne[n] Schiff[es]" (V. 15) stellt fest, dass es seinem Blick „entgleitet" (V. 15). Es verschwindet nicht plötzlich, sondern allmählich, es fährt weiter „[i]n dunkelblaue Meere" (V. 16). Die Farbe „blau" steht in der Literatur oftmals symbolisch für die Ferne und die Sehnsucht, die auch Themen dieses Gedichtes sind. Das Schiff wird allerdings nicht mehr – wie im ersten Vers – mit dem Superlativ „fernste" beschrieben, sondern der **Positiv „ferne"** (V. 15) verrät eine gewisse Vertrautheit, die sich vermutlich aufgrund des langen, beobachtenden Nachsinnens eingestellt hat. Das Sinnieren über das „Geschick" (V. 16) des entschwindenden Schiffes, also über dessen Schicksal, beflügelt die Fantasie des Betrachters und „[f]üllt [s]einen Traum" (V. 17). Die Gedanken des Sprechers schweifen vom Bild des Schiffes in die Ferne, ins „Blaue" (V. 17), und auf eine abstraktere Ebene. Die klingenden Kadenzen der Verse 17 und 18, „ziehen" und „Fantasien", weisen weiter, verstärken die **vorandrängende Bewegung** der Zeilensprünge und der Überlegungen des Nachdenkenden.

Der Beobachter stellt sich die Frage nach dem **Ort seines Glücks** und erwägt die Möglichkeit, dass er dort liegen könnte, wohin das Schiff fährt. Dass die Frage „Ist dort" (V. 19) im darauffolgenden Vers als **Anapher** gebraucht wird, verleiht der Sehnsucht des lyrischen Ichs großen **Nachdruck**. Liegt das Glück also dort, „wohin das Schiff des Dulders fährt" (V. 19)? Der Suchende ahnt oder weiß, dass er auf seine Frage wohl keine bestimmte Antwort finden wird, und gibt sie sich selbst mit dem unbestimmten, alle Möglichkeiten einschließenden „– Vielleicht! –" (V. 21). Auch die **Frage**, auf welchem Wege denn das gesuchte Glück zu erlangen sei – „Und welches Schiff führt mich ihm zu?" (V. 21) – bleibt ohne Antwort. Die letzten vier Verse der dritten Strophe sind wieder von der **Ruhe** bestimmt, die in der ersten Strophe des Gedichts vermittelt wird. Die **Enjambements fehlen**. Das lyrische Ich lässt sich Zeit zur Beantwortung seiner Fragen, es hält inne, bevor es zu seinem „Vielleicht!" (V. 21) findet, angezeigt durch einen **Gedankenstrich**. Nach einem Moment des nachdenklichen Verweilens fügt sich der Sprecher in sein Geschick – er kann sein Glück nur erwarten. Dennoch wirkt dieses Fazit nicht resignierend. Die Inversion „Einstweilen irre, Herz, und dulde du!" (V. 22) lässt kein Aufgeben erkennen, im Gegenteil: Das „Herz" wird mit der Ansprache ermuntert, „einstweilen", also zwischenzeitlich, bis der gesuchte, ersehnte Moment gekommen sein wird, **abzuwarten und auszuhalten** – „dulde du!". Dass es dabei „irre[n]" dürfe, betont das lyrische Ich ausdrücklich. Dieser **Gedanke des Irrens** schlägt einen **Bogen zum Schicksal des Odysseus**. Wie die Irrfahrt des bewunderten Helden letztendlich doch zum ersehnten Ziel führte, wird auch der Weg des nachdenklichen Sprechers ihn irgendwann zu seinem Glück führen.

Kraft seiner **Fantasie** konnte das lyrische Ich eine vorgestellte Welt, nämlich die des Odysseus, mit seiner eigenen, realen Welt verknüpfen und aus dieser Verbindung für den eigenen Gedankengang profitieren. Es ist also nicht geflüchtet, sondern hat seine Vorstellungskraft genutzt, um weiterzukommen. Auf dem Weg zum Glück kann die Fantasie es weiterhin begleiten, es vorantreiben, ihm mögliche Ziele zeigen. Mittels unserer Fantasie sind wir in der Lage, unsere Welt zu **gestalten**, unser Leben so einzurichten, dass es unseren Träumen nahe kommt. Damit flüchten wir uns nicht aus der Welt, sondern wir nutzen unsere Vorstellungskraft dazu, sie nach unseren Vorstellungen zu bauen.

Liebe Kundin, lieber Kunde,

der STARK Verlag hat das Ziel, Sie effektiv beim Lernen zu unterstützen. In welchem Maße uns dies gelingt, wissen Sie am besten. Deshalb bitten wir Sie, uns Ihre Meinung zu den STARK-Produkten in dieser Umfrage mitzuteilen:

www.stark-verlag.de/feedback

Als Dankeschön verlosen wir einmal jährlich, zum 31. Juli, unter allen Teilnehmern ein aktuelles Samsung-Tablet. Für nähere Informationen und die Teilnahmebedingungen folgen Sie dem Internetlink.

Herzlichen Dank!

Haben Sie weitere Fragen an uns?
Sie erreichen uns telefonisch **0180 3 179000***
per E-Mail **info@stark-verlag.de**
oder im Internet unter **www.stark-verlag.de**

Lernen ▪ Wissen ▪ Zukunft

*9 Cent pro Min. aus dem deutschen Festnetz, Mobilfunk bis 42 Cent pro Min. Aus dem Mobilfunknetz wählen Sie die Festnetznummer: **08167 9573-0**

Erfolgreich durchs Abitur mit den **STARK** Reihen

Abiturprüfung

Anhand von Original-Aufgaben die Prüfungssituation trainieren. Schülergerechte Lösungen helfen bei der Leistungskontrolle.

Abitur-Training

Prüfungsrelevantes Wissen schülergerecht präsentiert. Übungsaufgaben mit Lösungen sichern den Lernerfolg.

Klausuren

Durch gezieltes Klausurentraining die Grundlagen schaffen für eine gute Abinote.

Kompakt-Wissen

Kompakte Darstellung des prüfungsrelevanten Wissens zum schnellen Nachschlagen und Wiederholen.

Interpretationen

Perfekte Hilfe beim Verständnis literarischer Werke.

Und vieles mehr auf
www.stark-verlag.de

Abi in der Tasche – und dann?

In den **STARK** Ratgebern findest du alle Informationen für einen erfolgreichen Start in die berufliche Zukunft.

Alle Titel zu
Beruf & Karriere
www.berufundkarriere.de

Lernen • Wissen • Zukunft
STARK

Bestellungen bitte direkt an
STARK Verlagsgesellschaft mbH & Co. KG · Postfach 1852 · 85318 Freising
Tel. 0180 3 179000* · Fax 0180 3 179001* · www.stark-verlag.de · info@stark-verlag.de

*9 Cent pro Min. aus dem deutschen Festnetz, Mobilfunk bis 42 Cent pro Min. Aus dem Mobilfunknetz wählen Sie die Festnetznummer: 08167 9573-0